"CONTRARIANDO A ESTATÍSTICA"

GENOCÍDIO, JUVENTUDE NEGRA E PARTICIPAÇÃO POLÍTICA

"CONTRARIANDO A ESTATÍSTICA"

GENOCÍDIO, JUVENTUDE NEGRA E PARTICIPAÇÃO POLÍTICA

Paulo César Ramos

alameda

FRIEDRICH EBERT STIFTUNG

Grafia atualizada segundo o Acordo Ortográfico da Língua Portuguesa de 1990, que entrou em vigor no Brasil em 2009.

Edição: Haroldo Ceravolo Sereza e Joana Monteleone
Editora assistente: Danielly de Jesus Teles
Projeto gráfico, diagramação e capa: Danielly de Jesus Teles
Assistente acadêmica: Tamara Santos
Revisão: Alexandra Colontini
Imagem da capa: Desenho de punhos erguidos. *Pixabay*.

CIP-BRASIL. CATALOGAÇÃO NA PUBLICAÇÃO
SINDICATO NACIONAL DOS EDITORES DE LIVROS, RJ

P56901

Ramos, Paulo César
"Contrariando a estatística" : genocídio, juventude negra e participação política / Paulo César Ramos - 1. ed. - São Paulo : Alameda, 2021.

324 p. ; 21 cm.

Inclui bibliografia
ISBN 978-65-5966-049-0

1. Genocídio negro. 2. Juventude negra. 3. Brasil. I. Título.

22-49856 CDD: 300

ALAMEDA CASA EDITORIAL
Rua 13 de Maio, 353 – Bela Vista
CEP 01327-000 – São Paulo, SP
Tel. (11) 3012-2403
www.alamedaeditorial.com.br

E é tão bonito quando a gente entende
Que a gente é tanta gente onde quer que a gente vá
É tão bonito quando a gente sente
Que nunca está sozinho por mais que pense estar
Gonzaguinha, *Caminhos do Coração*, 1982

Dedico este livro a
Lula Rocha (1982-2021)
Malu Viana (1974-2021)
Levados pela precocemente pela trágica pandemia da
Covid 19, agravada no Brasil pelo governo do Inominável.
Lula Rocha, Malu Viana
Presentes!

LISTA DE ILUSTRAÇÕES E GRÁFICOS

ABREVIATURAS E SIGLAS

CEN	Coletivo de Entidades Negras
CNPPJ	Conferência Nacional de Políticas Públicas de Juventude
CONEN	Coordenação Nacional de Entidades Negras
Confecom	Conferência Livre Nacional de Comunicação e Juventude
Conjuve	Conselho Nacional de Juventude
ENEN	Encontro Nacional de Entidades Negras
ENJUNE	Encontro Nacional de Juventude Negra
FDC	Fórum de Direitos e Cidadania
FONAJUNE	Fórum Nacional de Juventude Negra
GT	Grupo de Trabalho
IBGE	Instituto Brasileiro de Geografia e Estatística
IVJV	Índice de Vulnerabilidade Juvenil à Violência
JN	Juventude Negra
MNU	Movimento Negro Unificado
ME	Movimento Estudantil
MN	Movimento Negro
MEC	Ministério da Educação
MJ	Ministério da Justiça
MS	Ministério da Saúde

NEAB/UFSCar	Núcleo de Estudos Afro-Brasileiros da Universidade Federal de São Carlos
ONGs	Organizações Não Governamentais
ONU	Organização das Nações Unidas
PCC	Primeiro Comando da Capital
PCdoB	Partido Comunista do Brasil
PPJ	Políticas Públicas de Juventude
ProJovem	Programa Nacional de Inclusão de Jovens
ProUni	Programa Universidade Para Todos
PT	Partido dos Trabalhadores
PL	Projeto de Lei
SEPPIR	Secretaria Especial de Políticas de Promoção da Igualdade Racial
SNJ	Secretaria Nacional de Juventude
UNE	União Nacional dos Estudantes
Unegro	União de Negros pela Igualdade
Unesco	Organização das Nações Unidas para a Educação a Ciência e a Cultura

SUMÁRIO

PREFÁCIO

Valter Silvério

O livro que chega a um público para além dos universitários e acadêmicos é resultado de uma pesquisa de mestrado que acompanhou, a partir da criação do Movimento Negro Unificado, 1978, a violência socialmente exercida pelas instituições brasileiras contra a juventude. O trabalho, ao distinguir adolescência – o indivíduo como ser psíquico – de juventude – a leitura da experiência coletiva de um segmento e/ou grupo –, tem o mérito de descongelar a própria concepção vigente de juventude ao expandi-la para juventudes.

A juventude negra aparece, portanto, como sujeito na sua articulação com os processos sociais mais gerais e como resultado das relações sociais produzidas ao longo da história mediada pela experiência, individual e coletiva, de um grupo racializado em uma sociedade racialmente estruturada em dominância.

Assim, ao considerar o próprio descompasso da discussão brasileira que enfatizava a existência de juventude no singular, quando muito recortada pela origem social na chave da classe, o texto, por um lado, desafia a homogeneidade e, por outro lado, demonstra que aquele descompasso estimulou os próprios jovens negros/negras a encontrarem caminhos para canalizarem suas reivindicações e demandas em uma sociedade que se nega a reconhecer tanto a sua existência enquanto grupo quanto suas demandas especificas, em especial aquela denunciada internacionalmente, primeiro, por Abdias Nascimento (1978; 2002), em seu livro, *O Brasil na Mira do Pan-Africanismo "contra o genocídio da população negra"*.

Florestan Fernandes ao ressaltar a contribuição de Nascimento (1978, p. 49) observa que dentre outras contribuições do livro está aquela que usa "sem restrições do conceito de genocídio aplicado ao negro brasileiro. Trata-se de uma palavra terrível e chocante para a hipocrisia conservadora". E, ao mesmo tempo, se pergunta: "O que se fez e se continua a fazer com o negro e com seus descendentes merece outro qualificativo?"

A resposta é não. Em especial, quando analisada à luz de duas definições de genocídio seja como, "*o uso de medidas deliberadas e sistemáticas (como morte, injúria corporal e mental, condições de vida insatisfatórias, prevenção de nascimentos), calculadas para a exterminação de um grupo racial, político ou cultural, ou para destruir a língua, a religião ou a cultura de um grupo (WEBSTER's Third New International Dictionary of the English Language, Massachussetts, 1967)*". Ou ainda como a "recusa do direito de existência a grupos humanos inteiros, pela exterminação de seus indivíduos, desintegração de suas instituições políticas, sociais, culturais, lingüísticas e de seus sentimentos nacionais e religiosos" (*Dicionário escolar do professor*, MEC, Brasília, 1963, p. 580).

O livro de Paulo Ramos se insere dentre aqueles que procuram dar visibilidade ao problema de um verdadeiro genocídio que atravessa a história social e política do país e ganha visibilidade na sua formação urbana e industrial que, embora denunciado por intelectuais e ativistas, persiste e se amplia.

É, portanto, na constituição da juventude negra enquanto sujeito de luta política que Ramos, de forma um tanto otimista, enxerga a possibilidade de contrariar as estatísticas sobre o número crescente de morte de jovens negros abandonados à própria sorte nas periferias urbanas e nos diferentes recantos do país.

Um tal protagonismo é revestido, primeiro, pela luta pela própria sobrevivência física e psíquica, segundo, pela consciência de uma existência atravessada de preconceitos, discriminações e negações do acesso às políticas públicas que se recusam a reconhecer a especificidade de suas práticas culturais – criminalizando-as com a repressão policial ostensiva e letal – e, ao mesmo tempo, são a prova concreta de uma segmentação estratégica no plano do direito a ter direitos, transformando-os em um "problema social" tentando incutir em suas perspectivas, horizontes e pulsões pela vida que nada ou pouco importam para os poderes públicos constituídos.

O protagonismo, também, se articula com a própria resistência na chave da percepção de que não há saídas fora da luta política. Daí a importância digna de nota do livro de Ramos: ao acompanhar a construção de uma agenda de luta política pelos próprios jovens negros/negras por meio de participação direta nos eventos, e nas elaborações que deles resultaram, como, por exemplo, o Plano Juventude Viva (de 2012 a 2013), o Grupo de Trabalho Juventude Negra e Políticas Públicas do Conselho Nacional de Juventude (de 2008 a 2010) e dos Encontros Nacionais de Juventude Negra (entre 2005 e 2008). As articulações entre o jovem acadêmico e o militante resultam em um trabalho no qual a intersecção entre aquisição de conhecimento e agência política generativa podem possibilitar a outros o contato com um tema que se relaciona diretamente com as possibilidades de transformação do país em uma democracia.

Não podemos esquecer que a dissertação que dá origem ao livro foi defendida em 2014. O "otimismo" é, portanto, justificável quando consideramos que todas as iniciativas do período foram pautadas em um ambiente de extrema ebulição e de atualização de pautas políticas em uma perspectiva rumo à construção da democracia com ênfase na participação da sociedade civil organizada nunca antes vivenciada nas diferentes fases delineadas pela literatura sociológica e política no país.

Desta forma, um outro mérito do livro é que ele é um retrato instantâneo, portanto, um documento de um campo de possibilidades que se abria e, em sua abertura, o próprio sujeito político juventude negra ganhou visibilidade e materialidade. Um tempo que em termos de duração foi muito curto. Talvez possamos pensar que sua interrupção tenha uma relação direta com as poucas conquistas da própria juventude negra. Lido nesta chave, o presente livro é, também, um manifesto que pode estimular a construção de novos caminhos e/ou rotas por meio dos quais se dará a retomada do processo de democratização tão brusca e violentamente interrompido. Lembrando, analogamente, a contínua interrupção prematura de milhares de vidas negras como resultado do racismo nosso de cada dia.

São Paulo, 14/01/2021

INTRODUÇÃO

Estamos em 2014. Ao mesmo tempo que no Brasil registram-se os mais baixos índices de desemprego da história e a redução da pobreza, recrudesce outro problema, o do homicídio de jovens negros. Em uma curva crescente, cerca de 50 mil homicídios ocorrem anualmente no país: 90% das vítimas são do sexo masculino; 70% são negros (pretos e pardos); 50% são jovens; 70% das ocorrências estão concentradas em 132 municípios nacionais.

Estes dados foram divulgados pelo anuário Mapa da Violência (2012 e 2013), mas a realidade à qual ele se refere é mais antiga e repercute há mais de trinta anos, desde o surgimento do Movimento Negro Unificado (MNU) e anos depois, quando da produção do disco *Holocausto urbano* (1990),[1] dos Racionais MC's. Esta obra expressou a dimensão cotidiana dos homicídios presentes nos espaços de juventude negra e a apropriação dos números e das estatísticas de violência pelo vocabulário ordinário dos militantes jovens negros. Por exemplo, dizer que Fulano "virou estatística" significa que ele foi assassinado. Em contrapartida, dizer que uma pessoa "contrariou a estatística" significa

1 "Justiceiros são chamados por eles mesmos/ Matam, humilham e dão tiros a esmo/ E a polícia não demonstra sequer vontade/ De resolver ou apurar a verdade", "Pânico na Zona Sul", do disco *Holocausto urbano*, dos Racionais MC's.

que ela conseguiu fazer mais do que se espera de um jovem negro,[2] ou seja, ultrapassar a faixa etária dos 25 anos, que concentra o maior número de vítimas de homicídios no Brasil. Assim, contrariar ou virar estatística é parte do repertório de dilemas dos jovens entrevistados nesta pesquisa.

De modo mais difuso, a eliminação física do povo negro foi tematizada no livro *O genocídio do negro brasileiro*, de Abdias do Nascimento (1978), no qual o autor destacava o processo de miscigenação como um processo de embranquecimento do país, de modo a eliminar completamente a população negra deste território. Nos últimos 12 anos, a abordagem do problema da violência contra a população negra ganhou uma faceta também geracional com campanhas nas quais os jovens negros eram destacados como as principais vítimas. Há cerca de sete anos, movimentos juvenis e negros que dialogam com várias outras áreas das políticas no Brasil, como educação, saúde, segurança, trabalho etc., promovem campanhas contra o chamado "genocídio da juventude negra".

Inicialmente circunscrito ao movimento negro, em 2008 o tema do homicídio de jovens negros chegou a uma conferência nacional de políticas setoriais, a I Conferência Nacional de Políticas Públicas de Juventude (CNPPJ); seguiu-se, dessa maneira, uma agenda de debates no Conselho Nacional de Juventude (Conjuve), ao longo de quatro anos. Em 2012, os homicídios de jovens negros foi o principal motivador do Plano Juventude Viva – Plano de Prevenção à Violência contra a Juventude Negra, elaborado pelo Governo Federal. O tema dos homicídios preocupa tanto os circuitos mais próximos ao Estado/Governo Federal

2 "Vinte sete anos contrariando a estatística" diz a letra do rap "Capítulo 4, Versículo 3", dos Racionais MC's, de 1998.

quanto os movimentos sociais, sendo o Conjuve um espaço que une essas duas esferas.

No decorrer desta pesquisa, procuramos compreender as diversas formas pelas quais os jovens negros tematizaram os homicídios em função do racismo, como estruturante das relações sociais no Brasil, e sua interação particular com a faixa etária das vítimas. Tomamos esta tematização como uma ação política identitária de demanda por reconhecimento de jovens negros como sujeitos de direitos, de 2008 a 2013. Utilizamos como estratégia partir do Conjuve, pois se trata de um espaço de composição mista que reúne atores ligados à sociedade civil organizada, aos movimentos sociais, aos gestores de políticas públicas etc. Sob a perspectiva de que a "juventude é plural" (NOVAES, 2011), a "juventude negra" passa a se constituir como um sujeito de direitos, pois é objeto de políticas públicas, como as de educação, cultura e para a redução da vulnerabilidade à violência. Entretanto, os homicídios apenas tangenciam as ações voltadas para este segmento.

Ao longo desses anos, foi possível a estes jovens estabelecerem-se como atores políticos nesses espaços de participação mista no momento em que reivindicaram o direito a falar de/por si mesmos, no sentido de que apenas jovens negros podem falar de ou pela juventude negra, construindo um tipo de protagonismo, mas que diferentemente do que vinha sido discutido anteriormente (SPÓSITO et al., 2009; TAVARES, 2012), o direito à voz é um novo elemento constitutivo desta noção, assim como o é a necessidade de propor, discutir, elaborar e decidir sobre suas próprias ações coletivas.

A identificação (HALL, 1995) destes jovens como juventude negra é um processo preenchido por tensões ante seu posicionamento ora como jovens frente ao movimento, ora como negros frente aos jovens. Estes perfizeram um tipo de sujeito que deve ser reconhecido a partir de suas múltiplas facetas (BRAH, 1996) – jovem, negro, pobre e periférico, por exemplo, já que vivem em uma dupla oposição em relação aos dois outros (adultos e brancos). Neste sentido é que dialogamos com o que Novaes (2011, p. 352) entende por identidade jovem, aquela que "pode conviver e se acoplar a outros setores identitários, que são acionados (isolada ou conjuntamente) em contextos diferenciados". Ser um jovem participante dos espaços institucionais aqui retratados, que "pressupõe uma intencionalidade, se apresenta como um passaporte para atuar no campo das políticas públicas de juventude".

Entre a denúncia do "genocídio" da juventude/população negra e a resposta do Governo Federal com uma política de prevenção à violência, a luta por reconhecimento (TAYLOR, 2000; HONNETH, 2003; FRASER, 2006), há a ideia de raça presente em ambas. Contudo, a percepção do racismo como um dos ordenadores do fenômeno dos homicídios não é partilhada por determinadas esferas do Estado.

Os termos utilizados pelos jovens negros para tematizar os homicídios, seja para a denúncia do genocídio, seja para as proposições de políticas públicas, encontram correspondência em distintas noções de reconhecimento (justiça social, dignidade, humanização), para as quais a identidade e a raça têm diferentes papéis.

Construção do problema e objeto sociológico

Uma pesquisa desta natureza teve como primordial a opção pelos métodos qualitativos, sabendo de seus limites e potenciais. De acordo com Martins (2004, p. 293), pesquisas com os métodos qualitativos trazem uma dificuldade em aplicar generalizações por serem eles sempre parciais e não representativos do fenômeno estudado:

> Um primeiro aspecto abordado pela crítica à metodologia qualitativa diz respeito à questão da representatividade. Como essa metodologia trabalha sempre com unidades sociais, ela privilegia os estudos de caso — entendendo-se como caso, o indivíduo, a comunidade, o grupo, a instituição. O maior problema, neste sentido, segundo os críticos, se encontraria na escolha do caso: até que ponto ele seria representativo do conjunto de casos componentes de uma sociedade?

Em nosso caso, procuramos tratar da tematização dos homicídios a partir de três cenários: a) a mobilização social de jovens negros (2005-2008); b) o Conselho Nacional de Juventude (2008 a 2010); e c) as políticas públicas em âmbito federal (2010-2013). Assim, ela possui uma limitação quanto ao tempo que procuramos superar fazendo alguns históricos a que os atores recorriam quando perguntados sobre a questão motivadora desta pesquisa, fornecendo-me espontaneamente documentos de décadas atrás. Quanto ao inescapável limite sincrônico, pretendemos que esta seja uma de outras pesquisas sobre este tema que vem sendo paulatinamente mais estudado; que este seja debatido, questionado, contrariado e, então, superado por novos estudos.

Existe também um problema de subjetividade, produto da aproximação entre pesquisador e pesquisado, pois,

> em qualquer tipo de pesquisa, seja em que modalidade ocorrer, é sempre necessário que o pesquisador seja aceito pelo outro, por um grupo,

> pela comunidade, para que se coloque na condição ora de partícipe, ora de observador. E é preciso que esse outro se disponha a falar da sua vida. (MARTINS, 2004, p. 294)

Para que eu pudesse mergulhar na vida do outro contaram três fatores: a) o reconhecimento dos pesquisados, ou melhor, interlocutores, da minha condição e origem social de universitário/acadêmico, não havendo confusão do meu papel na atividade de pesquisa; b) identificado com a Universidade Federal de São Carlos e seu Núcleo de Estudos Afro-brasileiros, eu seria um pesquisador com legitimidade, portanto, para fazer uma pesquisa sobre esse assunto; e c) o reconhecimento da importância da pesquisa para a atuação e mobilização política dos próprios jovens negros.

Não se trata de um relacionamento marcado pela amizade, ainda que a reciprocidade do respeito seja uma tônica entre as pessoas com quem estive. Se minha passagem alguma vez pelo campo ocorreu em meio a tensão de ordem política, a proposição e realização e das entrevistas e em outras formas de colaborações, foram vistas como um evento positivo, algo que devia ser valorizado, e a notícia da pesquisa como um todo foi muito bem recebida. O que me foi exigido foi que eu publicizasse o quanto antes os meus resultados – o que corrobora a compreensão de que a pesquisa tem importância positiva por parte de alguns militantes.

E se à proximidade opõe-se o distanciamento, não há um mesmo nível de distância entre o autor e os interlocutores. Nem geográfica, nem subjetiva. A proximidade é da ordem de uma identificação geracional e étnico-racial, uma vez que estive presente nos momentos em que os processos ocorreram, o que é superado com a inclusão de interlocutores que não possuem esta mesma experiência.

Há um outro questionamento de ordem ética do fazer sociológico, que roga a não confusão entre a ciência e a política, sendo um dos aspectos desta pesquisa escolha de grupos com os quais o pesquisador tenha afinidade política. Entretanto, as escolhas não se encerram aí. Em nosso caso foi contornado por outras escolhas - como o objeto, os períodos, os interlocutores, os temas abordados - que pouco tem a ver com minha experiência pessoal ou política. Trato aqui de grupos que são bastante heterogêneos e amplos, restando impossível haver uma identificação e convergência em todos os interesses e escolhas que uma pesquisa exige.

Outra questão ética é decorrente do poder da emissão sociológica sobre a subjetividade dos seus interlocutores.

> O papel dos cientistas deve ser, portanto, o de fornecer um conhecimento que ajude o outro a se fortalecer como sujeito autônomo capaz de elaborar seu próprio projeto político. A autonomia dos sujeitos pressupõe precisamente a liberdade no uso da razão. Não cabe ao cientista reforçar ideologias existentes, mas fornecer instrumentos para desvendá-las e superá-las. (MARTINS, 2004)

Esta reflexão talvez seja a que deva mais ser atualizada no debate sobre o papel dos sociólogos. Não ocupa nem ocupou espaço no escopo desta pesquisa a pretensão de influenciar os grupos aqui retratados. Se isso estivesse em voga em algum momento talvez esta própria intenção seria um tema de pesquisa. Pois os sujeitos entrevistados têm uma boa compreensão do que seja a ciência e a academia em contexto brasileiro.

Dos entrevistados, a maioria possuía ensino superior, quatro fizeram pós-graduação *strito senso* e possuem a veemente posição de que a universidade é que deve ser "escurecida" com o conhecimento. Quando um dos interlocutores foi indagado sobre se houve mudança no perfil das pessoas que compõem o grupo de militância, Deivison Nkosi expressa um entendimento balizado pela formação de seus parceiros.

> (...) quando o Rotação surgiu ninguém estava na faculdade, todo mundo morava em favela, e todo mundo era do Hip Hop, quando surgiu o Rotação. Com o passar do tempo (...) algumas pessoas foram para a faculdade, e outras pessoas vieram de faculdades, negros de faculdade que foram se aproximando do grupo e de valorizar o estudo. Então, tanto o perfil de quem seguiu mudou, embora tem gente até hoje que optou por não fazer faculdade e está no grupo e que contribui com o pensamento.
> (...) no começo havia uma crítica à faculdade, espaço branco de produção de conhecimento. Ai havia um debate, então, entramos para disputar, ou se produziríamos conhecimento fora deste espaço. (...) E a conclusão que a gente chegou, isto lá atrás, né, era que entraríamos [na universidade], só que algumas pessoas (...) não fizeram esta opção, do ponto de vista individual. Mas, enquanto grupo a gente discutia isto como espaço de formação política. Temos que ocupar a faculdade e temos que (...) se apropriar do conhecimento, mas usar esse conhecimento a favor da luta. Então, muita gente foi fazer faculdade a partir desta reflexão. Mas havia um discurso muito forte no outro sentido, tipo assim (...), é um espaço do branco então não vou participar disso, ainda tem gente que individualmente

> pensa assim. (Deivison Nkosi, entrevista em 1 de junho de 2012)

Isso revela uma forma de pensar a educação formal de nível superior como um espaço que também é politizado e estaria aberta para a disputa política. Em outras palavras, há uma busca por ser o sujeito do conhecimento. Isto está posto também na dissertação de uma das interlocutoras, Jaqueline Lima Santos:

> O argumento entre os colegas do Hip Hop era o de que nós deveríamos escrever nossa própria história. Entrar na universidade era um caminho para mudar nossa realidade e ao mesmo tempo intervir no espaço acadêmico, levando novos paradigmas para serem discutidos em sala de aula. As críticas feitas por nós naquele momento (época dos Fóruns de Hip Hop - 2000 a 2003) em relação aos pesquisadores eram as seguintes: 1) muitas vezes eles estavam entre nós fazendo pesquisa e não informavam que participavam apenas pela pesquisa; 2) escreviam muitas coisas que os grupos não concordavam; 3) após o término das pesquisas pesquisadores não tinham compromisso nenhum com os grupos, ou seja, não socializavam o conhecimento adquirido a partir das nossas práticas. Na época, o desejo era ser mais do que objeto, estávamos em busca de conhecimento, não queríamos ser mais representados na voz do outro, o que acarretou no ingresso de muitos de nós na universidade. (SANTOS, 2011, p. 2)

Esta pesquisa está permeada por estas questões, que procuram ser específicas e objetivas quanto à precisão do retrato apresentado pelos interlocutores, dado que procurei construir um conjunto representativo de entrevistados; por outro lado, procuramos permitir a generalização a esta pesquisa, através do quadro teórico ao qual nos referenciamos.

Percurso da pesquisa

Dois fatos marcaram minha decisão de estudar a atuação política de jovens negros no Brasil. Um tem a ver com a minha formação como cientista social e outro relaciona-se à minha atuação profissional em políticas públicas de igualdade racial e juventude. Durante o período que atuei em Brasília e no Encontro Nacional de Juventude Negra (ENJUNE), duas marcas me acompanharam: ser militante e ser "acadêmico". De um lado, havia a minha filiação partidária; de outro, a minha formação educacional; de um lado, ser do Setorial de Combate ao Racismo do Partido dos Trabalhadores (PT); de outro, ser da Universidade Federal de São Carlos (UFSCar). Considero que superei esta contradição quando, ao ultrapassar a idade de juventude, concomitantemente aumentei minha dedicação aos trabalhos acadêmicos na Universidade de Brasília (UnB) e na UFSCar. Foi quando me tornei especialista em juventude negra, escolhendo este como meu tema de trabalho. Ou seja, foi uma transformação sem que houvesse rompimentos.

Tenho a questão racial presente em minha trajetória acadêmica desde o primeiro ano da graduação, quando, na Universidade Estadual de Londrina (UEL), em 2000, comemorava-se o centenário de Gilberto Freyre e muitos dos debates em torno de sua obra circundavam as questões raciais, evidentemente. Foi um ano inteiro de debates sobre esse autor e tudo o mais que seus escritos ensejavam. Quando cheguei à UFSCar, ocorreu um ciclo de debates em formato de cineclube no qual foi apresentado o documentário *Casa Grande e Senzala*, com grande participação discente e a presença assídua do Prof. Dr. Valter Silvério na mesa de debates. Praticamente todos os alunos que cursavam Ciências Sociais àquela época sentiram-se tocados pela desconstrução do mito da democracia racial. Este ciclo acabou por inserir-nos nos estudos das relações raciais, além de engajar diversos discentes nas propostas de ações afirmativas na universidade. De meu ponto de vista, pude reinterpretar um conjunto de experiências pessoais com o lastro sociológico, fazendo com que eu passasse a ler autores brasileiros sob o viés das questões ensejadas pelas relações raciais.

Anos depois, em 2006, passei a atuar como monitor no Projeto "São Paulo: Educando pela Diferença para a Igualdade", coordenado pelo Núcleo de Estudos Afro-Brasileiros da UFSCar (NEAB/UFSCar), na formação de professores de ensino fundamental e médio da Rede Estadual de Ensino, como parte de uma política de implementação da Lei nº 10.639/2003. Esta foi uma experiência de suma importância, pois com ela decidi que deveria seguir nessa área temática.

Já formado, mas sem poder voltar à universidade, pude seguir praticando os conhecimentos obtidos no curso de Ciências Sociais no serviço público da Prefeitura de São Carlos, de 2006 a 2008, quando, pela primeira vez, supus haver um campo empírico no qual eu poderia desenvolver uma pesquisa. Foi, mais precisamente, quando tomei contato com organizações de jovens negros que tinham o intuito de organizar o ENJUNE. Eu era chefe de seção de Combate ao Racismo, e uma ativista do movimento negro local me pediu, em razão da minha atuação como gestor, que a ajudasse a organizar um encontro são-carlense, que serviria como uma etapa preparatória da organização nacional do ENJUNE. Aceitei a proposta e passei a me informar sobre tais atividades de jovens negros.

Fui a uma reunião na cidade de São Paulo em setembro de 2006, na sede da ONG Ação Educativa, com cerca de 20 jovens de várias cidades do estado de São Paulo. Vi-me diante de algo ao mesmo tempo muito novo e muito familiar. A novidade era a movimentação de jovens negros, algo que minha trajetória de ativista nunca havia presenciado, mesmo já tendo participado de três edições do Fórum Social Mundial, de encontros da União Nacional de Estudantes (UNE) etc.; contudo, o que me pareceu familiar foi a tensão existente quanto à participação de partidos políticos nesses espaços. Para mim, repetia-se a cena dos movimentos de estudantes, nos quais os partidos eram duramente criticados, mesmo por quem era filiado a eles – a crítica era feita aos partidos, mas os filiados não necessariamente se posicionavam como partidários.

Nesta primeira ocasião, apresentei-me como gestor municipal, ofereci-me para ajudar na organização e disse que gostaria de me inserir nas discussões do encontro de modo geral. Fui adicionado à lista de e-mails daquele coletivo, meio pelo qual, diariamente, todas as discussões ocorriam.

Segui, então, ajudando essa organização como gestor municipal e sempre observava as diversas formas de posicionamentos daqueles jovens: como jovem negro religioso, como jovem negro do hip-hop, como jovem negro de alguma organização nacional do movimento negro, como jovem negro de partido etc. Organizamos um evento em São Carlos meses após a primeira reunião, em 3 de fevereiro de 2007, com jovens da cidade. Estive nos encontros estadual (10 e 11 de julho de 2007, em Guarulhos) e nacional (de 25 a 27 de julho de 2007, em Lauro de Freitas, na Bahia) de juventude negra.

Assim, fui assumindo minha atuação política na questão racial, agregando à ela a ênfase na área de juventude. Em 2008, saí da prefeitura de São Carlos para trabalhar na Fundação Perseu Abramo, em São Paulo e em Brasília. Em 2009, fui consultor Unesco para o Conjuve, responsável por fazer a relatoria das reuniões e elaborar outros documentos para o conselho. Em 2010, trabalhei na Secretaria de Políticas de Promoção da Igualdade Racial (SEPPIR), em Brasília. No ano seguinte, estive ausente do Brasil de março a setembro, mas em novembro participei de uma seleção para consultor Unesco para o tema de Juventude Negra na Secretaria Geral da Presidência da República; fui selecionado e atuei como técnico, novamente, por um período de cinco meses.

Foi deste modo que tive acesso às informações com as quais trabalho nesta dissertação, em especial no capítulo 3, pois, ao mesmo tempo que me aproximei de uma organização nacional do movimento negro, a CONEN – e após evadir de convites de organizações como o MNU –, acompanhei diversos e importantes momentos da elaboração e da tematização dos homicídios de jovens negros por um ator político autointitulado "juventude negra".

A ideia se fortaleceu em novembro de 2009, em Brasília, durante um evento do Conjuve que levava as palavras "genocídio" e "defesa da vida" no nome. Interpretei que por esses termos vagavam alguns significados importantes para o dilema dos jovens negros brasileiros. Além do nome, alguns discursos também me chamaram a atenção, como a lembrança sistemática de que "nosso povo está morrendo" e a percepção compartilhada por muitos dos jovens de que os homicídios eram parte do cotidiano. Há, ainda, um terceiro fato: a forma hostil pela qual um dos gestores do Ministério da Justiça e membro do Conjuve foi tratado no momento em que apresentava o Índice de Vulnerabilidade Juvenil à Violência (IVJV), por não cotejar o quesito cor em sua composição, o que exigiu do gestor muitas escusas, retratações e justificativas improvisadas e o posicionamento como ex-militante do movimento estudantil. Entendi que esses três elementos, a experiência dos homicídios na vida cotidiana, a tematização política dos homicídios e o posicionamento desses jovens negros na esfera institucional poderiam ter um tratamento sociológico que gerasse reflexões pertinentes no âmbito dos estudos das relações raciais que eu estudara anos antes.

Para completar a decisão de estudar a mobilização e a atuação de jovens negros, tive contato com a pesquisa sobre os participantes da I CNPPJ, "Quebrando mitos: juventude, participação e políticas", na qual os resultados dos grupos focais reforçavam minha convicção de que o conjunto das tensões entre jovens negros e jovens de partidos podia, de fato, vir a se tornar um problema sociológico.

Deixando de ser jovem: entre a política e a academia

Tive de fazer algumas escolhas entre a academia e a política. Eu compunha a equipe da Direção Nacional da Juventude do PT desde maio de 2008, sendo este mais um motivo pelo qual fui a Brasília. No entanto, quando acumulei funções como as de consultor da Unesco e de estudante de pós-graduação na UnB, fiquei sem condições de atuar decisivamente nas três frentes. Como estava à beira de completar 30 anos, deixando de ser, portanto, jovem, escolhi deixar a equipe da Direção Nacional da Juventude do PT e me dedicar mais às duas outras atividades.

Com um caráter empírico, em 2010, fiz um primeiro levantamento da participação de jovens negros em conselhos de juventude Brasil afora e o utilizei para o Trabalho de Conclusão de Curso de Especialização em Análise Política e Relações Institucionais, na UnB, em 2011; porém, pelo caráter do curso, não avancei em análises mais aprofundadas. No mesmo ano de conclusão da especialização, escrevi em parceria com o colega Danilo Morais um artigo para a Associação Latino-Americana de Sociologia, apresentado em Recife, que trouxe apontamentos iniciais sobre o relatório final do ENJUNE.

Havia ainda muita coisa a analisar, pois já eu reunira e arquivara muitas outras informações que me chegavam desde 2006. A lista de e-mails à qual fui inserido após a reunião de São Paulo, na Ação Educativa, gerou muita informação, pois foi espaço de debate durante mais de dois anos. Guardo uma pasta 435 e-mails, de 29 de janeiro de 2007 a 21 de julho de 2009, quando percebi que definitivamente não haveria mais discussões sobre o ENJUNE naquela lista.

Durante as consultorias que prestei à Unesco, pude recolher diversos materiais que geraram produtos para o trabalho que eu lá realizava, embora na minha pesquisa eu os tenha utilizado em sua forma bruta, como as anotações dos eventos do Conjuve, que guardo em três cadernos de campo (2008, 2009 e 2010). As informações sobre os conselhos estaduais e municipais de juventude foram recolhidas durante o ano de 2009. São relatórios, atas, resumos executivos de reuniões e encontros de reuniões do Conjuve de maio de 2009 até novembro de 2010. Esta experiência tornou fácil a localização de documentos de referências das Políticas de Juventude, bem como os de divulgação de políticas públicas.

Se até 2009 eu acompanhava o movimento de juventude negra, indo a atividades (locais e nacionais), esta consultoria permitiu-me acompanhar mais de perto as discussões dos gestores públicos e de outros atores da arena institucional, mais próximos ao Conjuve, sobre a elaboração, as tensões e os entrelaçamentos entre sociedade civil e Poder Público e as tensões internas ao Poder Público no que se refere às questões de juventude negra.

Durante o ano de 2010, minha participação foi mais intensa. Ainda que eu fosse um assessor técnico da SEPPIR, tive de lidar com inúmeras situações de decisões políticas em torno da juventude negra, situação em que me vi novamente como ator. Organizei uma oficina que tematizou os homicídios de jovens negros (23 e 24 de setembro de 2010), sob a nomenclatura de "mortalidade", sendo a classificação mais objetiva do problema que consegui elaborar naquele momento.

Em 2011, já finalizada a pós-graduação e, longe do Governo Federal, resolvi fazer um intercâmbio em Québec, no Canadá, a fim de aprender outro idioma. Afastado de vez da militância, procurei contatos acadêmicos na Universidade Laval, onde fui aceito, pela professora Francine Saillant, como aluno no mestrado em Antropologia com um pré-projeto para estudar os movimentos de juventude negra no Brasil. Essa tentativa, no entanto, não vingou em virtude de eu não ter conseguido a documentação para conseguir o visto de estudante a tempo de ingressar no semestre de inverno de 2011. Contudo, no mesmo mês em que recebi a negativa de Québec, fui aprovado no mestrado em sociologia da UFSCar com o projeto que resultou nesta dissertação.

Não mais jovem: especialista em juventude

A partir de 2012, no início do curso de mestrado em sociologia, passei a realizar entrevistas com as pessoas que conheci ao longo dos anos, em especial os ativistas de juventude negra que estiveram no ENJUNE ou nas discussões sobre as políticas públicas para juventude negra e os homicídios. Foram mais de 20 interlocutores com quem realizei entrevistas, e tive conversas informais ao longo de dois anos com militantes do movimento negro/juventude negra, com jovens dos estados do Pará, Minas Gerais, Alagoas, Bahia, do Rio de Janeiro e São Paulo.

Parte das entrevistas foi feita no contexto da Pesquisa Segurança Pública e Relações Raciais, durante o primeiro semestre de 2013, cujos questionários acompanharam a versão inicial, mas pudemos aprofundar algumas questões referentes ao relacionamento dos interlocutores com a Polícia Militar. No ano de 2013, acompanhei, como técnico da Fundação Oswaldo Cruz, o desenvolvimento do Plano Juventude Viva nas prefeituras de Campinas, São Paulo e Guarulhos.

Durante mais de dois anos de pesquisa, foi preciso retornar aos registros de campo, revisitar a lista de e-mails e mesmo fazer perguntas pontuais a alguns militantes, mesmo que por diálogos por telefone ou e-mails. Nas entrevistas e nos eventos, muitas referências eram dadas e, quando necessário, fui buscar em livros, panfletos, sites, músicas, pesquisas sobre violência etc.

Se inicialmente o interesse que me movia era a tensão entre movimentos sociais e partidários, o resultado final que extrai disto tudo foi mais o que o campo me ofereceu: uma genealogia da tematização da violência/homicídios contra jovens negros por um novo ator político autointitulado "juventude negra". Por exemplo, em entrevista em fevereiro de 2013, quando perguntei à Jacqueline Lima Santos por que se decidiu organizar o ENJUNE, ela respondeu: "Porque estava morrendo muita gente". Frases como "nosso povo está morrendo" e "estou cansado de enterrar meus alunos" foram se repetindo, ao passo que a oposição/rejeição a partidos políticos foi restando residual e preterida.

Foi preciso reposicionar a perspectiva da pesquisa. Como havia diversos setores sociais que tematizavam este problema em âmbito nacional, decidi manter, por um lado, o Conjuve (que reunia organizações da sociedade civil e membros do Poder Público Federal), onde vi a questão ser debatida a partir do olhar de militantes jovens negros, e por outro lado fiz entrevistas adicionais para colher informações de que eu necessitaria.

Material da pesquisa

Assim, posso configurar quatro conjuntos de informações que trago para este trabalho: a) entrevistas com os atores envolvidos no processo; b) registros de campo com conversas informais; c) relatórios de eventos e documentos oficiais; d) informações retiradas da internet.

O critério para a escolha dos entrevistados ocorreu a partir do envolvimento com as atividades que acompanhei durante os anos de organização do ENJUNE e das atividades pós I CNPPJ (Conferência Nacional de Políticas Públicas de Juventude). Procurei fazer uma aproximação de perfil entre aqueles participantes que se mantiveram próximos de uma e de outra agenda. Priorizei aqueles que fossem jovens negros, em primeiro lugar, considerando entrevistar e incluir os diálogos com aqueles que estiveram presentes em um destes momentos. Assim, se fiz entrevistas com atores que não fossem jovens negros, é porque tiveram alguma relação próxima com um destes momentos, acompanharam as organizações de juventude negra ou os desenvolvimentos dos debates das políticas públicas. São exemplos Martvs Chagas, Carlos Odas, Danilo Moreira, Magi Freitas etc.

A maioria é de paulistas de diversas cidades do interior, e cinco são pessoas da capital; foram seis mulheres; a maior parte teve experiência em organizações de juventude negra; três dos interlocutores eram brancos. O questionário aplicado foi inicialmente elaborado durante a disciplina Pesquisa Social, que cursei durante o primeiro semestre do curso de mestrado – foi testado duas vezes, em uma gerou trabalho final para a disciplina Sociologia das Diferenças, em outra gerou trabalho de final de curso para a disciplina Sociologia dos Movimentos Sociais.

Para fazer as entrevistas com o critério de idade, considerei o conceito de Karl Mannhein (1982) sobre geração, sabendo que o que forma uma geração é o compartilhamento de processos históricos comuns, e a data de nascimento constitui um marcador potencial. Muitos interlocutores também não tinham (mais) a idade de 15 a 29 anos. Sobretudo porque um dos eventos mais significativos ocorreu sete anos antes da defesa de dissertação: se um de seus participantes tinha 29 anos à época, no momento da dissertação ele teria 36 anos. Esta informação está indicada no quadro do Apêndice A com o campo "experiência de organização juvenil". De todo modo, posso afirmar que este conjunto de interlocutores que possuem uma experiência política em juventude são nascidos entre início dos anos 1970 e meados dos anos 1980. Portanto, alguns dos interlocutores não se enquadram mais na idade do que se convencionou ser jovem (de 15 a 29 anos de idade), mas julguei importante incluir a contribuição destes sujeitos considerando suas idades e também considerando suas experiências em organizações de juventude que defendem o chamado "protagonismo juvenil", de acordo com as falas que se apresentam aqui: quando jovens, atuaram pelo direito de os jovens elaborarem, falarem e decidirem por si mesmos.

Não encontrei problemas para conseguir as entrevistas, mas tive o cuidado de construir um caminho seguro para que não houvesse negativas aos meus convites. O objetivo foi compor um quadro de entrevistados que representasse a diversidade do momento que pretendi estudar, em termos de organizações, posições políticas e opiniões quanto a problemática que explorei. Exerci aí o que Martins (2004) chama de intuição sociológica. Procurei solicitar as entrevistas àquelas pessoas que em eu sentia segurança em ter uma resposta afirmativa, ou melhor, aquelas que já sabiam de meu trabalho e já houvessem manifestado o reconhecimento da importância do trabalho de escrita de uma dissertação sobre o tema; assim, procurei aqueles que passaram pelo processo do ENJUNE ou da 1ª CNPPJ e que estivessem cursando de pós-graduação, por exemplo. Priorizei entrevistar também aqueles com quem dialogava em espaços e eventos relacionados ao tema, apresentando minha condição de pesquisador e o tema de pesquisa. Assim, pude construir um grupo de interlocutores que me davam garantias de que outros militantes pudessem estar à vontade em participar também. Por fim, deixei para fazer as entrevistas finais com aqueles com quem não havia me encontrado nos últimos anos, nem pelos espaços acadêmicos, nem pelos espaços de militância.

O conjunto dos atores entrevistados para esta pesquisa (ver tabela do Apêndice A) resultou num retrato do debate, que tem uma maioria de atores ligada ao Fórum Nacional de Juventude Negra (FONAJUNE), ao Movimento Negro Unificado (MNU), à Coordenação Nacional de Entidades Negras (CONEN), ao Coletivo Nacional de Entidades Negras, a organizações com participação no Conjuve e engajadas no debate acerca de políticas públicas para a juventude ou para a população negra. Do ponto de vista partidário, configurou-se uma rede atores ligados a partidos como PT, PC do B e PSOL, embora muitos jovens não fossem filiados a partidos políticos. Ficaram de fora atores importantes dos jovens ligados a partidos como PMDB, PSDB, DEM, PDT, que vimos participar em certos momentos do ENJUNE/FONAJUNE e do Conjuve.

Os eventos de que participei foram os que cumpriram a agenda do I ENJUNE (de 2007 a 2008) e os do Conjuve (de junho de 2009 até dezembro de 2010). São eles:

i) Encontro Estadual de Juventude Negra do Estado de São Paulo – Guarulhos, julho de 2007;

ii) Encontro Nacional de Juventude Negra – Lauro de Freitas, julho de 2007;

iii) Pós-ENJUNE (avaliação e balanço da delegação paulista) - Guarujá, setembro de 2007;

iv) Lançamento do Fórum Paulista de Juventude Negra - São Carlos, dezembro de 2007;

v) Lançamento do Fórum Nacional de Juventude Negra - Guarujá, julho de 2008.

Foi durante a participação nestes eventos que travei conhecimento com os jovens que colaboraram com esta pesquisa, como Anderson Silva, Latoya Guimarães, Claudio Thomas, Jaqueline Lima Santos, Juliano Pereira, Thais Zimbwe, Enrico Rocha, Nazaré Cruz, entre outros. Também conheci os chamados "nossos mais velhos", como Milton Barbosa, Reginaldo Bispo, Flavio Jorge, Edna Roland.

Não compareci à I Conferência Nacional de Políticas Públicas de Juventude, em abril de 2008, mas estive em momentos posteriores proporcionados pelo resultado da I CNPPJ. Por exemplo, nos eventos:

i) reuniões ordinárias do Conjuve;

ii) seminário "Políticas Públicas de Juventude: a favor da vida, contra o genocídio da juventude negra", em novembro de 2009;

iii) oficina "Combate à mortalidade da juventude negra", em novembro de2009;

iv) reuniões do Fórum Interconselhos, em 2012 (em janeiro, em São Paulo; em agosto, em Brasília);

v) Seminário Internacional de Jovens Lideranças Africanas e Afro-Brasileiras.

Ora como consultor (durante 2009 e início de 2010; depois em 2012), ora como conselheiro (de agosto a dezembro de 2010), durante essas atividades travei conhecimento com atores ligados à esfera do Conjuve, da SEPPIR e da gestão da Secretaria Nacional de Juventude. Este organismo gestor passou por duas distintas gestões, uma no Governo Lula, com Beto Cury na sua titularidade (de 2005 a 2011), e outra no Governo Dilma Rousseff, com a titularidade de Severine Macedo (a partir de 2011).

O resultado de toda a pesquisa que encerra este documento final possui cinco capítulos; no primeiro, eu apresento as bases teóricas para a abordagem dos problemas que me proponho resolver; um segundo, no qual faço um apanhado amplo sobre como a questão dos homicídios dos jovens negros tem sido abordado por diversas esferas sociais. Nos outros três capítulos eu apresento mais detidamente meus dados de entrevista e pesquisa documental. Eles acabam por seguir uma ordem cronológica crescente, que se pode ver iniciando em 2005, no capítulo 3, e chegar até 2013, no capítulo 5. Por esta razão, se o leitor estiver interessado em conhecer melhor o contexto no qual esta dissertação foi escrita, recomenda-se uma leitura primeira deste capítulo 5, cujas informações são contemporâneas à pesquisa e em que se pode acompanhar o surgimento das chamadas PPJ, as políticas públicas de juventude.

Para propor uma abordagem sociológica do assunto, além da bibliografia sobre relações raciais, procurei debater com as produções sobre juventude e políticas públicas, mas dei grande importância ao aporte da teoria do reconhecimento, desde Charles Taylor (2000), Axel Honneth (2003) e Nancy Fraser (2006) até Frantz Fanon (2008; 2005), Stuart Hall (1995; 2011) e Avtar Brah, (1996), indicando um debate mais profundo sobre humanização pelo viés dos estudos decoloniais. Apresentei este debate no capítulo 1, já indicando alguns dados de campo.

No capítulo 2, cuidei de mostrar como os homicídios ocupam espaço nos meios de militância de jovens negros em pesquisas e qual é a interpretação do movimento negro deste fenômeno. Apresentei uma reflexão em torno do que seria considerado um genocídio, como defendem setores do movimento social negro.

No capítulo 3, utilizei mais dados de observação de campo e entrevistas de modo direto, explorando os discursos que cursavam a mesma sintonia na caracterização de uma identidade política de juventude negra. Recorri a referências culturais que compunham o universo de jovens negros, como o rap e os poetas periféricos.

Do Conjuve cuidei no capítulo 4, demonstrando como o tema dos homicídios foi tratado de 2008 a 2012, até a elaboração do Plano Juventude Viva. Trouxe dados de observação participante, notas de caderno de campo, entrevistas, documentos de referência e relatórios. Demonstrei como a representação de juventude negra passou a existir como ator político e protagonista desta cena pública.

No capítulo 5, expus o que poderia ser considerado uma Política de Juventude Negra e como o que o Governo Federal apresenta corresponde ao problema dos jovens negros que ocuparam a cena institucional das Políticas de Juventude no Brasil nos últimos anos. Apresentei dados colhidos de observação, documentos de referência, pesquisas em internet e entrevistas. Procurei problematizar as várias formas pelas quais o Governo Federal se comporta quando o assunto é homicídios de jovens negros.

Nas considerações finais, apenas sintetizei o percurso e dei algumas indicações de questões que surgiram a partir das análises que empreendi, além de indicar o que pude verificar que faltou por fazer.

RAÇA, JUVENTUDE E RECONHECIMENTO: CATEGORIAS ANALÍTICAS E UM SUJEITO POLÍTICO MULTIFACETADO

Raça: categoria analítica ou de ação política identitária

A dimensão racial das dinâmicas sociais na atualidade dispensa leituras biologizantes acerca do que por ventura dir-se-á sobre a categoria raça. Desde Gilberto Freyre (FREYRE, 2000 [1932]), as relações raciais passam por uma interpretação que alguns chamariam de culturalista da sociedade, ou seja, a raça como clivagem social está presente nas análises como algo para além do imaginário social, da ideologia, e opera fortemente, seja na conformação de desigualdades econômicas (FERNANDES, 1978), seja na estruturação ou na explicação de desigualdades sociais, seja na organização de ações coletivas (HASENBALG, 2005 [1979]; GUIMARÃES, 2012).

O contexto internacional de meados da década de 1940, fortemente marcado pelas consequências da Segunda Guerra Mundial, exigiu a criação de organismos transnacionais de mediação e resolução de conflitos. A Organização das Nações Unidas (ONU) e sua principal agência, a Organização das Nações Unidas para a Educação, a Ciência e a Cultura (Unesco), surgiram com a expectativa de apresentar soluções para problemas decorrentes do impacto do racismo, que culminou com o Holocausto. Eis o contexto do surgimento do projeto Unesco, o qual elegeu o Brasil como um dos países que mais bem equacionaram o problema do convívio de diferentes grupos raciais.

A contribuição de Florestan Fernandes, no âmbito do projeto Unesco, consistiu em um primeiro estudo que unia análises qualitativas e quantitativas a partir de bases censitárias sobre a cidade de São Paulo ao longo dos séculos XIX e XX. O estudo refletiu sobre as oportunidades de trabalhadores negros e brancos e o ambiente no qual as famílias negras se desenvolviam, além de analisar como os imigrantes recém-chegados e os negros relacionavam-se, no contexto de uma sociedade burguesa emergente. Fernandes conseguiu captar as diferentes formas de inserção do negro nessa sociedade, diferenciando-os a partir do local de moradia, na cidade ou no meio rural. Embora identifique anseios, ou até mesmo a existência, de uma elite negra, ele concluiu que de fato nunca houve uma integração deste elemento de modo igualitário (FERNANDES, 1978).

O autor credita tais dificuldades ao passado de escravidão e arrogou que, à medida que os negros se integrassem à sociedade de classes, as diferenças raciais iriam perdendo importância – uma forte adesão à prevalência da interpretação de classe sobre as relações raciais.

Segundo Fernandes, os "resquícios" do sistema escravista, os quais o autor denomina "arcaísmos", seriam um dos elementos responsáveis pela precariedade do desenvolvimento do capitalismo naquele momento. Importava a inclusão universal, através da ampliação da educação básica e de oportunidades no mercado de trabalho, para que a questão racial perdesse relevo.

Para Fernandes, a situação racial derivava das condições históricas do passado de escravidão; a raça, portanto, se ancorava nas condições sócio-históricas. Para Hasenbalg (2005 [1979]), por sua vez, a história permitiria uma interpretação na qual "raça" não deveria ser pensada como um arcaísmo, mas sim como critério adscritivo determinador das posições de indivíduos e grupos em classes na sociedade capitalista. A raça, dessa forma, passa a ter um papel na dinâmica da sociedade burguesa. De acordo com a explicação de Hasenbalg, ela regularia os mecanismos de recrutamento e distribuição na estratificação social, materializando-se em características como a cor da pele, o tipo de cabelo, construindo condições favoráveis aos não negros para ocupar as posições de maior prestígio na estrutura ocupacional.

Nos estudos quantitativos até então feitos, a discriminação não era observada diretamente, mas inferida a partir das análises dos resultados sociais dos grupos de cor (GUIMARÃES, 2006a) nas áreas de educação, renda, saúde, com dados, principalmente, do Instituto Brasileiro de Geografia e Estatística (IBGE). Para Hasenbalg, o racismo não seria apenas um reflexo do escravismo na sociedade capitalista, pois, uma vez consolidadas as diferenciações adscritivas e fenotípicas, ele passa a persistir na medida em que serve a grupos racialmente supraordenados no presente.

As definições de racismo foram sofisticando-se como um sistema que ordena as relações sociais em função da ideia de raça, sendo o conceito explícito em "mecanismos de destituição cultural e econômica dos negros, e de mecanismos de abuso verbal, utilizando-se, sobretudo, dos carismas de classe e cor" (GUIMARÃES, 1999, p. 219), estando presente tanto em espaços de convivência social segregados de modo informal quanto nas estruturas de poder político, implicando consequências não só na economia, mas também na subjetividade e no imaginário social.

Os estudos de Hasenbalg coincidiram com o crescimento da mobilização em torno do Movimento Unificado Contra a Discriminação Racial, que depois veio a se tornar o Movimento Negro Unificado (MNU), evocando a categoria raça como categoria de identidade política no contexto da luta contra a ditadura militar no Brasil. De 1978, quando o MNU foi criado, até conclusão do processo de abertura democrática do Brasil, com a promulgação da Constituição Federal de 1988, batalhou-se por uma agenda de defesa de direitos civis e sociais e por ações de desconstrução do mito da democracia racial, fundamentadas na obra de Gilberto Freyre e largamente apropriadas pelas instituições nacionais.

> Iniciou-se, então, uma fase de denúncia radical da precariedade dos direitos dos cidadãos negros, através da criação de múltiplas ONGs voltadas para a advocacia de direitos individuais, como os serviços de SOS Racismo, e a formação de organizações populares que passaram a agir em torno de atividades de cultura, educação, emprego e saúde. Essa é a fase que tem como pressuposto a ruptura ideológica com os ideais da democracia racial e, como meta, a afirmação radical da igualdade racial. Não por acaso tal movimento conduziu à demanda por ações afirmativas nas áreas de emprego, educação e saúde. A simples igualdade de tratamento, inscrita na ordem democrática anterior, deixava de ser satisfatória. O movimento negro passou a ter como meta o desmantelamento das desigualdades raciais através de políticas públicas de discriminação positiva. (GUIMARÃES, 2012, p. 22)

A efetivação de uma agenda positiva em relação aos negros implicou uma série de transformações no movimento negro, inclusive de aproximação em relação ao Estado e até mesmo sua institucionalização (RIOS, 2008), com organizações surgidas com franca entrada junto a órgãos estatais.

Essa chegada, não foi, contudo ocasional ou fruto do acaso, mas sim tensões e disputas. Michael Hanchard (2001) demonstrou em seu clássico livro Orfeu e o Poder como houve parâmetros reticentes a entrada de movimentos negros em espaços de poder político estatais. Valia para isso a ideia de classificação de culturalista a uma ação do movimento que se restringia a produção e reprodução de artefatos culturais reconhecidos como negros/africanos. Hanchard situa esta particularidade nos limites do que a hegemonia racial à brasileira induzia a ação das organizações negras como a forma possível de luta contra o que o autor chama de hegemonia racial.

Essas maneiras de abordar a categoria raça (e o racismo) para analisar as desigualdades raciais e trabalhar com as formas de identidade étnico-racial no Brasil, no entanto, não impedem que existam outras no meio social, ao mesmo tempo e no mesmo espaço. Sansone (2008), em estudo sobre a cidade de Salvador, mostra como diferentes categorias são utilizadas para identificar racialmente uma mesma pessoa, a depender do contexto, da situação e mesmo de quem a classifica. Mostrou-se também que a tendência à autodeclaração varia entre pessoas socialmente próximas, e até na mesma família, com a variação geracional. Sansone identificou que pessoas mais jovens, à época da pesquisa, tendiam a se identificarem como negros, não como pretos. A passagem de uma geração à outra, ou de um corte etário a outro, indica que a forma de autoidentificação tende a se transformar, como a utilização da categoria "negro".

Essas interpretações do efeito da raça e do racismo na estrutura social encontram correspondência na literatura dos chamados "estudos descoloniais"[1] quanto à sua definição de racismo:

1 Ver BALLESTRIN (2013).

> Para Fanon, o racismo é uma hierarquia global de superioridade e inferioridade por sobre a linha do humano, que tem sido politicamente produzido e reproduzido durante séculos pelo sistema imperialista/ocidentalocêntrico/capitalista/patriarcal/moderno/colonial. (GROSFOGUEL, apud GROSFOGUEL, 2011, p. 97)[2]

As desigualdades no Brasil podem ser relacionadas aos extremos das cores de pele branca e negra, pois não há uma consideração da gradação de pessoas não brancas, pardas e mestiças no espaço deixado por esses extremos. O horizonte de superação dessas desigualdades que o autor visualiza é a exposição dessa disparidade por intermédio da ação coletiva (COSTA, 1995) em torno da identidade negra, capaz de indicar o conjunto das desigualdades raciais. Desta forma, além de a categoria raça servir à explicação de todo um conjunto de desigualdades, ela passaria a servir também a categorias políticas.

O racismo compreendido como uma estrutura social racializada, que ordena tal distribuição de direitos e posições sociais, é compreendido neste trabalho como um sistema hierárquico que divide seres humanos em superiores e inferiores, com base na "linha do humano". Em outras palavras,

> as pessoas que estão acima da linha do humano são reconhecidas socialmente em sua humanidade como seres humanos com direito e acesso à subjetividade, direitos humanos, de cida-

---

2 No original: "Para Fanon, el racismo es una jerarquía global de superioridad e inferioridad sobre la línea de lo humano que ha sido políticamente producida y reproducida durante siglos por el sistema imperialista/occidentalocéntrico/capitalista/patriarcal/moderno/colonial".

> dania, civis, trabalhistas. As pessoas que estão abaixo da linha do humano são consideradas sub-humanas ou não humanos, ou seja, sua humanidade está questionada e, portanto, negada. (GROSFOGUEL, 2011, p. 98)[3]

Acreditamos ser esta a definição mais apropriada para relacionar jovens negros e ocorrência de homicídios, pois ela permite articular mais de uma dimensão da identidade do sujeito ao indicar outras, localizadas acima ou abaixo da linha do humano. A inserção da ideia da humanidade ante a discriminação racial permitirá refletir sobre o caráter afirmativo dos encontros de jovens negros e da luta contra o chamado "genocídio".

É desta forma, então, que a raça pode também ser compreendida como signo (SEGATO, 2005), seja para um posicionamento político, seja para a análise das relações raciais:

> no Brasil o signo da cor se especializa mais à medida que nos afastamos da colônia e nos aproximamos do presente, e que durante um longo período histórico a mobilidade sócio-racial foi maior do que na atualidade (possivelmente, até o momento em que emerge a discussão sobre cotas; discussão que se mostra por si mesma eficaz para colocar em pauta a questão racial de outra forma no discurso público, quebrando

---

3 No original: "Las personas que están por encima de la línea de lo humano son reconocidos socialmente en su humanidad como seres humanos con derecho y acceso a subjectividad, derechos humanos/ciudadanos/civiles/laborales. Las personas por debajo de la línea de lo humano son consideradas subhumanos o no-humanos, es decir, su humanidad está cuestionada y, por lo tanto, negada".

> com a hegemonia do discurso da "Civilização Tropical" e seu modelo de persuasão familista). Como é sabido, também, ao contrapor os critérios de percepção de raça entre, por exemplo, o Brasil e os Estados Unidos da América do Norte – a comparação entre *construções nacionais de raça* mais citada entre nós –, emerge que, hoje em dia, no Brasil, a raça é associada a marca fenotípica, enquanto nos Estados Unidos depende da origem; no Brasil depende de consentimento, enquanto nos Estados Unidos apresenta-se compulsória; no Brasil não sempre e não em todas as situações é um critério socialmente relevante, mas nos Estados Unidos a leitura racial orienta a participação em todos os cenários sociais; no Brasil o racismo se manifesta nas relações inter-pessoais e, sobretudo, intra-pessoais, num expurgo interior, enquanto nos Estados Unidos é um antagonismo de contingentes, entre povos percebidos como diferentes e dotados de conteúdos de etnicidade diferenciados e substantivos. (SEGATO, 2005, p. 5)

No caso em tela, tratamos de entender de que maneira emerge a categoria juventude negra no âmbito das elaborações das Políticas de Juventude, como demonstraremos a seguir. Uma especificidade do nosso problema é que a questão racial está colada à luta contra o aumento dos homicídios praticados contra jovens negros, na medida em que estes se engajam nos espaços participativos da esfera federal, com base na ação coletiva de diversos atores em torno da categoria "juventude negra" e mobilizados pela denúncia dos assassinatos de jovens negros. Sendo mais fiel ao que as organizações vocalizam, trata-se da luta contra o "genocídio da juventude negra", expressão que encontramos antes e depois, aquém e além das políticas públicas de juventude com foco na redução da violência[4] contra jovens negros.

Feito este preâmbulo, moveu-nos a indagação de quais foram os mecanismos de apropriação e de defesa da categoria racial "negra" pela juventude. Quais outras características apareceram ao lado da categoria negra para designar politicamente esse segmento social? Onde surge e aparece a categoria juventude negra? Vimos que, ainda que ela tenha emergido com força na década de 1980 e tenha se ratificado em espaços oficiais, não é a única que consta do vocábulo político desses jovens. A ideia de juventude *preta*, *afrodescendente*, entre outras, também aparece em momentos variados.

Desafios para pensar o "protagonismo" e a ação política de juventude

A atuação de jovens negros é entendida, neste trabalho, no contexto brasileiro de luta por direitos, justiça social e reconhecimento, que ganha fôlego com a promulgação da Constituição Federal de 1988, a qual garante instrumentos de participação em conselhos e conferências de composição mista que são amplamente estudados (DAGNINO, 2004; ALMEIDA e TATAGIBA, 2012) e tidos como suportes para o processo de consolidação,

4 Para uma conceituação de violência: "violência vem do latim *violentia* que remete a *vis* (força, vigor, emprego de força física ou os recursos do corpo para exercer sua força vital). Essa força torna-se violência quando ultrapassa um limite ou perturba acordos tácitos e regras que ordenam relações, adquirindo carga negativa ou maléfica. É, portanto, a percepção do limite e da perturbação (e do sofrimento que provoca) que vai caracterizar o ato como violento, percepção essa que varia cultural e historicamente" (ZALUAR, 1999, p. 28).

ampliação e aprofundamento da democracia. Nesse sentido, elegemos a observação em espaços institucionais para verificar as demandas relacionadas à juventude negra nessa dimensão da esfera pública (COSTA, 1994).

Ações políticas de jovens negros

Foi em um dos eventos do Conjuve, a I CNPPJ, em abril de 2008, que o tema da juventude negra ganhou força, conforme relata Ângela Guimarães, ex-presidenta do conselho, em 2014, secretária-adjunta da Secretaria Nacional de Juventude: "Esta denúncia [da violência contra jovens negros] sempre foi uma constante para os jovens negros participantes do Conjuve, mas que ampliou fortemente sua relevância para a realização da primeira conferência nacional de juventude". Nesta conferência, a proposta final mais votada entre as 22 prioridades eleitas pelos delegados foi a implementação das resoluções do I Encontro Nacional de Juventude Negra (dizia o texto da resolução: "Reconhecimento e aplicação, pelo Poder Público, transformando em políticas públicas de juventude as resoluções do I Encontro Nacional de Juventude Negra (ENJUNE), priorizando as mesmas como diretrizes étnico/raciais de/para/com as juventudes").

O documento a que se refere esta resolução é um registro do I ENJUNE (ocorrido em Lauro de Freitas, na Bahia, em julho de 2007, com cerca de 700 pessoas de todo o Brasil), do qual constam mais de 700 propostas, divididas em 14 eixos temáticos.[5] No

5 São os temas do relatório do I ENJUNE: cultura; segurança, vulnerabilidade e risco social; educação; saúde; terra e moradia; comunicação e tecnologia; religião do povo negro; meio ambiente e desenvolvimento sustentável; trabalho; intervenção social nos espaços políticos; reparações e ações afirmativas; gênero e feminismo; identidade de gênero e orientação sexual; inclusão de pessoas com deficiência.

geral, o documento pode ser considerado tanto um programa de ação para a organização da juventude negra como uma agenda a ser seguida pelo Poder Público, conforme veremos adiante em entrevistas com alguns militantes.[6] Ainda que o documento não faça a distinção entre propostas internas e externas, traz consigo uma prioridade: o combate às altas taxas de mortalidade de jovens negros,[7] através da campanha "Contra o Genocídio da Juventude Negra".

Bibliografia de juventude

No entanto, processos que culminam em êxitos como esse são pouco explorados em bibliografias de juventude e participação. Castro e Vasconcelos (2009) analisam os dados da pesquisa da Unesco de 2004 sobre participação política. Entre as diversas sugestões para explicar a resistência à participação política – convencional, ao menos –, destacamos algumas hipóteses: uma é que a juventude estaria buscando "outras formas de libertação via projetos que interpelem o Estado; outra, porque os jovens estariam mais motivados por políticas de identidades, como as de reconhecimento dos direitos das mulheres, dos negros, dos homossexuais, pela ecologia, por uma estética e arte libertária, por exemplo, e que tais frentes seriam antagônicas à forma par-

6 Usamos aqui a palavra militante em razão de esta estar presente na fala dos entrevistados, bem como no lema o I ENJUNE, "Novas perspectivas para a militância étnico-racial". Entretanto, sabemos das variadas interpretações que podem ser feitas deste uso, a propósito do que no informa SILVA (2010).

7 No caso em questão, estamos falando da situação específica da juventude negra, de acordo com os dados do Mapa da Violência de 2011. Em 2002, em cada grupo de 100 mil negros, 30 foram assassinados, número que saltou para 33,6 em 2008. Entre os brancos, o número de mortos por homicídio, que era de 20,6 por 100 mil, caiu para 15,9.

tido" (CASTRO; VASCONSELOS, 2009, p. 82). Outra hipótese levantada é a de que os

> jovens não necessariamente são contrários e refratários ao exercício de uma cidadania ativa, por participação em entidades críticas e de acompanhamento do fazer políticas públicas, mas estão sim enviando uma mensagem de crítica às formas atuais de organização da política institucional no Brasil. (CASTRO; VASCONCELOS, 2009, p. 101)

Mesmo na produção bibliográfica sobre o tema há uma avaliação bem disseminada de que é necessário buscar exemplos de experiências políticas de juventude (CASTRO, 2011; ABRAMO, 1997; TAVARES, 2012; SPOSITO et al., 2009).

Quando falamos de juventude negra, vemos pesquisas que prometem maior diálogo com nosso trabalho, pois descrevem, analisam e problematizam a intervenção de jovens negros em defesa de ações afirmativas e outras políticas públicas (FERREIRA, 2010; SILVA, 2006; NASCIMENTO, 2007); entretanto, mesmo estes não indicam a categoria *juventude negra* como ator ou autor de um processo que cunha uma categoria politicamente identificada. Verifica-se ainda, em se tratando de juventude negra de forma tangencial, o surgimento de estudos sobre os jovens que ingressam na universidade pública por ações afirmativas (VALVERDE, 2008; HOLANDA, 2008; FERREIRA, 2010), como Mary Castro (2011) nos adianta.

Sposito et al. (2009) fazem uma revisão bibliográfica de teses e dissertações defendidas de 1998 a 2006 sobre o tema juventude nas áreas de ciência sociais, serviço social e educação e localizam o tema do protagonismo constando de 10 entre 62 trabalhos. Entretanto, o conceito de protagonismo balizado aí não é o mesmo ao qual se referem nossos entrevistados, que o associam ao direito de falar por si mesmo em espaços públicos, enquanto as pesquisas

> procuram analisar e avaliar, no interior de programas de governo ou de projetos desenvolvidos pela sociedade civil organizada (em alguns casos ações surgidas da parceria destas duas instâncias), as denominadas formas de desenvolvimento do “protagonismo juvenil”. De que maneira ocorrem estes processos educativos, como os jovens percebem estas experiências, quais suas repercussões na vida dos jovens participantes e qual o sentido destas práticas realizadas, ou seja, qual a concepção, os princípios e orientações que estão por trás destas ações, encontram-se entre as principais questões colocadas pelos autores desses trabalhos. O que se quer saber, no geral, é se estas ações contribuem ou não para o desenvolvimento de uma “consciência política” entre os jovens, e se estas formações resultam ou não numa maior participação deles em suas comunidades. (SPOSITO et al., 2010, p. 193)

Talvez esteja aí a dimensão faltante de que nos informam Helena Abramo (1997) e Castro (2011), isto é, uma bibliografia sobre a atuação política de atores jovens na cena pública brasileira. Sugerimos duas hipóteses para explicar essa ausência: a primeira é empírica, sugere que a bibliografia não tem exposto esse assunto em sua produção devido à ausência de experiências políticas juvenis no contexto sociopolítico brasileiro, em que não há mobilizações com esse caráter; a segunda hipótese é a de que nos estudos sobre participação juvenil o caráter do conceito de subjetividade está desprovido da noção de práxis política com a qual trabalha Stuart Hall (1995), isto é, um entendimento de que a identidade tem uma relevância política, tornando secundária (ou intocada) a ação juvenil.

Para o tocante à juventude negra, no conjunto de ações públicas ligadas à agenda juvenil, destaca-se uma continuidade das políticas voltadas para questão racial, ligadas à educação e ao enfrentamento à violência. Podemos observar que existem algumas tentativas de analisar esse processo tanto pelas vias da ação coletiva e da atuação política de jovens negros como pelo andamento das políticas públicas.

É possível encontrar registros de alguns eventos organizativos (BORGES; MOYORGA, 2012; PEREIRA, 2012), problematizações em torno da cultura hip-hop, formatações de culturas juvenis (SANTOS, 2011), suas relações com ação coletiva e política (ROCHA, 2013). Esses estudos indicam a conformação de um problema que relaciona a cultura do hip-hop e a organização de uma ação política em que os termos etários e raciais se unem para dar significado a um novo ator, a juventude negra – como está presente em estudos de Morais e Ramos (2011; 2012) e Ramos (2012) –, que pode ser verificado em organizações nacionais como o Movimento Negro Unificado e o Encontro Nacional de Juventude Negra, no surgimento de campanhas que reivindicam direito a jovens negros, no surgimento de políticas públicas de juventude negra etc.

Valendo-nos desses estudos é que nos ocupamos de analisar o Conselho Nacional de Juventude e suas políticas públicas, a fim de verificar qual é o efeito produzido por este acúmulo de cultura e qual é o seu impacto na formulação das políticas quanto ao reconhecimento de jovens e negros.

A partir de 2008, muitos esforços no sentido de elaborar uma política para a juventude negra foram mobilizados (RAMOS, 2012), já que esses jovens passaram a ser a prioridade (o tema teve maior número de votos dos delegados da conferência) para a principal instância do Governo Federal que trata do assunto. Essa reverberação atingiu o cume em 2011, sob a gestão da presidenta Dilma Rousseff, quando a Secretaria Nacional de Juventude apresentou ao Fórum de Direitos e Cidadania (FDC)[8] a proposta de criar a Sala de Situação de Juventude Negra, com a intenção de construir uma agenda em torno dessa temática. Ângela Guimarães nos relatou, por mensagem:

> O resultado [da I CNPPJ] trouxe impacto positivo para a questão racial no âmbito das políticas públicas de juventude, já que a juventude negra passou a ser a prioridade número 1 para a principal instância do Governo Federal que trata desta pasta.
>
> Assim, desdobrou-se um rico processo de elaboração desde então. Ainda em 2008, o Conjuve constituiu um GT, denominado GT Juventude Negra e Políticas Públicas, cuja missão precípua era analisar a resolução número 1 da conferência e apontar caminhos e mecanismos de sua implementação. Devo admitir que, como coordenadora deste processo à época, isto nos rendeu um trabalho de grandes dimensões. Pri-

8 "Instalado em 15 de março de 2011, o Fórum de Direitos e Cidadania é a instância responsável, no âmbito do Governo Federal, por promover a articulação política e gerencial das ações voltadas para a garantia e expansão do exercício da cidadania e do desenvolvimento sustentável". Apresentação do FDC, 25 de novembro de 2011.

> meiro devido à quantidade e amplitude das resoluções, a saber, 14 eixos e 702 resoluções do I ENJUNE. Segundo porque, sem ter efetivamente um *lócus* no Governo Federal que desse conta dessa interseção "juventude negra", o diálogo se dava constantemente com as presenças da SEPPIR e da SNJ, que, entretanto demandavam um conjunto de ministérios nos quais a reivindicação da juventude negra por políticas públicas se localizava sem que estes necessariamente considerassem as mesmas.
>
> Este profícuo trabalho desenvolvido entre os anos de 2008 e 2010, atravessando duas gestões do Conjuve, teve alguns momentos de extrema importância, dentre os quais destaco a realização do seminário "Políticas Públicas em Defesa da Vida da Juventude Negra", em 30 de novembro de 2009. Com este seminário, o Conjuve buscou reunir um número maior de organizações da sociedade em torno do debate de políticas públicas que respondessem à demanda colocada pela I CNPPJ. O evento debateu o Índice de Vulnerabilidade Juvenil (IVJ), o racismo institucional no Poder Judiciário e serviu como mais um momento de diálogo entre movimentos, conselho e governo, bem como o amadurecimento de proposições. (Entrevista em 28 de maio de 2014)

A partir de então, o tema "juventude negra" ocupou a pauta das políticas públicas de juventude, e o desdobramento principal foi o lançamento do Plano Juventude Viva. No dia 27 de setembro de 2012, a primeira fase do Plano Juventude Viva foi lançada no estado de Alagoas, onde havia a previsão de atendimento para quatro municípios: Maceió, Arapiraca, Marechal Deodoro e União dos Palmares.[9]

Estes eventos vêm congraçar uma ideia bastante recorrente (como já mencionado anteriormente) de juventude plural, uma vez que reconhece uma – juventude negra – entre todo o conjunto da juventude, cujo processo de formulação, problematização e desenvolvimento não pode ser simplificado nem naturalizado. Esses eventos precisam ser questionados em termos de autoria e fundamentação, históricos cujas raízes sociais estão em espaços públicos constituídos das mais variadas formas e são marcadas pela luta por reconhecimento dos atores sociais que as próprias políticas enunciam: jovens negros. Torna-se válida como ponto de partida a ideia de que identidade juvenil está

> ancorada em um "recorte etário" e não exige exclusividade e nem sempre prevalece. Pode ser vista como um poderoso agregador de demandas, acionado como um amálgama para interligar os diferentes tipos de participação que envolvem a atual condição juvenil. Dependendo do momento e da demanda em jogo, reafirmam-se outros pertencimentos prévios (ser negro, ser mulher,

9 De acordo com o site do Governo Federal, a proposta do Plano Juventude Viva é levar ações que garantam oportunidades e direitos aos jovens dos bairros mais violentos, nas áreas de educação, saúde, trabalho, cultura e esporte, possibilitando alternativas a estes jovens na construção de seu percurso de vida. Com base nos dados IBGE e DATASUS, nos municípios estão selecionados são os bairros com maior vulnerabilidade social e incidência de homicídios. Os bairros selecionados seriam priorizados na implantação de equipamentos e serviços voltados para os jovens. Em Maceió, os bairros prioritários são Jacintinho, Benedito Bentes e Vergel. Fonte: Secretaria Nacional de Juventude (http://www.juventude.gov.br/juventudeviva).

> ser jovem com deficiência, ser gay, ser cristão) ou se apresentam no espaço público como "jovens participantes". (NOVAES, 2011, p. 352)

Se por um lado a noção do reconhecimento da diversidade da juventude se consolida, por outro ainda é escasso o debate sobre o que seria, afinal, o protagonismo juvenil. Inicialmente, é possível surgirem definições de protagonismo juvenil relacionando os jovens à autoria de crimes (TAVARES, 2012) ou à elaboração de saídas para problemas ligados à violência.

> Quando a definição de *juventude* e de *jovem* se interpenetra com os fenômenos da *violência,* observa-se um esquema diferente. O *jovem* deixa de ser pensado como um segmento em "transição" e é identificado a partir de seus comportamentos e práticas, passando a ser considerado *vítima* ou *agressor* de atos de *violência* e tornando-se, portanto, um sujeito político importante. O ator da *violência* – que não havia ainda sido definido, como visto no *eixo violência* – encontra no *eixo juventude* a sua materialidade. (CASTRO apud TAVARES, 2012, p. 188)

Essas definições estabelecem a visão de que haveria protagonismo juvenil quando os jovens fossem autores de projetos, ações etc. Para fins instrumentais, seguimos com esta definição e procuramos visualizar de que maneira jovens negros constituem-se como protagonistas, ou autores, de atividades que os tornam capazes de dialogar com outros setores sociais, mobilizá-los, sensibilizá-los ou influenciá-los. Vale questionar, porém, se estabelecer a ideia de protagonismo como autoria é mesmo válida e quais são as implicações, as vantagens e as desvantagens de seus usos.

A pesquisa diz-nos que a atuação desses jovens negros se assenta sobre outras bases, além da necessidade de criar, realizar e fazer. Os ativistas de juventude negra que compõem o campo das políticas públicas apresentam como base de sua atuação a necessidade de falar por si mesmos, de ter voz própria, de se auto representar. Essa ideia é amplamente presente em diversos espaços da militância de jovens negros.

Essa necessidade é lembrada ao menos desde 1997, segundo Abramo (1997, p. 25), ao afirmar que tematização da juventude, até a última década do século XX, estava restrita aos temas da violência e do consumo:

> A maior parte da reflexão é ainda destinada a discutir os sistemas e instituições presentes nas vidas dos jovens [...], ou mesmo as estruturas sociais que conformam situações "problemáticas" para os jovens, poucas delas enfocando o modo como os próprios jovens vivem e elaboram essas situações. Só recentemente tem ganhado certo volume o número de estudos voltados para a consideração dos próprios jovens e suas experiências, suas percepções, formas de sociabilidade e atuação.

Desde a segunda metade da década de 2000, com o surgimento de organismos federais voltados à gestão de políticas públicas específicas para jovens, crescentemente denominadas de Políticas Públicas de Juventude (PPJ), há a busca de superar os termos utilizados na agenda política da década de 1990 para as ações públicas voltadas a este setor populacional – de um lado, havia uma noção "celebratória" da juventude, vendo-a exclusivamente como "agente para o desenvolvimento"; de outro, uma visão de juventude como "problema", como questão de contenção, em especial no tema da violência urbana (CONJUVE, 2009). Essa nova e alternativa perspectiva para pensar as questões da juventude, aliada à discussão das políticas para atender suas demandas, foi bem sintetizada por Regina Novaes (2009, p. 18) no termo "jovens como sujeitos de direitos", utilizado amplamente também pelos atores juvenis. Entendemos que essa noção cabe ao nosso propósito, pois aponta afirmativamente para a juventude como protagonista.

Essa reformulação ocorre com significativa influência de uma série de atores da sociedade civil e da política nacional. Porém, como chama a atenção (CONJUVE, 2009, p. 17), essa mudança se deve em grande parte pela atuação de uma gama de segmentos juvenis organizados desde a década de 1990. Dentre eles, "devedores de lutas sociais dos anos 1970 e 1980, destacam-se grupos de jovens mulheres, de jovens negros/as e de afirmação da diversidade de orientação sexual" (CONJUVE, 2009, p. 18).

Juventude como categoria de identidade política

Ocorre que, para além da ideia de participação, o termo recorrentemente utilizado pelos nossos interlocutores - jovens ou não - para descrever a atuação dos jovens é o protagonismo. "Eu chamo de protagonismo você pensar, dirigir, conduzir as suas reivindicações, não é você ser conduzido por outro, é você ser o centro da construção" (Edson França, entrevista em 18 de junho de 2014). Esta versão acaba por divergir do que é exposto por estudos com os de Sposito et al. (2009) e de Tavares (2012), mas aproxima-se do que Castro (2011) nomeia de "sujeitos políticos". A diferença em relação ao que trazemos nesta pesquisa é o diálogo dos atores jovens negros com outras gerações do movimento negro.

O estudo de Elisa Guaraná Castro (2011) torna-se um bom exemplo para o estudo dos atores presentes no campo das políticas públicas atualmente e identifica a associação existente entre o termo *juventude como sujeito de direitos* e a categoria *juventude como identidade política*, que constitui um ator político em função das demandas por reconhecimento de sua identidade. É um estudo interessante, situado na área das ruralidades, e em certo sentido exemplar, pois traz à luz um segmento e o politiza, conferindo-lhe protagonismo.

> A consolidação da categoria juventude sujeito de direitos representa uma alteração de paradigma, em que o público-alvo passa de passivo para agente, corresponsável pela construção das políticas públicas. Se esse processo ainda está em curso e evidentemente pode sofrer recuos, aponta a possibilidade de consolidação de uma importante conquista: a legitimação de novos atores e, principalmente, da "juventude" como agente deste processo de construção do campo das PPJ, ou seja, percebe-se uma mudança de paradigma de políticas públicas como processo de construção participativa onde o (a) jovem é agente. Evidentemente o processo efetivo de conquista dessa nova perspectiva de políticas ainda está em curso.
>
> Essa mudança de paradigma só pôde ocorrer porque um terceiro ator se fez presente. Especialmente a partir dos anos 2000, observamos uma presença importante no cenário político nacional da juventude como categoria de identificação política que paulatinamente configura um campo política da juventude. (CASTRO, 2011, p. 283- 284)

Na mesma abordagem, Martello (2012) apresenta um trabalho sobre as "jovens feministas" como sujeitos políticos no âmbito do feminismo brasileiro. Ancorada em pesquisas dimensionadas na América Latina, a autora fala dos impactos da atuação de "jovens feministas" na configuração do campo feminista e de gênero.

Atualmente, grande parte do debate sobre juventude, nas áreas das ciências sociais, tem foco nas percepções que os jovens têm de temas como política e participação política, Estado, representação política, saúde, violência e consumo. Por mais que se fale em subjetividade nesses estudos, essa ideia está para a juventude ou para os jovens como um dado de passividade e caracterizações que dialoguem com alguma noção de práxis política. Talvez seja por isso que, em dois balanços bibliográficos, com dez anos de diferença, tenham sido destacadas a ausência de trabalhos no campo da juventude que incluam, em seus campos empíricos, a enunciação de problemas pelos próprios jovens, considerando-os atores políticos (ABRAMO, 1997), bem como a carregada literatura sobre as representações juvenis e a correspondente necessidade de se problematizarem as estruturas de poder (CASTRO, 2011).

Assim sendo, a juventude negra está inserida no contexto das transformações da relação entre Estado e sociedade no Brasil no que diz respeito ao significado dado ao tema juventude. No entanto, ainda ficam por aparecer, nas produções acadêmicas em ciências sociais, a intervenção desses atores – militantes em diversas áreas –, bem como suas organizações, faixas etárias, escolaridades, motivações, trajetórias, ideias e subjetividades, sendo esta algo como uma base para organização de agência (HALL, 1995). É aqui que nossa proposta procura oferecer uma nova contribuição:

> A identidade ancorada em um "recorte etário" não exige exclusividade e nem sempre prevalece. Pode ser vista como um poderoso agregador de demandas, acionado como um amálgama para interligar os diferentes tipos de participação que envolvem a atual condição juvenil. Dependendo do momento e da demanda em jogo, reafirmam-se outros pertencimentos prévios (ser negro, ser mulher, ser jovem com deficiência, ser gay, ser cristão) ou se apresentam no espaço público como "jovens participantes". (NOVAES, 2011, p. 352)

Talvez nos estudos sobre participação pudéssemos encontrar a juventude reconhecida como ator político. Castro (2008) analisa o engajamento político a partir do processo de subjetivação política do pertencimento à coletividade, tanto com jovens militantes de organizações estudantis e partidos políticos quanto com aqueles que se engajam no trabalho social voluntário. Em outro trabalho, a autora (CASTRO, 2009) examina a atualidade da noção de socialização política, tendo em vista o suposto distanciamento dos jovens desta esfera social, problematizando os pressupostos essencializantes de uma teoria identitária de subjetividade geracional.

Porém, o que ocorre nesse caso é que a juventude é vista como parte de um processo maior, e tomam-se por princípios noções externas a ela. Vê-se, portanto, uma lacuna que abre a possibilidade de se fazer o caminho inverso: investigar as especificidades das experiências em participação da juventude negra indagando o impacto destas no contexto geral.

A maioria dos trabalhos publicados mostra que há baixo engajamento social e político dos jovens na atualidade, mas há a emergência de novas formas de participação, com grande apelo de grupos de criação artística, espiritualidade, lazer, ação solidária em comunidades e nas lutas contra discriminações e violências. Tal estudo (CASTRO, 2009) vale-nos como referência por introduzir os marcadores de diferença neste tema; não obstante, tais trabalhos sobre juventude citados até aqui não fazem balanço a respeito das novidades e dos impactos dessa atuação sobre a institucionalidade mais geral.

Ainda, retomando a observação de Abramo (1997), parecem existir alguns limites para um cenário que trata amplamente o tema dos jovens como assistidos pelo Estado, até mesmo como participantes de processos políticos, mas não como protagonistas, como autores e atores políticos:

> As questões elencadas são sempre aquelas que constituem os jovens como problemas (para si próprios e para a sociedade) e nunca, ou quase nunca, questões enunciadas por eles, mesmo porque, regra geral, não há espaço comum de enunciação entre grupos juvenis e atores políticos. (ABRAMO, 1997, p. 28)

De outra maneira, mas na mesma confluência, Mary Garcia Castro faz uma análise das recentes pesquisas sobre juventude e critica a proeminência de estudos voltados às representações da juventude, influenciados pelo interacionismo simbólico e pouco atentos às estruturas de poder (CASTRO, 2011, p. 264). Neste quesito, portanto, haveria de aprofundar a análise, uma vez que a participação ocupa a agenda das pesquisas sobre juventude, mas a ação que a mesma juventude promove na estrutura política nunca é questionada.

Identidade e reconhecimento multifacetado

Assim, a baixa expectativa ou a expectativa negativa quanto à institucionalização e/ou à adesão de jovens a partidos políticos pode ter a ver com as noções consolidadas de identidades num contexto de democracias liberais, como veremos adiante. A demanda pelo reconhecimento do jovem negro implica uma dupla e conjunta dimensão de aceitação, que não aparece nos cânones da teorização, como Nancy Fraser (2003), Axel Honneth (2005) ou Charles Taylor (2000). O sujeito do reconhecimento tem uma característica a ser defendida em um sistema que o oprime; quanto aos jovens negros, não há duas categorias distintas a que se recorrer. Faz-se necessário, assim, recorrer a conceitos de identidade que tomam o sujeito como não fixos nem permanentes, com em Stuart Hall (1995) e em Avtar Brah (1996).

No âmbito da teoria social, o reconhecimento é um dos temas mais importantes da última metade do século XX, e Frantz Fanon (2005; 2008), Charles Taylor (2000), Nancy Fraser (2006), Axel Honneth (2003) são alguns de seus maiores expoentes. Para estes autores, a noção de identidade é central no desenvolvimento de suas respectivas teorias. Entendemos que a reflexão com base nas formulações feitas por esses, como a denúncia de desigualdades e a elaboração de políticas afirmativas (LIMA, 2012), tem auxiliado não só na conquista de direitos para a população negra no Brasil, mas também na compreensão da identidade de jovens negros como juventude negra.

Há, entre esses autores, uma diferenciação entre as razões pelas quais o reconhecimento é posto em destaque, algo baseado no contexto em que estão inseridos. Nancy Fraser (2006), por exemplo, localiza seu problema no contexto pós-socialista, busca assim a justiça social, e seus sujeitos de estudo são especialmente as mulheres, os negros e os gays. Honneth (2003), o mais atual dos que citamos, vê no respeito e na igualdade a finalidade da luta pelo reconhecimento. Para Charles Taylor (2000), a dignidade serve de argumento para sua formulação da importância do reconhecimento das diferenças.

O argumento de Honneth relaciona a luta pelo reconhecimento à justiça social, algo motivado pela preservação da integridade do ser humano, pois, caso esta seja colocada em risco, abalam-se as formas dos diversos "padrões de assentimento ou reconhecimento" (2003, p. 213), uma vez que são capazes de fazer "desmoronar a identidade da pessoa inteira" (2003, p. 214).

O autor sintetiza e propõe avançar na seguinte problematização: "Como a experiência de desrespeito está ancorada nas experiências afetivas dos sujeitos humanos, de modo que possa dar, no plano motivacional, o impulso para a resistência social e para o conflito, mais precisamente, para uma luta por reconhecimento?" (Honneth, 2003, p. 253).

Ao tentar responder à pergunta, o autor elabora um paradigma para a análise dos conflitos sociais em que pese comprovar historicamente o nexo afirmado entre desrespeito moral e luta social, sendo esta entendida pelo

> processo prático no qual experiências individuais de desrespeito são interpretadas como experiências cruciais típicas de um grupo inteiro, de forma que elas podem influir, como motivos diretores da ação, na exigência coletiva por relações ampliadas de reconhecimento. (HONNETH, 2003, p. 257)

Dessa forma, com ênfase nos dados empíricos, Honneth tece uma análise que percorre o espaço, até então deixado vago por seus dois interlocutores, entre o indivíduo e a sociedade: "Entre as finalidades impessoais de um movimento social e as experiências privadas que seus membros têm da lesão deve haver uma ponte semântica que pelo menos seja tão resistente que permita a constituição de uma identidade coletiva" (HONNETH, 2003, p. 258).

Pode-se pensar inicialmente que a ideia de genocídio da juventude negra é um contrassenso (como disse Reginaldo Bispo, em entrevista em 7 de abril de 2014): juventude não se configura como povo, mas esse pensamento foi bastante importante como ponte semântica entre as finalidades impessoais do movimento de juventude negra e as experiências pessoais de seus militantes.

Ao que tradicionalmente pensava-se como exclusiva forma de motivação das lutas sociais, os interesses materiais, deve somar-se o componente moral, ligado ao reconhecimento e ao respeito. Honneth chama de "interesses" as "orientações básicas dirigidas a fins, já aderidas à condição econômica e social dos indivíduos pelo fato de que estes precisam tentar conservar pelo menos as condições de sua reprodução" (2003, p. 262). São, assim, as lutas moralmente motivadas de grupos sociais as suas tentativas de estabelecer institucional e culturalmente formas ampliadas de reconhecimento recíproco, aquilo por meio do que a sociedade vem a se realizar normativamente, em busca de políticas públicas (Honneth, 2003, p. 156), como expressam as ex-coordenadoras do Fórum Nacional de Juventude Negra Nazaré Cruz e Thaís Zimbwe (entrevistadas em dezembro de 2012 e em junho de 2013, respectivamente).

Na reflexão sobre as experiências afetivas para a constituição da identidade e da subjetividade, Charles Taylor trava interessante diálogo com Frantz Fanon. Taylor traz para o debate sobre reconhecimento o que Fanon (2005) apontou em *Os condenados da terra*, que "a principal arma dos colonizadores era a imposição de sua imagem de colonizados aos povos subjugados. O colonizado, a fim de libertar-se, tem antes de tudo de se purgar dessas autoimagens depreciativas" (TAYLOR, 1995, p. 268).

Frantz Fanon é o que mais se diferencia dos outros três autores. A identidade permanece como fulcral para ele (TAYLOR, 1995, p. 269), mas há três distinções a expor. A primeira refere-se ao contexto de Fanon: trata-se de um martinicano estudioso de relações raciais, em pleno contexto colonial, de negros e colonizados. Em Honneth, o sujeito não tem tanta premência, e conceitos como os de identidade e diferença surgem com razoável abstração. Para Taylor, a maior preocupação é a comunidade francófona do Canadá que luta, frente à comunidade de origem inglesa, pela manutenção da cultura e do idioma. Similarmente a estes dois autores, Nancy Fraser tem como referência as reivindicações do que podemos chamar, seguramente, de Ocidente do Atlântico Norte, ou seja, Europa ocidental e Estados Unidos da América, divididas entre demandas materiais, ou de redistribuição, e demandas simbólicas, ou de reconhecimento. Em outras palavras, os três autores variam o sentido do reconhecimento entre respeito, dignidade e justiça social, mas acabam por repetir os problemas e os cenários, mantendo, assim, uma perspectiva estritamente liberal. Frantz Fanon, em contrapartida, indica que sua formulação aponta para problemas do mundo colonizado, traumas provenientes da imposição cultural e dos modos do colonizador, entre eles a destruição das subjetividades, as doenças mentais etc.

Esses autores são responsáveis por subsidiar várias políticas de reconhecimento, mesmo fora do contexto norte-americano/europeu ocidental. As suas contribuições trazem a dimensão do direito à vida para o reconhecimento, ou seja, o reconhecimento como superação da dicotomia entre o material e o simbólico.

A outra diferença entre Fanon e Charles Taylor é o modo como este opera a identidade. Para Taylor, a identidade seria "autenticidade", além de ser moldada com base na relação com os outros, pelo reconhecimento por parte de outros:

> Trata-se de quem somos, "de onde viemos". Como tal, ela é o pano de fundo contra o qual nossos gostos, desejos, opiniões e aspirações fazem sentido. Se algumas coisas que valorizo mais me são acessíveis só em relação com as pessoas a quem amo, essa pessoa se torna parte da minha identidade. (TAYLOR, 1995, p. 247)

Para haver reconhecimento, outras pessoas e outros povos deveriam aceitar a originalidade de cada indivíduo. Há um processo de significação em que o outro passa a desempenhar um papel que também é ativo. "Para alguns, isso pode parecer uma limitação de que quererão se libertar" (TAYLOR, 1995, p. 247), mas de fato padece-se de uma identidade fixa, carece-se de permeabilidade para posicionamentos distintos (posições etárias e/ou raciais) e, ao contrário, é necessário estabelecer um padrão fixo e único para a identidade.

Por fim, outra distinção de Fanon pertence à nossa questão. Se a justiça, o respeito e dignidade movimentam a luta pelo reconhecimento para Fraser, Honneth e Taylor, respectivamente, para o autor martinicano, o sentido do reconhecimento está ligado à superação da linha do não ser, isto é, da conquista da condição de humanidade (GROSFOGUEL, 2011).

Para este entendimento da luta pelo reconhecimento, seria preciso ir até as reivindicações e atividades específicas da luta "contra o genocídio", ações bastante presentes ao longo do ano de 2013 e que não só aprofundam a interpretação sobre homicídios de jovens negros no Brasil, mas também defendem que o problema dos homicídios está ligado diretamente ao racismo e à discriminação racial. Tanto nessas atividades quanto nos debates no Conselho Nacional de Juventude, ocorre a afirmação de que "esses jovens morrem porque são negros" (fala de jovem negra no seminário "Juventude negra e políticas públicas: contra o genocídio e em defesa da vida", em novembro de 2009).

As informações colhidas em observação de debates sobre o assunto repassam sobremaneira que as mortes de jovens negros são praticadas pelo Poder Público brasileiro através da atuação policial e sob amparo legal. "Quem aperta o gatilho é o próprio Estado", disse um ativista do movimento negro, em novembro de 2013, na cidade de Campinas, em discussão sobre a implementação do Plano Juventude Viva.

Assim, o reconhecimento, segundo Frantz Fanon, faz-nos repassar outro conjunto de questões, no qual o problema dos homicídios é implicado em função da desumanização que significa os jovens negros no contexto brasileiro.

Com foco nos movimentos sociais, novamente a questão da identidade fixa retorna, uma vez que não se trata de unificar o problema em torno do povo negro ou da juventude. Por vezes, as categorias apresentam-se como "juventude negra", "pretos e pobres", "juventude preta, pobre e periférica" – há sempre mais de um classificador do sujeito que é preciso ser reumanizado. A dimensão da identidade estaria, portanto, além de uma essência ou de uma autenticidade/originalidade. Importa, neste caso, reconhecer um tipo de identidade deslocada, como desenvolve Stuart Hall em alguns de seus trabalhos.

Em "Quem precisa de identidade?", Hall (1995) verifica que o tema da identidade tem sido explorado por uma variedade de vieses (pela filosofia, pela crítica feminista, pela crítica cultural), além de questionar se ainda é necessária mais uma reflexão sobre o assunto e se perguntar quem precisa da "identidade". Balizado pela crítica desconstrutiva, ele segue duas linhas complementares: da teoria do discurso e da psicanálise.

Hall localiza a discussão em torno das questões das ciências sociais ligadas à agência e à política. Entende ele que o conceito pode (e deve) ser trabalhado "sob rasura", ao indicar que certos conceitos-chave

> não servem mais – não são mais "bons para pensar" – em sua forma original, não reconstruída. Mas, uma vez que eles não foram dialeticamente superados e que não existem outros conceitos, inteiramente diferentes, que possam substituí-los, não existe nada a fazer senão continuar a se pensar com eles. (HALL, 1995)

Entre os principais interlocutores de Hall está Foucault, que estabelece se tratar de uma "teoria da prática discursiva", pois é preciso pensar a identidade

> em uma nova posição – deslocada ou descentrada – no interior do paradigma. Parece que é na tentativa de rearticular a relação entre sujeitos e práticas discursivas que a questão da identidade – ou melhor, da identificação, caso se prefira enfatizar o processo de subjetivação (em vez das práticas discursivas) e a política de exclusão que essa subjetivação parece implicar – volta a aparecer. (HALL, 1995, p. 105)

Alguns relatos de interlocutores indicam também que a necessidade de espaço político fortaleceu o processo de organização de jovens negros em torno da ideia de juventude negra. Samoury Mugabe, da Articulação Política de Juventude Negra, conta que, quando jovens negros foram excluídos da delegação estadual paulista da I Conferência Nacional de Igualdade Racial, ele decidiu buscar apoios para sua organização de jovens e realizar reuniões de jovens negros (entrevista em 31 de julho de 2013). Anderson da Silva, militante do movimento hip-hop, conta-nos que o movimento negro, nas décadas de 1990 e 2000, não realizava discussões sobre juventude negra, tampouco sobre periferia. Em conversas com outros jovens negros que compartilhavam desta percepção, decidiram movimentar a organização do I ENJUNE (entrevista cedida em 14 mar. 2013). Da mesma maneira, na pesquisa *Quebrando mitos: juventude, participação e políticas. Perfil, percepções e recomendações dos participantes da I Conferência Nacional de Políticas Públicas de Juventude* (CASTRO; ABRAMOVAY, 2009), relatam-se fartamente as falas de jovens negros que diziam que as juventudes brancas e partidárias não incorporavam as demandas da juventude negra.

É certo que, no senso comum, a identidade tem sua âncora no reconhecimento de alguma origem, ideal, grupo de pessoas etc. No entanto, quando se passa a falar de identificação, fala-se também de "uma construção, um processo nunca completado" (CASTRO; ABRAMOVAY, 2009, p. 106).

> Ela nunca é completamente determinada – no sentido de que se pode, sempre, "ganhá-la" ou "perdê-la"; no sentido que ela pode ser, sempre, sustentada ou abandonada. Embora tenha suas condições determinadas de existência, o que inclui os recursos materiais e simbólicos exigidos para sustentá-la, a identificação é, ao fim e ao cabo, condicional; ela está, ao fim e ao cabo, aloja-

> da na contingência. [...] Ela não anulará a diferença. A fusão total entre o "mesmo" e o "outro" que ela sugere é, na verdade, uma fantasia de incorporação. (CASTRO; ABRAMOVAY, 2009, p. 106)

O contexto sociocultural no qual Hall insere a questão da identidade, no entanto, é a contemporaneidade, que, para ele, é caracterizada por um sujeito descolocado chamado de "pós-moderno", antecedido pelo "sujeito do Iluminismo" e pelo "sujeito sociológico" (HALL, 2011, p. 10). A identidade do sujeito do Iluminismo é caracterizada pela sua unicidade e singularidade, totalmente centrado e consciente, com uma continuidade ao longo da vida. O sujeito sociológico, por sua vez, tem a identidade construída a partir da sua relação com a sociedade (isto é, não é nem autônomo nem autossuficiente) e formada com base na sua interação com o outro e com a sociedade (HALL, 2011, p. 11). O sujeito é costurado à estrutura. O sujeito pós-moderno caracteriza-se, para Hall, pelo seu descentramento e fragmentação, "com várias identidades, algumas vezes contraditórias ou não resolvidas", pois mesmo o processo de "identificação, através do qual nos projetamos em nossas identidades culturais, tornou-se mais provisório, variável e problemático" (HALL, 2011, p. 12-13).

O que vimos com a pesquisa é que há um duplo posicionamento identitário de jovens negros, a depender do contexto: entre os "nossos mais velhos", no caso do movimento negro, e entre os brancos/juventude branca, frente ao Conjuve, por exemplo. A fim de conciliar teoricamente aquilo que está posto no âmbito do discurso ("juventude negra") com as várias formas de operacionalizar a autorrepresentação de si mesmo – segundo Hall, "as tecnologias do Eu" –, este autor retoma Foucault para conectar "práticas discursivas historicamente específicas com a autorregulação normativa e com tecnologias do eu" (HALL, 2011, p. 126) e afirma:

> Se precisamos de uma teoria que descreva quais são os mecanismos pelos quais os indivíduos considerados como sujeitos se identificam (ou não se identificam) com as "posições" para as quais são convocados; que descrevam de que forma eles moldam, estilizam, produzem, "exercem" essas posições; que explique por que eles não fazem completamente, de uma só vez e por todo o tempo, e por que alguns nunca o fazem, ou estão em um processo constante, agonístico, de luta contra as regras normativas ou regulativas com as quais se confrontam e pelas quais regulam a si mesmos – fazendo-lhes resistência, negociando-as ou acomodando-as. Em suma, o que fica é a exigência de se pensar essa relação do sujeito com as formações discursivas como uma articulação. (HALL, 2011, p. 126)

Ocorre que, a partir de dado momento, jovens negros passaram a se autoidentificar como "juventude negra", levar à cena pública o problema das mortes e dos homicídios e fazer disputas em espaços institucionais. A sua dupla dimensão de identificação, contudo, não encontrou cooperação nos organismos estatais, restringindo-se a uma ou duas instâncias de participação mista e de pouca força institucional.

Antes de continuar, cabe fazer uma diferenciação que nos permita pensar o reconhecimento no que se refere tanto a ações políticas identitárias e quanto a políticas para grupos específicos. Até aqui, viemos tratando da ação política identitária; a seguir, refletiremos também acerca das políticas para segmentos específicos.

As fundamentações de políticas de reconhecimento permitiram a cristalização de direitos de comunidades específicas em contextos de democracias liberais consolidadas, como é o caso do Canadá/Québec, mas, a partir do momento em que as diferenças se multiplicam e a noção de identidade fixa torna-se um problema, é preciso buscar alternativas.

Por outro lado, a distinção que Nancy Fraser faz entre "remédios" simbólicos e materiais mantém-se salutar para pensar as políticas públicas. A autora localiza a emergência de disputas descoladas e independentes da dicotomia tradicional luta de classes/movimentos identitários, como os movimentos por liberação sexual, a luta das mulheres e dos movimentos negros. Para a autora, estes movimentos fariam par com outra série de reinvindicações, ligadas ao classismo, na luta por justiça num mundo em que, embora o ideal igualitário do socialismo pareça ter sido ultrapassado, muitas desigualdades permanecem. Os movimentos como os três anteriormente citados comporiam a luta por reconhecimento, enquanto os movimentos ligados à privação econômica seriam aqueles que lutariam por redistribuição.

Para Fraser, a luta por justiça abarcaria as dimensões do reconhecimento e da redistribuição, portanto sua tarefa passa a ser a de elaborar a "teoria crítica do reconhecimento, que identifique e assuma a defesa somente daquelas versões da política cultural da diferença que possam ser combinadas coerentemente com a política social da igualdade" (FRASER, 2006, p. 231). Entretanto, há que se considerar que lhe importa "teorizar a respeito dos meios pelos quais a privação econômica e o desrespeito cultural se entrelaçam e sustentam simultaneamente".

A fim de elucidar cada um dos tipos de injustiça, a autora recorre a dois exemplos, o da classe trabalhadora, para o problema distributivo, e o dos movimentos sobre a "sexualidade desprezada", para o de reconhecimento.

> Quando lidamos com coletividades que se aproximam do tipo ideal da classe trabalhadora explorada, encaramos injustiças distributivas que precisam de remédios redistributivos. Quando lidamos com coletividades que se aproximam do tipo ideal da sexualidade desprezada, em contraste, encaramos injustiças de discriminação negativa que precisam de remédios de reconhecimento. (FRASER, 2006, p. 233)

Nota-se um franco espaço para estabelecer uma divisão clássica entre natureza e cultura, estrutura e infraestrutura. Entretanto, no desenrolar dos argumentos da autora, surgem dois conceitos que assumem bem o papel transitório entre as duas dimensões de justiça. Raça e gênero são categorias que agrupam reivindicações da ordem da distribuição e do reconhecimento, pois também ordenam a sociedade de modo a estruturá-la tanto simbolicamente quanto materialmente. Elas seriam, portanto, modos bivalentes de coletividade:

> A "raça" estrutura a divisão capitalista do trabalho. Ela estrutura a divisão dentro do trabalho remunerado, entre as ocupações de baixa remuneração, baixo *status*, enfadonhas, sujas e domésticas, mantidas desproporcionalmente pelas pessoas de cor, e as ocupações de remuneração mais elevada, de maior *status*, de "colarinho branco", profissionais, técnicas e gerenciais, mantidas desproporcionalmente pelos "brancos". A divisão racial contemporânea do trabalho remunerado faz parte do legado histórico do colonialismo e da escravidão, que elaborou categorizações raciais para justificar formas novas e

> brutais de apropriação e exploração, constituindo efetivamente os "negros" como uma casta econômico-política. Atualmente, além disso, a "raça" também estrutura o acesso ao mercado de trabalho formal, constituindo vastos segmentos da população de cor como subproletariado ou subclasse, degradado e "supérfluo" que não vale a pena ser explorado e é totalmente excluído do sistema produtivo. O resultado é uma estrutura econômico-política que engendra modos de exploração, marginalização e privação especificamente marcados pela "raça". Essa estrutura constitui a raça como uma diferenciação econômico-política dotada de certas características de classe. (FRASER, 2006, p. 236)

É o que ocorre com a questão racial; com a de gênero, acontece algo parecido, pois também opera uma

> estrutura econômico-política que engendra modos de exploração, marginalização e privação especificamente marcados pelo gênero. Esta estrutura constitui o gênero como uma diferenciação econômico-política dotada de certas características da classe. Sob esse aspecto, a injustiça de gênero aparece como uma espécie de injustiça distributiva que clama por compensações redistributivas. De modo muito semelhante à classe, a injustiça de gênero exige a transformação da economia política para que se elimine a estruturação de gênero desta. Para eliminar a exploração, marginalização e privação especificamente marcadas pelo gênero é preciso abolir a divisão do trabalho segundo ele – a divisão de gênero entre trabalho

> remunerado e não remunerado e dentro do trabalho remunerado. (FRASER, 2006, p. 234)

Segundo a autora, para cada tipo de injustiça, haveria um tipo de "remédio", a chamada "política correspondente". Entretanto, as disparidades de raça (e gênero) podem demandar os dois tipos de remédios, a depender do aspecto a ser remediado: "A injustiça racial aparece como uma espécie de injustiça distributiva que clama por compensações redistributivas" (FRASER, 2006, p. 235).

Problemas de reconhecimento e de redistribuição marcam a sociedade brasileira e ainda posicionam o país entre os mais desiguais do mundo (Cf. BRASIL, 2012; BRASIL, 2010; COLON, 2010), com clivagens raciais que estruturam essas desigualdades. Homens, negros e jovens são as três características mais prementes das vítimas de homicídios no Brasil. Pretos e pardos estão representados nos estratos mais pobres da população,[10] e suas possibilidades de inclusão no mundo do trabalho também são menos favoráveis,[11] além de serem mais vitimizados pela violência letal: dois a cada três homicídios cometidos são contra negros, de acordo com o *Mapa da violência de 2012: a cor dos homicídios no Brasil* (WAISELFISZ, 2012). No quesito violência, outro recorte é característico da sociedade brasileira: a faixa etá-

10 "Em 2003, 8,4% dos negros encontravam-se em condições de extrema pobreza, ante 3,2% dos brancos. Embora mulheres e homens negros representem 44,7% da população brasileira" (VASCONCELOS, 2005).

11 "A taxa de desemprego, de acordo com a Pesquisa Nacional por Amostra de Domicílios (Pnad) de 2003, elaborada pelo IBGE, mostra as variações em função da cor da pele: no grupo com mais de 16 anos de idade, a taxa de desemprego é de 8,7% para os brancos e de 10,7% para os negros. O grau de informalidade também é maior entre os negros. Enquanto 42% dos brancos têm carteira assinada ou são funcionários públicos, entre os negros esse percentual é de 31,4%" (VASCONCELOS, 2005).

ria. Nos homicídios cometidos no Brasil, 36% das vítimas têm de 15 a 24 anos, de acordo com este Mapa da Violência. Assim, tal como o problema está desenhado, é preciso ajustar quanto à condição do sujeito jovem *e* negro

Nas últimas duas décadas, tem-se notado um esforço por parte do Estado brasileiro no desenvolvimento de um conjunto de políticas voltadas para um conjunto da população diferenciado por faixas etárias, as chamadas políticas públicas de juventude. O marco mais representativo e recente foi a criação, em 2005, da Secretaria Nacional de Juventude e do Conselho Nacional de Juventude, pela Lei nº11.129/2005.

É dessa forma que se estrutura a única política voltada para o problema dos homicídios de jovens negros no Brasil. O plano de prevenção à violência contra a juventude negra tem ações voltadas à desconstrução da cultura de violência, a mudanças de caráter institucional (em relação ao racismo institucional) e à ampliação de garantia de direitos, como o direito ao trabalho.

O conceito mais de acordo com o termo "juventude negra" seria o que foi colocado por Avtar Brah, ao debater o lugar da diferença mediante a força que os apelos universais têm na atualidade. Para Brah, a identidade é dinâmica e pode ser tanto individual quanto coletiva:

> Identidade é um processo, o que temos é um campo de discursos, matrizes de significados, narrativas de si e dos outros, e a configuração de memórias, uma vez em circulação, fornece uma base para a identificação. Cada enunciação de identidade, seja individual ou coletiva, é uma reconstrução neste campo identificações. Uma vez que não é necessário que haja uma correspondência direta entre identidade individual e a coletiva,

> inclusive a proclamação de uma identidade coletiva pode ser uma disjunção psíquica e emocional considerável. Mobilização política precisa ser sensível a estes processos. (BRAH, 1996, p. 280)[12]

Como vimos, as mobilizações políticas têm considerado as variadas formas de identificação, mas não encontram forte parceria para além do discurso da presidenta da República, ou seja, as políticas de Estado não fazem a mesma deferência. Esta forma de apreensão da identidade deve ser trabalhada no plano da política por meio do sentido multifacetado, isto é, deve-se pensar a multiplicidade das diferenças a fim de produzir políticas que superem a dicotomia entre o comum e o universal, algo que permita inter-relacionar as variadas formas de identificação, como as de gênero, étnicas, raciais, nacionais, entre outras.

Ainda que o termo "multi" tenha seus problemas e múltiplas referências, Brah o toma "reconfigurado como signo para as dinâmicas de poder de interseccionalidade interrogadas pelo conceito de 'espaço de diáspora'"[13] (1996, p. 246). O impacto dessa ideia é o de repensar o debate sobre, entre outras coisas,

---

12 No original: "La identidad es un proceso, lo que tenemos es un campo de discursos, matrices de significados, narraciones de uno mismo y de los demás y la configuración de recuerdos que, una vez en circulación, aportan una base para la identificación. Cada enunciación de identidad, ya sea individual o colectiva, representa una reconstrucción en este campo de identificaciones. Dado que no es necesario que haya una correspondência directa entre la identidad individual y la colectiva, la proclamación de uma identidad colectiva particular puede suponer una considerable disyunción psíquica y emocional. La movilización política necesita ser sensible a estos procesos".

13 No original: "Refigurado como signo para las dinámicas de poder de interseccionalidad interrogadas por el concepto de 'espacio de diáspora'".

multiculturalismo/antirracismo, diversidade cultural/diferença, novas etnicidades e universalismo e o de recusar a ideia de primazia da dimensão econômica na formação dos sujeitos.

Isso importa para interpretar a dupla dimensão do que algumas políticas analisadas neste trabalho vocalizaram. Em primeiro lugar, juventude negra evoca duas dimensões do sujeito, uma etária e uma racial. Em segundo lugar, diversas passagens dos documentos oficiais sobre política pública de juventude advogam como deve ser a juventude como sujeito de direito: no plural, ou seja, juventudes (como veremos no capítulo 3). Então, se a juventude é plural, o sujeito de direitos será sempre múltiplo.

Trata-se, pois, não só de uma categoria que aloca recursos estatais e/ou determina atividades para o Poder Público realizar, mas a ideia de jovens negros indica também um signo sob o qual indivíduos possam reconhecer-se e também serem reconhecidos. Ao menos duas dimensões de diferença atuam nessa identidade: a racial e a de geração - ser negro e ser jovem.

Para Taylor (2000), o processo do reconhecimento precisa de uma relação com uma agência, que é externa ao indivíduo, denominada pelo autor como "o Outro". Assim, num processo adequado de reconhecimento, a identidade a ser reconhecida estaria vinculada à originalidade e à autenticidade do indivíduo.

Para o nosso caso, teríamos dois problemas com a definição proposta por Taylor: em primeiro lugar, a ideia de "juventude negra" é algo estritamente recente, sendo, portanto, muito arriscado falar em originalidade ou autenticidade do indivíduo. Posteriormente, a ação do reconhecimento estaria atribuída ao "Outro" e menos ao portador da identidade. Neste quesito, não há espaço para explorar o problema que expusemos aqui para o estudo da construção de um ator político, pois não há espaço para a elaboração de uma subjetividade a partir das experiências individuais.

A noção de identificação proposta por Stuart Hall auxilia na elaboração de processos dinâmicos que se desenrolam em planos tanto sincrônicos quanto diacrônicos, dado que a identidade não está limitada pela "autenticidade/originalidade", tampouco tem um marco contextual ou sistêmico de outros modelos analíticos. Pensar a identidade "sob rasura" permite esboçar formas de posicionamento ante a estrutura que lança mão de diversos marcadores de diferenças com sentidos também políticos e nos quais a subjetividade não só figura como algo manipulável não só pelo "Outro", mas também é objeto de decisão individual.

De outro modo pensa Honneth, para quem, embora seja possível manipular elementos subjetivos a favor de determinada questão política, a luta por reconhecimento está em favor da igualdade. O autor acaba estancando uma característica que é própria da dinâmica ideia de subjetividade, mas que não é alheia ao indivíduo e que, segundo ele, estaria sempre em função da igualdade. Supor que a demanda por reconhecimento pode parar na condição da igualdade é dispensar outras questões inerentes a outras formas de produção de valores. Honneth também fica aquém de uma possibilidade de identidade produtora de ação política; para ele, a identidade é condição preliminar para a mobilização social. Em nosso caso, tratamos de algo que parece ser uma novidade, por isso pode ser arriscado falar em autenticidade.

Todavia, algo como as três categorias de reconhecimento prescritas por Honneth precisa ser entendido pelas mobilizações sociais como mais apropriado para a formulação de políticas do que para análises. Da mesma forma, poderia ser considerada a divisão de Nancy Fraser entre movimentos por redistribuição e movimentos por reconhecimento – e aqui fazemos duas observações a seu favor. A primeira é que essa divisão se baseia em binômios clássicos das ciências sociais, como os de natureza/cultura ou material/simbólico. Outra observação é que sua sistematização permite hibridismos para certos movimentos, como os de gênero e os raciais. Essas considerações favorecem a utilização desses conceitos para a análise tanto das mobilizações quanto das políticas, mas certamente há ganhos maiores para a formulação de políticas de reconhecimento ou de redistribuição para determinados setores, como os de gênero e raça, mesmo que a autora não forneça elementos tão substanciais para pensar a identificação.

De outro modo, como poderíamos pensar na chave proposta por Fraser de um estrato social caracterizado por uma faixa etária específica? Ela estaria ligada aos movimentos por reconhecimento ou pelos movimentos por redistribuição?

Entendemos que as perspectivas encontradas nos trabalhos de Fraser apoiam a articulação das políticas públicas e da ação do Estado como um todo, ou, ao menos, permitem que isso ocorra, além de estarem em consonância com a ideia de pluralidade, estancando as diferenças na concepção de juventude. No entanto, o leque de questões proporcionadas pela relação entre jovens negros, homicídios e ação coletiva está para além do reconhecimento simbólico e ou da redistribuição material (assim como está para além da dignidade, do respeito ou da justiça).

Existe um problema articulador das reivindicações que está no plano, sim, da cultura, mas que estrutura e organiza a vida material ao ponto de produzir mortes e um contexto de homicídios que mereceria uma explicação exclusiva, relacionando-os com o racismo.

O vernáculo do movimento trata-o como genocídio ou extermínio, o que seria uma tese a levar em consideração, uma vez que há tempos existem teses para serem contrapostas, como a do racismo institucional.

De outro modo, a noção mais recorrente de reconhecimento impede a visualização de como esses sujeitos jovens são construídos. Por exemplo, qual é a relação entre o movimento de mulheres e o movimento de jovens mulheres? Qual é a relação entre o movimento negro e a juventude negra? E de outros movimentos com essas juventudes?

O que Brah (1996) traz como as múltiplas faces permite que possamos reportar variados vetores de construção do sujeito, tal qual eles próprios se classificam, não se encerrando na categoria juventude. Para evidenciar a necessidade de interpretar a agenda da diversidade da juventude pelo viés do "multi", basta lembrar que não há correspondência entre a participação da juventude negra em conselhos estaduais e municipais como há em âmbito nacional. Isso demostra que essa coerência ou linearidade não é operada por meio da participação no campo das políticas públicas de juventude – e é preciso acompanhar outras conexões e intersecções para analisar essa trajetória.

HOMICÍDIOS DE JOVENS NEGROS: DAS ESTATÍSTICAS À AGENDA POLÍTICA MILITANTE

A tematização dos homicídios por jovens negros pode ser entendida como o que Honneth (2003) chama de ponte semântica para a mobilização da militância em torno da luta contra a violência a jovens negros. Descrevemos aqui esta tematização que percorre as experiências privadas dos atores na construção de espaços públicos, com ênfase na sua dimensão comunicativa. A ideia do genocídio da juventude negra é a expressão que reúne, a um só tempo, a tradição e a novidade na luta do movimento, referindo-se a uma história de denúncia da violência, de exclusão e de desigualdades, bem como agregando novos atores a ela.

As mortes e os homicídios são fortemente vivenciados por esses agentes que ocupam espaços em organizações negras ou de juventude, e a percepção da violência é racializada, ligada ao "povo negro" e à "juventude negra". Essa percepção está conectada à vivência em espaços de moradia. A juventude que está sendo assassinada é uma específica, a negra e desses territórios. Essa vitimização vem, de certa maneira, unificar a ideia de juventude negra.

A despeito das diferenças regionais e estaduais que as estatísticas sobre homicídios elucidam, a percepção dos homicídios no mundo da vida é reportada com frequência nos espaços a que a juventude negra vai para debater políticas públicas. Sempre em meio a alguma discussão era possível aparecer intervenções do tipo "nosso povo está morrendo" ou "estão matando os jovens negros!" Em certa ocasião, um ativista disse, com a finalidade de desqualificar uma terceira pessoa: "Ela não sabe do que está falando, pois nunca encontrou um cadáver no caminho de casa" (Registro de campo, mar. 2013).

Markão, militante do hip-hop de São Paulo e MC de um grupo de rap da mesma cidade relata a morte de um conhecido:

> Tem um caso antigo, o jovem Marcelo, isso foi no início dos anos 1990. O Marcelo estava voltando de uma atividade de hip-hop aqui na Barra Funda, a gente pegou o metrô. Antigamente, a gente tinha o costume de ficar batucando onde desse uma sonoridade de tambor e fazendo um rap, fazendo um improviso. Aí, o pessoal indo embora, dentro do vagão do metrô, começou a fazer um rap, e um policial militar, que estava dentro do mesmo vagão, não gostou, achou que a gente estava fazendo a música para ele, e ali começou uma desavença. Ele não teve dúvida, deu um tiro e matou o Marcelo. Deu um tiro e matou. Isso é um caso clássico do hip-hop, que o estado também foi condenado a pagar indenização para a família. Na época, o Marcelo tinha 17 anos. Ele voltava de uma atividade do Clube do Rap, que a Chic Show organizava. (Entrevista em 2 de setembro de 2013)

No relato de Nazaré Cruz, lê-se que eles queriam "saber onde estavam aquelas pessoas que não estavam mais conosco", referindo-se aos seus conhecidos que estão presos ou mortos:

> A gente quer isso como política pública para que parem de morrer estes jovens. Na verdade, a

> gente se dá conta, no ENJUNE, que este genocídio, que tudo aquilo acontecia no nosso entorno, na nossa periferia... pois a gente não entendia muito bem por que aquelas pessoas que cresceram com a gente não estavam mais conosco. Por que a maioria daquelas pessoas tinha morrido? Por que a maioria daquelas pessoas tinha sido presa? (Entrevista em 1° de dezembro de 2012)

Este dilema repete-se com militantes de Alagoas, como Denis Angola, capoeirista e membro do grupo de Articuladores da Rede Juventude Viva, ligado à parceria entre a Fundação Oswaldo Cruz e a Secretaria Nacional de Juventude. Denis relatou, em reunião do plano Juventude Viva, no dia 7 de maio de 2013, em Brasília, o caso de um de seus parceiros de militância, Gutemberg Bandeira. Os dois organizavam atividades de denúncia de violência contra jovens negros, e o amigo foi morto na madrugada do dia 5 de fevereiro de 2013. Em artigo de Arisia Barros (2013), a vítima é descrita como "Gutemberg Bandeira, jovem negro alagoano, ativista, dançarino de coco, saxofonista, ator, militante do movimento social, capoeirista".

Um militante que passou por duas organizações nacionais (CONEN e MNU) vivenciou um homicídio em sua família. Roque Peixoto é, atualmente, diretor de relações públicas de um consórcio para populações ribeirinhas em Maragogipe, na Bahia. Esteve na primeira reunião que ensaiava organizar o ENJUNE, foi um dos protagonistas da articulação pela proposta número 1 da I CNPPJ, em abril de 2008, e acompanhou as discussões com do Conjuve em 2009 e 2010, relatadas aqui, que acabaram originando o plano de prevenção à violência contra jovens negros. Em 2011, passou a atuar na Assessoria da Secretaria de Relações Institucionais do Governo do Estado da Bahia.

No lançamento da versão piloto do Plano Juventude Viva, no estado de Alagoas, diversas lideranças jovens negras foram convidadas, e havia grande expectativa sobre quem iria participar do evento. Deste momento Roque não pôde participar, pois amargava a morte de seu irmão, Josenilton Guimarães Peixoto, pela Política Militar do Estado da Bahia, no dia 23 de setembro de 2012. Os PMs procuravam um rapaz negro jovem e invadiram sua casa em uma periferia de Salvador, executando-o com três tiros.

A reação de Roque foi afastar-se da política por algum tempo. Segundo disse-me na ocasião do acontecido, Josenilton havia participado de várias organizações (como ele, do MNU), de grêmios estudantis e de momentos importantes, como a Revolta do Buzú, movimento pelo passe livre para estudantes em transporte público em Salvador. Também ajudou a organizar plenárias de discussões sobre políticas públicas de juventude no seu estado, nos idos de 2003.

Esse conjunto de experiências passa a ser incluído no discurso dos jovens negros a partir do momento em que se apropriam da experiência dos "mais velhos" e veem este problema como uma especificidade própria de atores políticos reivindicantes de protagonismo ("eu acho que eles quiseram ser protagonistas quando nós mostramos pra essa molecada que quem estava morrendo eram eles!", disse Reginaldo Bispo, em entrevista em 7 de abril de 2014), elevando o tema à prioridade de sua ação coletiva ("o que unia era o combate ao Genocídio" - Thaís Zimbwe, entrevista em 21 de junho de 2013).

Variedade de falas em torno dos homicídios contra jovens negros

Reportagens

É possível encontrar a tematização da juventude negra em duas edições da revista *Raça* (revista mensal voltada à população negra no Brasil). Na primeira ocasião, a revista tratou de falar da relação entre igrejas evangélicas e a juventude negra, na matéria de capa: "Juventude negra: a invasão nas igrejas evangélicas" (*Raça*, número 177); mas na edição 184, a revista trouxe um "Especial: juventude negra: os números da violência", trazendo dados do Mapa da Violência de 2012.

Houve também menções a esta violência em reportagens como a da *Fórum*,[1] que publicou em 19 de outubro de 2013 uma reportagem com o título "Genocídio dissimulado", apropriando-se do termo veiculado pelo movimento negro e repercutindo dados do 4º Boletim de Análise Político-Institucional do IPEA, relacionando as mortes ao racismo institucional.

Campanhas de TV

Durante todo o ano de 2013, circulou a campanha televisiva do Governo Federal "Um país rico só se constrói com a sua juventude viva", que tematizou a violência contra jovens negros. Ela foi veiculada em intervalos comerciais e comparou os números absolutos dos jovens negros vítimas de homicídios com o número de pessoas vítimas de um acidente de avião. Foi preciso equipará-las a vítimas de acidentes aéreos, algo que sempre ge-

1 http://www.revistaforum.com.br/blog/2013/10/o-genocidio-dissimulado/, consulta em 13 de maio de 2014.

rou comoção nacional, a fim de trazer estes jovens para o terreno da humanidade.

Presidenta da República

Houve alguns discursos do Governo Federal sobre o reconhecimento de diferenças raciais e etárias relacionadas aos problemas de violência e homicídio. Ao menos três vezes, em 2013, eles foram proferidos pela presidenta da República. Independentemente do governo ou do partido que ocupe a direção do Governo Federal, a fala de um ou uma ocupante da Presidência da República tem significado expressivo para um país democrático, no âmbito da esfera pública.

Em 5 de agosto de 2013, foi sancionado um marco legal importante para as Políticas de Juventude, o Estatuto da Juventude. Para a assinatura da sanção, foi realizado um ato público que reuniu jovens de vários estados do país na sede do Governo Federal, no Palácio do Planalto. Tratou-se de uma cerimônia formal, em que algumas autoridades apenas discursaram e a presidenta assinou a lei. Como parte da cerimônia, o ator Érico Brás entregou às mãos da presidenta uma carta, assinada por diversos artistas periféricos e negros, sobre a violência contra a juventude negra. Um trecho da carta foi lido pelo cantor de rap GOG (contração de Genival Oliveira Gonçalves). A presidenta, em seu tempo, após ler seu pronunciamento, afirmou que "a questão da violência contra a juventude negra e pobre é uma das questões mais sérias pelas quais a juventude brasileira passa".[2] O portal de notícias *Terra* reportou o evento da seguinte maneira:

2 http://www2.planalto.gov.br/acompanhe-o-planalto/discursos/discursos-da-presidenta/discurso-da-presidenta-da-republica-dilma-

> A presidente Dilma Rousseff afirmou nesta segunda-feira que o enfrentamento da violência contra jovens negros será umas das prioridades na implementação do Estatuto da Juventude. "Temos de construir, dentro desse novo estatuto, as trincheiras para lutar contra a questão da violência indiscriminada contra jovens negros e pobres", disse em discurso durante a cerimônia de assinatura do estatuto. "Eu considero que esse é o nosso tema prioritário, e quero que seja o centro da questão nesse universo que abrange a juventude do País, que corta todo o País, e está em todas as periferias, em todas as regiões".[3]

A carta foi assinada por artistas (atores, produtores culturais, músicos de samba e rap) identificados como negros. Em casos como o do movimento hip-hop, atua-se mesmo em disputas eleitorais, fazendo por exemplo campanhas para candidatos à presidência, à prefeitura, e há também ativistas candidatos à Câmara de Vereadores.

A segunda ocasião em que Dilma Rousseff citou o problema dos jovens negros (por meio de uma rede social) foi por ocasião do assassinato de um jovem de 17 anos no bairro paulistano Vila Medeiros, localizado na Zona Norte da cidade. Vítima de um policial militar que estava em serviço, Douglas Rodrigues faleceu ainda no local do ocorrido, e testemunhas afirmam que ele conseguiu olhar para o policial que o matou e fazer a pergunta derradeira: "Por que o senhor atirou em mim?" O evento gerou comoção

-rousseff-durante-cerimonia-de-sancao-da-lei-que-institui-o-estatuto-da-juventude.

3 http://www.ebc.com.br/noticias/politica/2013/08/combate-a-violencia-contra-jovens-negros-sera-prioridade-diz-presidenta.

nacional, quebra-quebra no comércio local, incêndio de veículos parados nas redondezas e por fim ocasionou campanhas contra a violência. Os protestos seguiram na região por duas noites. Após dois dias, a presidenta se manifestou. Dia 29 de outubro, o portal de notícias *G1* repercutiu a fala da presidenta:

> A presidente Dilma Rousseff lamentou nesta terça-feira (29), em sua conta no microblog Twitter, a morte do estudante Douglas Rodrigues, de 17 anos, que foi atingido por um tiro disparado por um policial militar na Zona Norte de São Paulo, no domingo (27).
>
> "Foi com tristeza que soube da morte do jovem Douglas Rodrigues, de apenas 17 anos, na zona Norte de SP", escreveu a presidente. "Nessa hora de dor, presto minha solidariedade a sua família e amigos", completou.
>
> O soldado que atirou em Douglas foi indiciado por homicídio culposo (sem intenção de matar) e foi preso por determinação da Polícia Militar. O advogado do policial alega que o disparo foi acidental.
>
> Dilma ainda escreveu no Twitter que "assim como Douglas, milhares de outros jovens negros da periferia são vítimas cotidianas" da violência. "A violência contra a periferia é a manifestação mais forte da desigualdade no Brasil", concluiu.[4]

4 http://g1.globo.com/sao-paulo/noticia/2013/10/no-twitter-dilma-lamenta-morte-de-estudante-baleado-por-policial-militar.html.

A fala da presidenta, como descrito anteriormente, não tem correspondência no conjunto das políticas públicas do Governo Federal.

De alguma forma, pode-se, contudo, concluir por uma centelha de reconhecimento no plano do discurso, ou seja, fala-se em juventude negra, toca-se no problema, mas não há a incorporação oficial e concreta no âmbito das políticas.

No mês da Consciência Negra, durante a abertura da III Conferência de Igualdade Racial, em Brasília, a presidenta, em sua fala oficial – isto é, sem quebra de protocolos –, abordou o assunto dos homicídios contra jovens, mas dessa vez mencionou a palavra "genocídio", de acordo com o *Blog do Planalto*: "A presidenta ainda disse que o Governo Federal dará todo respaldo para o Plano Juventude Viva, combatendo o que vem sendo classificado de genocídio da juventude negra".[5]

Artistas dos saraus e movimentos sociais contra a violência

Entre os artistas que assinaram a carta à presidenta Dilma, estão alguns poetas que compõem a cena dos saraus nas periferias de São Paulo, onde a violência e os homicídios são tematizados em poesias, contos, crônicas e até em manifestos. Segue uma releitura, de autoria de Akins Kintê, da canção "Meu caro amigo", de Chico Buarque de Hollanda. Nela, marcada tanto pela questão racial quanto pela violência racial, o chamado "genocídio" é lembrado. No final, o poeta lembra os amigos que foram mortos ou violentados. O título é "Meu caro amigo/Negro reaja" – "negro reaja" é uma menção ao movimento Reaja ou será

5 http://blog.planalto.gov.br/ao-vivo-iii-conferencia-nacional-de-promocao-da-igualdade-racial/.

morto/Reaja ou será morta, atuante em todo o estado da Bahia. Trata-se de uma menção direta ao quadro dos homicídios.

> Meu caro$ amigo
> Me perdoe se quiser
> Vou-te a ti com uma resposta
> Tô numas mesmo de ver qual que é
> Dessas ideias tão oposta
> Aqui na terra
> Tão passando o cerol
> Escravismo e abandono cai no rol
> Branquidade da cidade tão em prol Mais o que eu quero lhe dizer
> Que a coisa aqui não tá preta
> E antes 'tivesse
> Nem com prece ameniza a situação
> E a gente ainda existe e resiste Nesse mundo
> Perseguem e assassinam jovens pretos
> Num segundo
> Desde o tempo da escravidão
> Meu caro$ amigo
> Não tô numas de queixa
> Nem provoca o seu talento
> Mas acontece
> Que não posso me deixa
> Palavra preta solta ao vento
> Aqui na terra
> [...]
> E acontece umas maldades com irmão
> Jogam crack, cachaça, paus de arara que até pira
> É barracos e barrancos tanto tiro e tanto tira
> Um genocídio em ação
> Meu caro$ amigo Escuta aí e na moral
> Pro homem preto
> É uma desgraça

Hipocrisia é a democracia racial
E a igualdade é uma farsa
Aqui na terra... [...]
E desce a lenha pra qualquer averiguação
E a gente é confundido e ofendido
Vários tapa
E a gente é enquadro e esculachado
Que até chapa
É duro tanta humilhação
Meu caro$ amigo
Como eu ia te escrever
Seus ancestrais foram broncos
Um a par de preto chegou até morrer
Por saber ler levado ao tronco
Aqui na terra [...]
Alexandre deixa salve para os meus
É o Flavio, o Mario. Negro Blul levado a morte Donizete e Januário
sofreu escapou por sorte Negro reaja ou se não adeus

("Meu caro amigo/Negro reaja", de Akins Kintê).[6]

No *Manifesto da Antropofagia Periférica*, espécie de marco político e conceitual das produções dos saraus das periferias, os mesmos elementos são retomados: "A Arte que liberta não pode vir da mão que escraviza/ Por uma Periferia que nos une pelo amor, pela dor e pela cor", escreveu Sérgio Vaz, poeta e agitador cultural. Esses versos foram utilizados em ocasião de 2013 pelo movimento Mães de Maio, que denuncia os crimes de Estado durante o período democrático. Entre as características desses crimes está a dimensão racial das vítimas, como expõem, ao falarem da sua agenda política:

6 http://akinskinte.blogspot.com.br/2011/05/meu-caro-amigo-negra-reaja.html. Acesso em: 2 de fevereiro de 2014.

> Como falar de "pós-rancor" em meio a mais de 570 mil dos nossos encarcerados neste momento em todo país?! Como "sorrir" com outras mais de 30 mil crianças e adolescentes penando em Febems por todo território, aprisionando junto suas Mães e familiares?! Como ser "amável" com cerca de 60 mil pessoas do nosso povo assassinadas, mortas ou desaparecidas, todos os recentes anos no Brasil (estamos falando de cerca de cinco mil corpos dos nossos POR MÊS, ou 166 pessoas e famílias destruídas POR DIA), entendeu?! "Pós-rancor"?! É muita treta pra Vinicius de Morais ou Amorais...
> [...] Se nos permitirem uma citação, o *Manifesto da Antropofagia Periférica*, do Sérgio Vaz, escrito lá no já longínquo ano de 2007: "A Periferia nos une pelo amor, pela dor e pela cor./ Dos becos e vielas há de vir a voz que grita contra o silêncio que nos pune. [...]/ Contra o capital que ignora o interior a favor do exterior. Miami pra eles? "Meame pra nós!"/ Contra os carrascos e as vítimas do sistema./ Contra os covardes e eruditos de aquário./ Contra o artista serviçal escravo da vaidade./ Contra os vampiros das verbas públicas e arte privada. A Arte que liberta não pode vir da mão que escraviza./ Por uma Periferia que nos une pelo amor, pela dor e pela cor."[7]

Além de mostrar qual é a agenda política do movimento, o texto indica o perfil territorial/econômico e racial das vítimas que

7 Retirado do blog *Luis Nassif Online*. Disponível em: <http://jornalggn.com.br/blog/luisnassif/a-visao-do-movimento-maes-de-maio-sobre-o-fora-do-eixo>. Acesso em: 11 de fevereiro de 2014.

lhe interessa, demarcado pela cor e pela posição periférica/pobre. Há ainda uma menção ao grupo de rap Racionais MC's: "É muita treta pra Vinícius de Morais", da canção "Da ponte pra cá", de 2003.

Hip-Hop

> Sessenta por cento dos jovens de periferia sem antecedentes criminais já sofreram violência policial. A cada quatro pessoas mortas pela polícia, três são negras.
> Nas universidades brasileiras, apenas dois por cento dos alunos são negros. A cada quatro horas, um jovem negro morre violentamente em São Paulo.
>
> Introdução de "Capítulo 4, versículo 3",
> Racionais MC's (1998)

No Brasil, o hip-hop, através do rap – dos quatro elementos desse movimento (os outros são o DJ, os b-boys e o grafite) –, sempre tematizou a violência contra jovens negros, desde títulos de discos (por exemplo, *Holocausto urbano*, de Racionais MC's e *Direto do campo de extermínio*, do grupo Facção Central) até o conteúdo das letras.

> O que pega aqui? O que que acontece ali?/ Vejo isso na correria desde pivete.../ Quinze de idade já era o bastante, então/ Treta no baile, irmão/ Tiro de monte./ Morte nem se fala. Eu vi um cara agonizando e uma mina por socorro gritando./ Depois ficava sabendo na semana/ Que dois já era./ O gueto sempre teve fama. No jornal, revista, TV se vê/ Morte aqui, ali é natural de se ver/ Caralho... não quero ter que achar na-

> tural/ Ver um mano meu coberto com jornal/ É mal/ Cotidiano genocida. ("Rapaz comum", Edi Rock/Racionais MC's)

Há diversas outras referências ao hip-hop, desde o pertencimento ao movimento até a referência a letras como a "4P", do grupo DMN, um dos mais influentes grupos de rap da década de 1990, ao lado de Racionais MC's e Thaide e DJ Hum. Markão, um dos membros do DMN, foi entrevistado em outubro de 2013. Para ele, o hip-hop sempre teve o papel político de denunciar a violência policial e o racismo. "Se for fazer um balanço da nossa maior contribuição, se artística ou... eu acho que nossa maior contribuição foi política mesmo".

Markão fala como membro de uma geração do rap nacional cujas referências foram construídas coletivamente, com base em organizações do movimento negro, como a ONG Geledés – Instituto da Mulher Negra. Com letras eram extremamente politizadas, seus temas eram sempre a desigualdade, o racismo, a violência policial. Algo que até hoje é tematizado.

Durante a disputa eleitoral para a prefeitura de São Paulo de 2012, Mano Brow e Ice Blue, do grupo paulista de rap Racionais MC's, apareceram em um vídeo do então candidato Fernando Haddad ao lado de outros artistas, como Netinho de Paula, Arismar do Espírito Santo, Leandro Lehart, Helião, Kamau, Grupo Negredo, Emicida e Evandro Fióti, ligados ao samba e ao rap.

> Mano Brown: a gente não veio aqui para falar de cultura, hoje a gente veio aqui para falar de extermínio. Só neste fim de semana, a gente perdeu três amigos. Eles foram baleados, numa quebrada em que todo mundo era preto. Eles estavam ma-

> tando simplesmente por parecer ser. E desde que o Brasil é Brasil eles matam por parecer ser.[8]

Esse grupo de atores, articulado por organizações dos movimentos negros, ao entregar a carta pessoalmente à presidenta Dilma Rousseff, conseguiu marcar a própria fala em discurso e elevar novamente, após a I Conferência Nacional de Juventude, a juventude negra à prioridade nas Políticas de Juventude.

Pesquisas

O Governo Federal publicou em 2012 o relatório *Mapa da violência: a cor dos homicídios no Brasil* (WAISELFISZ, 2012), cujo subtítulo alude à característica do perfil das vítimas, que são majoritariamente pretos e pardos. De acordo com esse relatório, em 2002 morriam assassinados 65,4% mais negros que brancos, e em 2010 esse número passou para 132,3%. As taxas de vítimas entre os jovens negros de 15 a 29 anos duplicaram em relação às da população total. Assim, em 2010, se a taxa de homicídio da população jovem branca foi de 36 em 100 mil, a dos jovens negros foi de 72 em 100 mil (WAISELFISZ, 2012).

Os principais trabalhos acadêmicos sobre o problema dos homicídios não trazem a dimensão racial como ordenadora do fenômeno. Exceção se fez em Sinhoretto et al. (2014), ao mostrar que a atuação da Polícia Militar do Estado de São Paulo ocorre com maior preponderância contra negros do que contra a população branca do estado, indicando a existência de racismo institucional, traduzido em maior percentual de negros presos em

---

8 https://www.youtube.com/watch?v=yrOmMozAwBA. Acesso em: 2 de janeiro de 2014.

flagrante e assassinados por policiais. Waiselfisz (2012) demonstra como os homicídios no Brasil têm uma cor preponderante, a da população negra, e como os homicídios de negros no país estão em ascensão.

De 2002 a 2010 morreram 418.414 vítimas de homicídio, e a natureza das ocorrências ainda está por ser desvendada. Em oito anos, houve um crescimento de 45.997 vítimas, em 2002, para 49.203, em 2010 (aumento próximo de 10%). Se em 2002 as vítimas brancas representavam 41% (18.867) do total e as negras, 58,6% (26.952), em 2010 o número de brancos entre as vítimas de homicídio diminuiu para 28,5% e o de negros aumentou para 71,1%, isto é, passou de 26.952 pessoas, em 2002, para 34.983, em 2010 – um aumento de cerca de 15%. E se de 2002 a 2010 144.174 brancos foram vítimas de homicídios, nesses mesmos oito anos 272.422 negros morreram em razão do mesmo crime.

A tabela a seguir indica as diferenças entre as unidades federativas, mostrando que existem ao menos quatro tipos de variações em homicídios de pessoas negras.

Tabela 1 – Número de homicídios na população total por raça/cor nas UFs

UF/REGIÃO	Brancos				Negros			
	2002	2006	2010	Δ %	2002	2006	2010	Δ %
Acre	46	42	24	-47,8	100	99	96	-4,0
Amazonas	53	77	68	28,3	442	585	978	121,3
Amapá	16	14	25	56,3	157	186	204	29,9
Pará	138	156	259	87,7	1.030	1.867	3.212	211,8
Rondônia	182	145	141	-22,5	370	420	385	4,1
Roraima	21	21	8	-61,9	91	66	103	13,2
Tocantins	40	36	36	-10,0	138	196	272	97,1
NORTE	496	491	561	13,1	2.328	3.419	5.250	125,5
Alagoas	107	64	43	-59,8	650	1.073	1.694	160,6
Bahia	137	187	361	163,5	1.282	2.800	5.069	295,4
Ceará	130	164	299	130,0	704	966	1.713	143,3
Maranhão	92	121	140	52,2	465	775	1.320	183,9
Paraíba	49	46	47	-4,1	432	693	1.335	209,0
Pernambuco	532	380	247	-53,6	3.598	3.895	2.975	-17,3
Piauí	40	49	57	42,5	239	374	342	43,1
Rio Grande do Norte	65	81	113	73,8	217	313	638	194,0
Sergipe	65	86	58	-10,8	380	414	582	53,2
NORDESTE	1.217	1.178	1.365	12,2	7.967	11.303	15.668	96,7
Espírito Santo	287	257	262	-8,7	809	1.115	1.303	61,1
Minas Gerais	888	1.223	924	4,1	1.916	2.749	2.504	30,7
Rio de Janeiro	2.863	2.363	1.631	-43,0	4.907	4.417	3.393	-30,9
São Paulo	8.220	4.710	3.210	-60,9	5.988	3.249	2.319	-61,3
SUDESTE	12.258	8.553	6.027	-50,8	13.620	11.530	9.519	-30,1
Paraná	1.780	2.520	2.879	61,7	400	521	672	68,0
Rio Grande do Sul	1.555	1.567	1.602	3,0	322	379	433	34,5
Santa Catarina	440	496	661	50,2	86	93	129	50,0
SUL	3.775	4.583	5.142	36,2	808	993	1.234	52,7
Distrito Federal	103	90	112	8,7	632	674	762	20,6
Goiás	395	366	382	-3,3	647	991	1.458	125,3
Mato Grosso do Sul	302	255	217	-28,1	337	365	367	8,9
Mato Grosso	321	237	241	-24,9	613	650	725	18,3
CENTRO OESTE	1.121	948	952	-15,1	2.229	2.680	3.312	48,6
BRASIL	18.867	15.753	14.047	-25,5	26.952	29.925	34.983	29,8

Fonte: Mapa da Violência: a cor dos homicídios no Brasil.Waiselfisz (2012)

A primeira variação é a diminuição geral no número de homicídios tanto entre negros (-4%) quanto entre brancos (-47%), como no estado do Acre; em um segundo caso, como o da Bahia, houve um aumento do número de mortes tanto entre negros (295%) quanto entre brancos (163%); em casos como os de Alagoas, os homicídios de brancos diminuíram (-59%), mas os de negros aumentaram (160%). O último tipo de variação pode ser encontrado em estados onde o aumento dos homicídios de brancos foi maior que o de negros (Amapá e Santa Catarina).

Tabela 2 - Evolução do número de homicídios, da participação e da vitimização por raça/cor das vítimas na população total

Ano	Branca	Preta	Parda	Negra*	Amarela	Indígena	Total	Participação (%)		Diferença (%)
								Branca	Negra	
2002	18.867	4.099	22.853	26.952	103	75	45.997	41,0	58,6	42,9
2003	18.846	4.657	23.674	28.331	178	78	47.433	39,7	59,7	50,3
2004	17.142	4.153	23.549	27.702	139	71	45.054	38,0	61,5	61,6
2005	15.710	3.806	24.648	28.454	81	93	44.338	35,4	64,2	81,1
2006	15.753	3.949	25.976	29.925	91	125	45.894	34,3	65,2	90,0
2007	14.308	3.921	26.272	30.193	45	144	44.690	32,0	67,6	111,0
2008	14.650	3.881	28.468	32.349	74	153	47.226	31,0	68,5	120,8
2009	14.851	3.875	29.658	33.533	60	135	48.579	30,6	69,0	125,8
2010	14.047	4.071	30.912	34.983	62	111	49.203	28,5	71,1	149,0
Total	144.174	36.412	236.010	272.422	833	985	418.414	34,5	65,1	89,0
Δ%	25,5	-0,7	35,3	29,8	-39,8	48,0	7,0			

Fonte: Mapa da Violência: a cor dos homicídios no Brasil. Waiselfisz (2012)

É uma marca muito expressiva que 272.422 pessoas tenham sido mortas em decorrência de violência. Esse número pode ser maior se contabilizarmos as mortes de 2010 a 2013 – e serão ainda maiores se analisarmos os dados dos anos anteriores a 2002. Também não se contam nestes números as mortes que ocorrem em decorrência de intervenção legal[9] – aquelas em que em policiais estão envolvidos como autores, e que são registrados pelo sistema de segurança pública como resistência seguida de morte e são lavrados nos chamados autos de resistência. Estas mortes não são investigadas, não se tornam inquéritos, e muitas vezes tendo outro policial como testemunha Boletim de Ocorrência.

9 O código do DATASUS é o Y-35 Y-36 "mortes por intervenção legal e operações de guerra", que incluem ainda traumatismos infligidos pela polícia ou outros agentes da lei, incluindo militares em serviço, durante a prisão ou tentativa de prisão de transgressores da lei, ao reprimir tumultos, ao manter a ordem, e outra ação legal.

O sistema de coleta de dados do Ministério da Saúde inclui este tipo de morte sob um código diferente do código que inclui os homicídios entre não policiais.

Em 2004, a pesquisa "A cor das mortes no Brasil" (SOARES; BORGES, 2004) já chamava a atenção para o perfil etário e racial das vítimas de homicídios e para o caráter multifacetado do sujeito vitimado:

> Em estatística, quando os efeitos de duas variáveis sobre uma terceira são independentes, eles são considerados não interativos. Nesse caso, a presença ou ausência de uma variável não altera o efeito da outra sobre o fenômeno que queremos explicar. Entretanto, quando o efeito conjunto das duas variáveis é diferente da simples soma de seus efeitos separados, ocorre interação. Nos dados sobre homicídios, a raça tem efeito altamente interativo: aumenta mais a probabilidade de vitimização entre adolescentes e jovens adultos do que entre menores de 10 anos, entre homens do que entre mulheres etc. Isso torna necessário criar, em uma equação que descreva estatisticamente o fenômeno estudado, termos que representem essas interações. (SOARES; BORGES, 2004, p. 28)

Entre as prováveis causas da maior vitimização de negros (conforme o gráfico a seguir), o racismo não é considerado, pelos autores da pesquisa, como grande ordenador da desigualdade:

> Em primeiro lugar, a existência de condições facilitadoras comuns, como as armas de fogo (que são mais eficientes, isto é, matam mais do que as demais armas em igual número de tenta-

> tivas), as drogas e o tráfico, o alcoolismo, a ausência de religião ou sua debilidade (os dados mostram que a religião protege) e a ausência de laços familiares (maior número de famílias destruídas ou nunca construídas). A falta da família significa, junto com a falta de religião, maior exposição a situações de alto risco. Quanto às variáveis estruturais, a desigualdade, o desemprego e o baixo nível educacional também influenciam a vitimização. Finalmente, a proteção aos indivíduos é inadequada devido à ausência da polícia ou, pior, à presença da chamada "banda podre" nas forças policiais. (SOARES; BORGES, 2004, p. 30)

Outra pesquisa que mapeia e coteja o número de homicídios de jovens negros no Brasil é o Mapa da Violência, editado há mais de 20 anos, que em 2012 e 2013 focou no tema da morte de negros e jovens por homicídio, respectivamente. No trecho a seguir, é possível ler parte do texto de abertura da pesquisa de 2013:

> Como mostra o diagnóstico, os homicídios são hoje a principal causa de morte de jovens de 15 a 24 anos no Brasil e atingem especialmente jovens negros do sexo masculino, moradores das periferias e áreas metropolitanas dos centros urbanos. Dados do SIM/DATASUS do Ministério da Saúde mostram que mais da metade dos 52.198 mortos por homicídios em 2011 no Brasil eram jovens (27.471, equivalente a 52,63%), dos quais 71,44% negros (pretos e pardos) e 93,03% do sexo masculino. (MACEDO, 2013, p. 9)

A conclusão das duas pesquisas, com quase dez anos de diferença, é a mesma e está evidente nos gráficos de cada uma delas, a seguir.

Gráfico 1 - As taxas de homicídios de homens por 100 mil habitantes (Brasil, 2000), considerando a raça e a idade

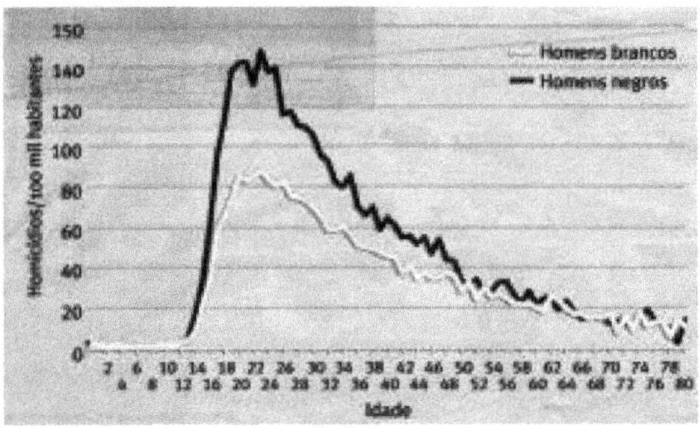

Fonte: A cor das mortes no Brasil (SOARES; BORGES, 2004)

Ambos os gráficos registram as desigualdades por cor e o alto impacto dos homicídios na faixa etária de 15 a 29 anos.

Gráfico 2 - Taxas de homicídio total (em 100 mil) por idades simples e cor (Brasil, 2010)

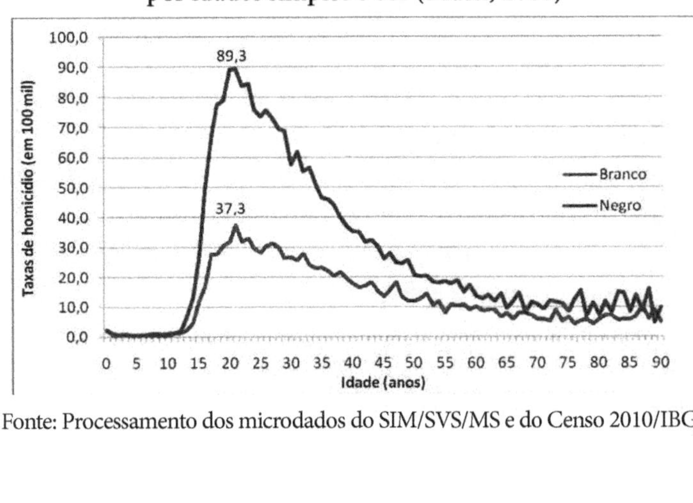

Fonte: Processamento dos microdados do SIM/SVS/MS e do Censo 2010/IBGE

O gráfico a seguir também é significativo por demonstrar as taxas de homicídios de jovens negros ao longo dos anos, numa curva crescente.

Gráfico 3 – Participação (em %) de jovens brancos e negros no total de homicídios juvenis do país e índice (em %) de vitimização negra (Brasil. 2002/2011)

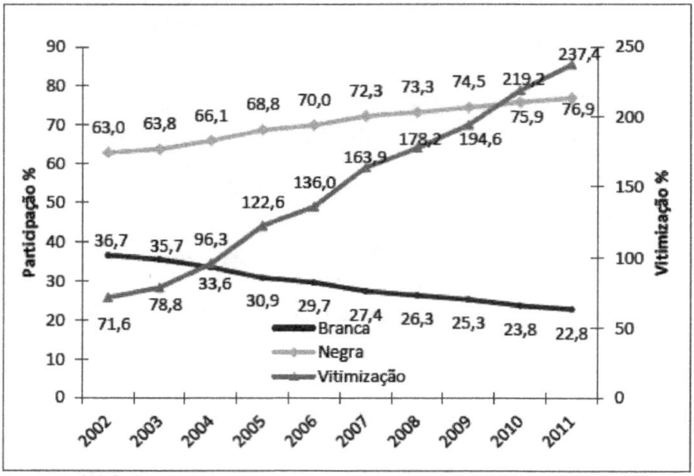

Fonte: SIM/SVS/MS

Problematizações do fenômeno dos homicídios

Para alguns pesquisadores, a queda dos homicídios ocorre pelo encarceramento massivo no estado de São Paulo (CANEIRO, 2010). Outros indicam que o controle das armas, a aplicação do Estatuto do Desarmamento e a utilização de campanhas de desarmamento no final da década de 1990 e no início da de 2000 é que fizeram com que esses números fossem reduzidos. Há o fator dos investimentos maciços em tecnologia da informação e em equipamentos na polícia do estado de São Paulo, tese defendida pelo governo paulista.

A ação da sociedade civil também ocupa espaço nesse debate, como o policiamento comunitário no Jardim Ângela, um dos bairros mais violentos do mundo no final da década de 1990. O projeto, que teve iniciativa dos moradores e da Pastoral Carcerária, fez com que as taxas locais de homicídios caíssem significativamente em três ou quatro anos. Como se tratava de um bairro cujas estatísticas de violência eram muito expressivas, esta queda local acabou refletindo nos números gerais de toda a cidade de São Paulo (LOCHE, 2012).

Outra hipótese corrente acerca do fenômeno dos homicídios é a que defende que a queda dessas ocorrências se deu através da monopolização do controle do tráfico de drogas por parte do crime organizado, na figura do Primeiro Comando da Capital (PCC), que uniformizou as condutas dos membros e passou a agir como poder paralelo (NUNES, 2011).

Relacionado com o mesmo evento – a diminuição dos homicídios em São Paulo de 2000 a 2010 –, Feltran capta uma importante dimensão do problema dos homicídios:

> A resposta "morreu tudo" denota, na perspectiva dos moradores, dois fenômenos: o primeiro é que morreu gente demais ali, e que, portanto, uma parcela significativa do agregado dos homicídios da cidade era de gente próxima. Aqueles que as estatísticas conhecem de longe jovens do sexo masculino, de 15 a 25 anos, pretos e pardos etc., são parte do grupo de afetos de quem vive por ali, as histórias são conhecidas das famílias e da "comunidade". O segundo é que aqueles jovens integrantes do "mundo do crime" que se matavam, antigamente, já morreram há tempos. Não há, portanto, mais jovens como eles ali. Ora, se esse "mundo do

> crime" persiste ativo, e inclusive se expande nesses mesmos territórios, só podemos concluir que essa resposta sugere que seus novos integrantes não se matam mais como antigamente. Essa afirmação, em si, já sugere uma transformação relevante na dinâmica da violência; mas as duas outras assertivas a tornam mais compreensível.
>
> "Prenderam tudo" significa dizer que aqueles que matavam e não foram mortos não estão mais "na rua". Eles estão nas cadeias. Faz sentido, porque a política de encarceramento em massa dos últimos 15 anos, em São Paulo, quase quadruplicou a população carcerária do Estado. Um problema pouco comentado entre os defensores dessa política: entretanto, esse encarceramento retirou uma parcela significativa dos criminosos das vielas de favela para inseri-los em redes bastante mais conectadas do mundo criminal, que operam, sobretudo, nos presídios. O período do encarceramento massivo corresponde, exatamente, ao período de expansão e ampliação do poder do PCC. (FELTRAN, 2010, p. 69)

Entre reduções e aumentos das taxas gerais de homicídio existe outro fenômeno, que é o da a permanência do aumento, em âmbito nacional, dessa ocorrência contra jovens negros. Uma interpretação é anunciada pelo movimento social negro:[10]

---

10 "Movimento negro é a luta dos negros para resolver seus problemas na sociedade abrangente, em particular os provenientes dos preconceitos e das discriminações raciais, que os marginalizam no mercado de trabalho, nos sistemas educacional, político, social e cultural. Para o movimento negro, a 'raça' e, por conseguinte, a identidade racial são utilizadas não só como elemento de mobilização, mas também de mediação

os homicídios são consequência da existência do racismo, o que permite ao movimento social classificá-lo como genocídio. Assim, o que é apontado por Feltran (2010), de que as vítimas são jovens negros (pois, pretos e pardos), deve ser desenvolvido em argumentos que considerem a interação da dimensão da raça como estruturante das relações sociais, desembocando em uma interpretação a partir das relações raciais, alocando a centralidade das vítimas de homicídios em termos etários ou raciais e associando esse fenômeno à presença do fenômeno do racismo como estruturador de desigualdades na sociedade brasileira.

Da mesma maneira, em 24 de novembro de 2009, em registro do relatório do Seminário do Grupo de Trabalho "Juventude Negra e Políticas Públicas", uma participante do Rio de Janeiro, coordenadora do Fórum Estadual de Juventude Negra do Rio de Janeiro, disse: "Estes jovens morrem porque são negros", destacando o lugar do racismo no fenômeno dos homicídios

Como falar da violência e dos homicídios?

O termo "genocídio", utilizado pelos militantes jovens negros no Conjuve, foi usado para problematizar a situação da população negra em 1978, quando Abdias do Nascimento escreveu o livro *O genocídio do negro brasileiro*. Nesta obra, Nascimento aponta o embranquecimento e a mestiçagem como as estratégias para a eliminação física do povo negro no Brasil. Diferentemente de hoje, àquela época os homicídios não eram o centro da argumentação do autor.

Por outro lado, a violência policial já era desencadeadora de protestos dos negros no país. Há, por exemplo, o assassinato de

---

das reivindicações políticas. Em outras palavras, para o movimento negro, a 'raça' é o fator determinante de organização dos negros em torno de um projeto comum de ação (DOMINGUES, 2007, p. 101).

Robson Silveira da Luz, decorrente de torturas no distrito policial de Guaianazes, para onde tinha sido levado preso, acusado de roubar frutas de um feirante (ver Ramos, 2021). O caso fez com que houvesse mais um motivo para o ato público ocorrido na frente do Theatro Municipal de São Paulo (de acordo com um de nossos interlocutores do MNU, que ajudou a organizar o protesto, o ato já estava sendo preparado e pensado, inicialmente, para denunciar a discriminação contra quatro jovens negros jogadores de vôlei do Clube de Regatas Tietê; no entanto, com a vitimização do jovem negro Robson, a mobilização intensificou-se – entrevista em 2 de junho de 2013).

No que tange ao contexto geral da luta pelo reconhecimento da população negra no Brasil, um importante marco se deu na segunda metade da década de 1970, quando surgiu o movimento social negro contemporâneo, juntamente com a expansão educacional que levou à universidade as camadas mais baixas da sociedade. Ainda que em parca quantidade, já foi o suficiente para que os negros estivessem na universidade e, lá, pudessem dedicar-se ao espírito crítico, pensar sua condição racial, organizar-se e dar novo ritmo ao cenário político.

Rios retrata esse período, lembrando a condição juvenil das pessoas envolvidas nas atividades:

> A geração que assumiu a reponsabilidade de liderar o movimento social nasceu entre as décadas de 1940 e 1950, originou-se de camadas sociais populares e, em menor proporção, de estratos médios urbanos. O ingresso e a permanência nas universidades brasileiras durante a ditadura militar foi um determinante estrutural na trajetória dessa juventude. Frutos do "milagre econômico" (RUFINO, 1982), jovens negros que

> ingressaram nos estabelecimentos de terceiro grau viram-se confrontados com mobilizações estudantis e engajamentos políticos antiditadura, correntes e formações partidárias clandestinas, todas inspiradas pelo ideário da esquerda política. (RIOS, 2012, p. 87)

O ponto alto desse momento foi o dia 7 de julho de 1978, nas escadarias do Theatro Municipal de São Paulo, no ato que fundou o Movimento Unificado Contra a Discriminação Racial, unindo diversas organizações do Brasil inteiro. Esse período caracterizou-se pela identificação com a África, via poetas como Agostinho Neto, e por um diálogo do Movimento Negro com os contextos nacional e internacional, de luta contra o imperialismo, pela libertação e pela redemocratização do país.

No documento utilizado para marcar o Dia da Consciência Negra, a violência policial (ainda que desassociada do direito à vida e as "cruéis condições de vida") já apareciam entre as denúncias.

> A identidade racial e cultural é herança, construída pelos nossos irmãos negros, numa história de lutas. Em cada gota de suor, de sangue, há uma afirmação: Viver é preciso, como povo e como cultura. Sociedade que procura silenciar os oprimidos, pela violência e repressão, em nome da "ordem social", e pelo racismo, disfarçado de democracia racial, numa sociedade onde a maioria negra tem o seu direito ao trabalho, ao salário condigno e à segurança social negados pela força e é submetida a cruéis condições de vida, confinada nas favelas e alagados, humilhadas pela violência policial e militar, terror cotidiano exercido contra negros e oprimidos, com a finalidade de intimidar e des-

> truir a resistência moral frente a opressão (ANEXO A – Foto do Manifesto Nacional do Dia da Consciência Negra, elaborado pelo MNU.)

O termo "genocídio" já aparecia e era associado à luta de Zumbi, líder do Quilombo dos Palmares, foco da resistência contra a escravidão no Brasil, destruído em 1695:

> Nossa luta não começou agora. Entre muitas revoltas e insurreições, uma nos fala mais de perto. É o Quilombo dos Palmares. Palmares, em 100 anos de luta pela dignidade humana, pela liberdade e pela independência, onde negros – em sua maioria – brancos e índios irmanaram-se na luta contra a escravidão, o genocídio e a opressão (ANEXO A – Foto do Manifesto Nacional do Dia da Consciência Negra, elaborado pelo MNU.)

Figura 1 - Convite do MNU a Thereza Santos

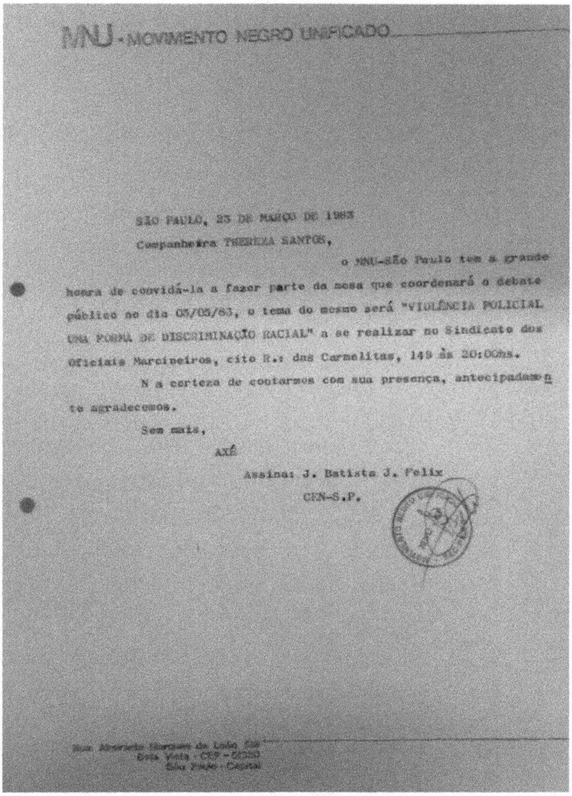

MNU - MOVIMENTO NEGRO UNIFICADO

SÃO PAULO, 23 DE MARÇO DE 1983

Companheira THEREZA SANTOS,

o MNU-São Paulo tem a grande honra de convidá-la a fazer parte da mesa que coordenará o debate público no dia 03/05/83, o tema do mesmo será "VIOLÊNCIA POLICIAL UMA FORMA DE DISCRIMINAÇÃO RACIAL" a se realizar no Sindicato dos Oficiais Marcineiros, cito R.: das Carmelitas, 149 às 20:00hs.

N a certeza de contarmos com sua presença, antecipadamente agradecemos.

Sem mais,

AXÉ

Assina: J. Batista J. Felix

CEN-S.P.

Fonte: Acervo Thereza Santos da UEIM/UFSCar[11]

No Programa de Ação, de 1982, o MNU defendia as seguintes reivindicações "mínimas": desmistificação da democracia racial brasileira; organização política da população negra; transformação do Movimento Negro em movimento de massa; formação de um amplo leque de alianças na luta contra o racismo e a exploração do trabalhador; organização para enfrentar a vio-

11 Agradeço à Flavio Rios pelo envio desta imagem.

lência policial; organização nos sindicatos e partidos políticos; luta pela introdução da História da África e do Negro no Brasil nos currículos escolares, bem como a busca pelo apoio internacional contra o racismo no país (SANTOS, 2007).

O termo mais utilizado para descrever o fenômeno varia entre "genocídio" e "extermínio". Por exemplo, para um militante da cidade de Salvador, a violência praticada contra jovens negros no Brasil caracteriza-se como "genocídio", mas sua organização já utilizou o termo "extermínio" para falar do mesmo assunto em atividades. Sua explicação para esta variação foi o uso específico:

> Extermínio é um termo que dialoga mais com a base; genocídio não dialoga tanto com a comunidade. Nós utilizamos o termo "genocídio" quando é para falar com outro público, com o Poder Público, mas para falar com a base tem que ser "extermínio", e "genocídio" é muito difícil de explicar. (João Paulo Diogo, membro do Reaja ou será morto, registro de campo, Maceió, em 18 de outubro de 2014)

Para um dos coordenadores do Fórum Estadual de Juventude Negra do Espírito Santo, há uma objetiva diferenciação entre os termos "genocídio e "extermínio". O primeiro não se aplica para descrever o fenômeno entre jovens, mas para a população negra. Para falar da situação de vitimização de jovens negros, o termo adequado seria "extermínio da juventude negra": "A gente fala genocídio do povo negro e extermínio da juventude negra, e extermínio é porque é segmento" (conversa informal em Maceió, 15 de outubro de 2014).

Para o coordenador da União de Negros pela Igualdade, o termo genocídio tem um uso estritamente utilitário, pois tem a "contundência que a gente precisa":

> Eu falo genocídio mais porque todo mundo está falando, entendeu? Mas eu tenho dúvidas sobre a palavra, eu não considero ela a mais adequada. Mas como todo mundo tá falando genocídio, chega uma hora... não é um pensamento orientado por uma reflexão intelectual, é mais político. Ela comunica mais fácil, entendeu? Então, por se comunicar mais fácil, por ter a contundência que a gente precisa na denúncia, eu tenho trabalhado com o termo genocídio. A gente falava com a ideia de extermínio programado da população negra, neste extermínio programado a gente tem os alvos que são mais vulneráveis, que são os jovens e as mulheres. (Entrevista cedida em 18 de junnho de 2014)

De acordo com um dos entrevistados, o ex-coordenador estadual (São Paulo) do Movimento Negro Unificado, também defensor da tese do "genocídio", a ideia de que a violência contra jovens negros se configurava como tal ocorreu ao movimento quando da divulgação das primeiras pesquisas, no início da década de 1990 (entrevista cedida em 6 de abril de 2014). Os números fortalecem as razões, bem como as questões, que se colocam para esta pesquisa: o momento em que as duas categorias, jovem e negro, são articuladas para dar visibilidade a um grave problema social e organizar uma ação política coletiva.

A questão que fica é se os números de homicídios perfazem necessariamente um processo de genocídio. Uma das coordenadoras municipais do MNU chegou a dizer que existem duas formas de genocídio, o direto e o indireto. O genocídio direto ocorre por meio da "polícia matando"; "o genocídio indireto ocorre pelas mais variadas formas". Registrei estas falas no Seminário do Comitê contra o Genocídio da Juventude Preta Pobre e Periférica, em 1º de setembro de 2013, na sede do Sindicato dos Trabalhadores em Água, Esgoto e Meio Ambiente de São Paulo. As formas pelas quais ocorria o genocídio foi, então, o que procurei explorar em entrevista com o ex-coordenador paulista do MNU:

> A gente vê que genocídio não é só a matança indiscriminada de negros. [...] Segundo a ONU, o conceito de genocídio, primeiro, é de um povo, e não de uma geração. Segundo, ele pode se dar pelo desemprego, pela falta de moradia, pela ausência de saneamento básico, de condições de vida, de atendimento médico. (Reginaldo Bispo, entrevista em 7 de abril de 2014)

Ao questionar sobre as referências do conceito que utiliza, ele me disse serem as da ONU, pois são "fáceis de achar". De fato, há uma resolução internacional da ONU vista como marco do uso do termo "genocídio". Além de citada pelo militante ora mencionado, também foi citada no manifesto de jovens negros presentes no evento do GT Juventude Negra e Políticas Públicas, em novembro de 2009, em Brasília. A ideia de condições de vida, mencionada pelo militante do MNU, também está na resolução da ONU:

> Genocídio é qualquer ato mencionado e praticado com a intenção de destruir total ou parcialmente um grupo nacional, étnico, racial ou religioso. Dentre esses atos destacam-se: morte

> dos membros do grupo, lesão grave à integridade física ou mental dos membros do grupo, sujeição intencional do grupo a condições de vida que hajam de acarretar a destruição física total ou parcial, entre outros. (ONU,1946)

Essa resolução não estabelece número de vítimas, autores e nem mesmo o tempo/período que o evento deve ocorrer para ser caracterizado como genocídio. Com efeito, a ONU nunca chegou a condenar um ente – estatal ou privado – por genocídio, desde 1946, à exceção de Ruanda. No Brasil há uma legislação que trata deste crime:

i) o Decreto nº 30.822, de 6demaio de 1952, que promulga a convenção para a prevenção e a repressão do crime de genocídio, concluída em Paris, a 11 de dezembro de 1948, por ocasião da III Sessão da Assembleia Geral das Nações Unidas;

ii) a Lei nº 2.889, de 1º de outubro de 1956, que define e pune o crime de genocídio;

iii) o Artigo 7º do Código Penal: "Ficam sujeitos à lei brasileira, embora cometidos no estrangeiro: I - os crimes: d) de genocídio, quando o agente for brasileiro ou domiciliado no Brasil" (incluído pela Lei nº 7.209/1984);

iv) a Lei nº 7.716/1989 define os crimes de preconceito racial e torna o racismo inafiançável e imprescritível;

Homicídios e movimento negro: do MNU ao ENJUNE

Mesmo que seja o conceito de genocídio que considere a produção das desigualdades ou a falta de direitos, essa discussão é algo que merece muita atenção nesta pesquisa. Procurei, então, saber quando o termo genocídio entrou na pauta do MNU, por intermédio de diálogos com dois dos "mais velhos", nos quais foi possível apreender tensões sobre a tematização da violência/ homicídio/extermínio/genocídio.

Para que falar do surgimento do termo genocídio como parte da agenda do MNU, o entrevistado Reginaldo Bispo fez a relação com a violência policial. Outro aspecto interessante é a correlação entre as estatísticas de violência com a informação das vítimas por cor:

> A questão da violência policial, até os anos 1990, era uma bandeira exclusivamente do MNU. Do meio pro final dos anos 1990, o MNU é ainda o detentor quase exclusivo - do tema da violência - porque há uma revoada da militância para a militância partidária, e essa questão nem é tratada ali. Eu acho que... Me parece... Eu preciso ver os documentos da época... Que a gente começa a falar do extermínio ali por 1991, quando a gente tem as primeiras estatísticas de vítimas fatais da polícia por cor. Mas "genocídio"... Eu acho que a primeira vez que a gente usa a expressão genocídio... E, olha, que depois que a gente começa a identificar a questão da matança - que é a que salta aos olhos - é que a gente começa a buscar o significado mais completo de genocídio e a gente vê que genocídio não é só isso. E isso e um monte de outras coisas mais... Mas primeira vez que a gente usou isso para configurar matança indiscriminada de negros, eu acho que foi no congresso do MNU em Lauro de Freitas, em 2006. Hamilton [Borges] diz que eles já usaram o "genocídio" para a preparação do ENJUNE. (Reginaldo Bispo, entrevista em 7 de abril de 2014)

Embora fosse um tema candente para sua organização, a violência foi apenas tematizada como genocídio com a organização do Encontro Nacional de Juventude Negra, que ocorreu em 2007, mas que teve seu processo de organização ao longo dos anos de 2005 e 2006 (cabe ressaltar que em 2007 o I ENJUNE ocorreu na mesma cidade baiana que o congresso do MNU, no qual o genocídio entrou na pauta).

De acordo com Milton Barbosa, outro "mais velho" dirigente do MNU, de São Paulo, a pauta da violência foi sendo abandonada paulatinamente, sendo que mesmo o debate sobre o sistema carcerário foi deixado para trás. "Eu tinha uma disputa travada no MNU, sobre discutir com os presos, fazer trabalho nas cadeias, mas fui derrotado nesse debate" (entrevista em maio de 2014).

Um dos entrevistados considerados "mais velhos", Flávio Jorge, dirigente da CONEN, reconheceu que pouco se debate sobre violência policial e racismo, mas que o tema já foi mais recorrente, no início da década de 1980. A seguir está um panfleto fornecido por Flávio, membro do movimento negro e da igreja católica e do subscrevente Grupo Negro da PUC, que fazia a divulgação de um debate que relacionava a violência policial à questão racial, com debatedores da área do direito e oficiais da Polícia Militar de São Paulo. O evento era promovido pelo Grupo Negro da PUC, em 1984, em plena ditadura militar.

Figura 2 – Panfleto do evento "Violência urbana e questão racial"

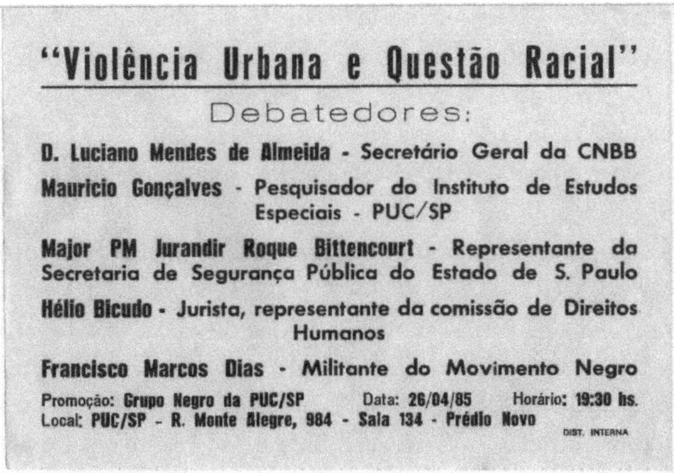

"Violência Urbana e Questão Racial"

Debatedores:

D. Luciano Mendes de Almeida - Secretário Geral da CNBB

Mauricio Gonçalves - Pesquisador do Instituto de Estudos Especiais - PUC/SP

Major PM Jurandir Roque Bittencourt - Representante da Secretaria de Segurança Pública do Estado de S. Paulo

Hélio Bicudo - Jurista, representante da comissão de Direitos Humanos

Francisco Marcos Dias - Militante do Movimento Negro

Promoção: Grupo Negro da PUC/SP Data: 26/04/85 Horário: 19:30 hs.
Local: PUC/SP - R. Monte Alegre, 984 - Sala 134 - Prédio Novo

DIST. INTERNA

Fonte: Acervo de Flávio Jorge.

Para Suelaine Carneiro, da ONG Geledés, o problema da violência letal se inicia com a Lei da Vadiagem, em de 14 de maio de 1888:

> Foi quando a polícia recebeu a autorização para prender e matar jovens negros. E era o jovem negro, que eram os desempregados, porque as mulheres negras tinham o trabalho doméstico e os homens ficaram sem nada [após a abolição]. (Entrevista em 25 de julho de 2013)

Ela faz menção ao problema das chacinas do fim da década de 1980 e início da de 1990, com a atuação do CEAP na Campanha "Não matem nossas crianças"; ela indica que a matança varia de vítimas de acordo com o contingente populacional mais numeroso, conforme o momento histórico, se hoje são jovens, anteriormente foram as crianças.

> No início dos anos 1980, ela já trazia a denúncia do extermínio de crianças negras. E é neste mesmo período que o Geledés fez este livrinho que eu tô falando. Depois eu tento recuperar este documento que eu tô falando pra você. [A morte de crianças se dava por meio de chacinas?] A chacina da candelária... (Entrevista em 25 de julho de 2013)

A menção às chacinas é repetida em entrevista com Edson França e em documentos da CONEN de 1991, também quando da sua criação.

> O assassinato de crianças e adolescentes de rua foi denunciado pela Anistia Internacional em diversos países do mundo. O Brasil mereceu a visita do representante da Anistia, o advogado Bacre Ndiaye. Na ocasião, a entidade lançou um dossiê de denúncias de violências praticadas contra crianças e adolescentes de rua. Segundo dados divulgados na revista lançada pelo Centro de Articulação de Populações Marginalizadas (CEAP), o perfil das crianças e adolescentes é: "Brasileiro, idade entre 15 e 17 anos, não brancos e assassinados por projétil de arma de fogo. Mais dados recentes indicam que 70% pertencem são pardas e negras, 70% são nascidas em favelas, 70% pertencem ou pertenciam a família com renda per capta inferior a 1 salário mínimo. (Convocatória para o I Encontro Nacional de Entidades Negras)

Para Edson França, a violência contra setores da população negra também variou ao longo do tempo. Ele lembrou que a UNEGRO teve o problema da violência dessas chacinas como mote do seu surgimento, em 1988:

> Na maioria dos movimentos sociais negros, a violência foi o que mobilizou. O MNU foi o assassinato do Robson. A UNEGRO surge com a pauta da repressão policial e dos grupos de extermínio, em 1988, a pauta da violência e a pauta antineoliberal foi importante para nós. Tanto que no I ENEN o tema extermínio programado da juventude negra foi um momento meio que era o grande acordo que tinha [em torno dos grupos de extermínio] (Entrevista em 18 de junho de 2014).

Este processo de violência e "extermínio programado da juventude negra" deita raízes em uma política que articula dimensões de classe e de gênero para controle de populações pauperizadas, como evidencia a convocatória para o ENEN de 1991:

> *Esterilização em Massa de Mulheres Negras e Pobres*: a esterilização de mulheres ganhou as páginas dos jornais com a divulgação de que o Brasil é um dos campeões da esterilização, mobilizou entidades feministas, do movimento popular e do movimento negro. Em grande parte, são as mulheres negras as mais atingidas. Segundo dados da Pesquisa Nacional por Amostragem Domiciliar (PNAD), a esterilização é o método contraceptivo mais usado no Brasil (44%), acima da pílula anticoncepcional (41%). Em países desenvolvidos, a média oscila entre 8% e 15%. A PNAD localiza onde a utilização desse método anticonceptivo influi no tamanho das famílias: nas regiões Norte/Nordeste houve redução da família. Não é por coincidência que estas são as regiões de maior contingente de população negra. Tais dados têm sido detalhados por entidade de mulheres negras

> (Geledés – Instituto da Mulher Negra, Programa de Mulheres – CEAP) e por organizações específicas de mulheres negras. (Coordenação do II Encontro Nacional de Mulheres Negras)

Idade, classe, gênero e raça articulados de modo complexo. Edson reforça isto na entrevista:

> As propostas para atacar o problema [da explosão demográfica nos países do Terceiro Mundo] era o controle de natalidade. E se dava de várias formas. Uma delas é o incentivo ao movimento feminista, porque você emancipa a mulher e ela tem menos filhos... Parece mentira, né? Capacitação, escolaridade... até a esterilização pura e simples... e repressão.
> E o movimento também tinha o trabalho de "Não mate nossas crianças", várias entidades no movimento negro entraram na luta pelo Estatuto da Criança e do Adolescente... Na época, não era a categoria juventude que brigava nisso, mas existia um processo que a gente chamava de extermínio programado, uma orientação política para o extermínio da população negra, os jovens e as mulheres como o foco, o principal alvo desta violência e deste controle de natalidade, digamos assim. Essa ideia não é nova, mas o que é novo é a juventude, ou pelo menos, os jovens se qualificarem como tal e estruturarem sua atuação política a partir desta identidade política. (Entrevista em 18 de junho de 2014)

Existem sérias implicações, se pensarmos o processo de muitas mortes como parte de uma política de controle populacional, sobretudo para um país que se considera em desenvolvimento, uma vez que os países desenvolvidos passaram por políticas de redução de mortalidade:

> O Brasil é um dos países mais violentos do planeta. A cada ano mais de 53 mil pessoas são assassinadas, outras 54 mil morrem em acidentes, inclusive os de trânsito, nove mil se suicidam e 10 mil são fatalmente vitimados de forma violenta sem que o Estado consiga definir a causa do óbito. Como personagem principal deste roteiro está o jovem, que aparece como perpetrador e, sobretudo, como vítima. [...] Para além das tragédias pessoais e familiares que essas mortes representam, a vitimização dos jovens constitui um grave problema econômico. Soares (2005), em artigo clássico, apontou como a redução da taxa de mortalidade foi a principal força por trás do desenvolvimento econômico nos países ocidentais, nos séculos anteriores. (CERQUEIRA; MOURA, 2003, p. 104)

Num contexto de aumento demográfico da população brasileira, os homicídios teriam se tornado a opção para o controle populacional, seja por ação deliberada do Estado operada pela política de segurança pública, seja por uma ação de *deixar morrer*, como diria Foucault. A outra opção seria aquela colocada na mesa por defensores da Política de Juventude, para aproveitar o "bônus demográfico", pois no Brasil nunca houve um percentual tão alto de jovens (em idade de 15 a 29 anos) quanto na década passada, e a população economicamente ativa do país ultrapassou a de idosos e de crianças. É um momento propicio para o investimento em formação de mão de obra qualificada:

> Em sua exposição, Severine Macedo destacou a importância da atuação do jovem na "nova classe média brasileira" e o contraste de indicadores como o desemprego e falta de condições de trabalho. "O jovem é um sujeito de direitos e devemos aproveitar o bônus demográfico do segmento juvenil para potencializarmos o desenvolvimento sustentável do país", afirmou. (COM, 2012)

No início da década de 2000, o MNU lançou outra campanha cujo centro é a violência e o homicídio: "Mano, não mate, não morra".[12] Esta campanha, que dialogava com os jovens negros e não com a opinião pública no geral, trazia um elemento

12 Dizia a chamada para um seminário da campanha: "A juventude no Brasil é a principal vítima da violência que prolifera em todo país, matando, violentando, humilhando esta juventude composta na sua maioria por pobres e negros. É necessário reagirmos a esta violência para não sermos engolidos por esta barbárie. Os avanços tecnológicos, em especial a informática e a robótica, que deveriam servir para melhorar as condições de vida do povo, estão tornando descartáveis milhões de trabalhadores em todo o mundo, totalmente excluídos do processo produtivo. Crises econômicas e políticas se abatem com extrema gravidade sobre as populações pobres do mundo, agravando-se conflitos bélicos na África, Ásia e América Latina.
No Brasil, o projeto neoliberal, através dos planos econômicos do Governo Federal (FHC), agrava as condições de miséria da população brasileira, com alta taxa de desemprego, degradação das escolas públicas, dos hospitais, creches, meios de transporte e saneamento básico. A proliferação da cocaína e do crack atinge níveis alarmantes, apresentando-se o narcotráfico como uma das poucas alternativas de renda para grande parcela da juventude pobre e negra, que são discriminados no mundo do trabalho, trazendo como consequência o aumento da violência sobre esta juventude, colocando-a à mercê da violência policial, das gangues e grupos de extermínio. Temos que dar um basta a esta violência. Participe desta campanha!" (MANO, 2002).

polêmico para a discussão. Ao fazer um apelo para que o jovem – "mano" – não mate, aponta para uma face problemática da condição do jovem negro, que é o seu supracitado engajamento na violência.

Em 2006, outra campanha se ocupou de problematizar o tema da violência contra jovens negros, também fazendo o mesmo tipo de associação com jovens engajados na violência. A reportagem do portal *Carta Maior* "Nasce campanha para combater o assassinato de jovens negros", já de posse de dados estatísticos sobre o assunto, dizia:

> No Brasil, de 1993 a 2002, o número de homicídios de jovens de 15 a 24 anos aumentou em 88%. Só em 2003, mais de 16 mil brasileiros nessa faixa etária foram assassinados. Além disso, a taxa de homicídios de afrodescendentes é 74% maior do que a média de brancos da mesma idade e a morte por arma de fogo já constitui a principal causa entre a juventude. A maioria das vítimas de assassinato no país são jovens, pobres e negros, principalmente das periferias das grandes cidades. Por causa dessa situação, entidades do movimento negro, em parceria com diversas organizações do movimento sindical, de mulheres e de defesa dos direitos humanos, lançaram a campanha "Não matem os nossos jovens: Eu quero crescer".[13]

13 http://www.cartamaior.com.br/detalheImprimir.cfm?conteudo_id=9793&flag_destaque_longo_curto=L.

Foi em 2007, contudo, que uma série de denúncias e proposições de políticas para o problema dos homicídios surgiu por meio de organizações juvenis. O I ENJUNE criou a Campanha Contra o Genocídio da Juventude Negra, em julho. Inicialmente, com a proposta "Novas perspectivas para a militância étnico-racial", a prioridade da organização na realização do evento foi o enfrentamento à violência contra jovens negros, pois "a pauta que unia era o combate à violência [...] A gente tinha um eixo, um objetivo comum, que era o combate à violência contra a juventude negra, o combate ao genocídio, o combate ao extermínio" (Thais Zimbwe, entrevista em 21 de junho de 2013).

É deste feito que podemos categorizar o protagonismo, segundo a acepção da palavra presente no uso feito pelos militantes jovens e/ou negros, cuja fundamentação foi elaborada entre o movimento negro e os espaços de participação mista do Governo Federal.

A intersecção entre idade e cor/raça dos homicídios: etária e racial

Para pensar a relação entre violência e ação coletiva de atores políticos autointitulados "juventude negra", a questão desta pesquisa revela um fenômeno diferenciado do que a bibliografia que trabalha com juventude e violência tem relatado. Tanto no Brasil, em cidades como o Rio de Janeiro, e na França, como a região metropolitana de Paris, os protestos contra a violência não têm sido capazes de produzir um espaço público que ofereça soluções legítimas para esses problemas (PERALVA, 2000). O que tem se desenhado em contexto brasileiro é uma conformação de relações que reúne artistas, políticos, ativistas, intelectuais e o esforço para formular políticas públicas contra os homicídios de jovens negros, o que tem agência sobre a parte da esfera institucional do Estado brasileiro.

A ideia de interseccionalidade (BRAH, 1996; GROSFOGUEL, 2011) permite que pensemos essa dupla dimensão de opressão a que está exposta o jovem negro:

> A opressão de classe, sexualidade e gênero vivenciada pelo "Outro Não-Ser" é agravada devido à articulação dessas opressões com a opressão racial. Por exemplo, enquanto os trabalhadores da zona não-ser arriscam suas vidas quando tentam organizar um sindicato, ganhando um ou dois dólares por dia, trabalhando 10 ou 14 horas por dia, os trabalhadores na zona de do ser gozam de direitos trabalhistas, altos salários por hora e melhores condições de trabalho. Enquanto uma funcionária de uma maquiladora em Ciudad Juarez que ganha dois dólares por dia é formalmente uma trabalhadora assalariada, sua experiência vivida não tem nada a ver com a de um trabalhador assalariado da Boeing, em Seattle, que ganha 100 dólares por hora. [...] Implica-se em uma opressão dupla, tripla ou quádrupla para sujeitos não ocidentais oprimidos dentro da zona do não-ser, que não tem comparação com o acesso aos direitos humanos/civis/trabalhistas, normas de civilidade e discursos emancipatórios reconhecidos e vividos por sujeitos ocidentais oprimidos dentro da zona do ser. (GROSFOGUEL, 2011, p. 100-101)[14]

14 Tradução do autor. Original: *La opresión de clase, sexualidad y género vivida por el "No-Ser Outro" es agravada debido a la articulación de dichas opresiones con la opresión racial. Por ejemplo, mientras los obreros en la zona del no-ser arriesgan sus vidas cuando intentan organizar un sindicato, ganando uno o dos dólares al día, trabajando 10 o 14 horas al*

Entendemos a incorporação da dimensão etária como fundamental para pensar os problemas de homicídios no Brasil pelas razões que descrevemos. A condição transitória da juventude – os não adultos que têm a condição de desenvolvimento plena negada – conduz os jovens, por vezes, à esfera do não ser, sendo a morte um dos problemas que atinge essa população etária.

Quem mata e quem morre: defesa de "bandidos"?

Ainda que haja uma forte convicção entre os militantes sobre a responsabilidade do Estado na exclusão da população negra e uma forte convicção de que as polícias militares são autores das mortes de jovens negros, há também uma série de contradições para fazer este debate no espaço público. A intersecção promove uma complexa cadeia de relações analíticas, misturando quem é vítima e quem é culpado. A tensão entre os conflitos da zona do não ser deve ser pensada em função das múltiplas formas de opressão, num quadro em que a violência é a própria constituição da ordem. A violência entre quem mata e quem morre cria um quadro de conformidade com a manutenção da ordem, como procura comunicar a campanha supracitada "Mano, não mate! Mano, não morra", do MNU.

día, los obreros en la zona del ser gozan de derechos laborales, salarios altos por hora y mejores condiciones de trabajo. Si bien una obrera en una maquilladora en Ciudad Juárez que gana dos dólares al día es formalmente una trabajadora asalariada, su experiencia vivida no tiene nada que ver con la de un obrero asalariado en la Boeing Company en Seattle que gana 100 dólares la hora. [...] Implica una doble, triple o cuádruple opresión para los sujetos oprimidos no- occidentales dentro de la zona del no-ser que no tiene comparación con el acceso a derechos humanos/civiles/laborales, las normas de civilidad y los discursos emancipatorios reconocidos y vividos por los sujetos occidentales oprimidos dentro de la zona del ser.

> Como afirma De Sousa Santos (2010), na zona do não-ser, da linha abismal, onde as populações são desumanizadas no sentido de serem consideradas abaixo da linha humana, os métodos utilizados pelo imperial/capitalista/masculino/heterossexual "I" e seu sistema institucional para gerenciar e administrar conflitos é através da violência e da apropriação aberta e descarada. Como tendência, os conflitos na zona do não-ser são geridos pela violência perpétua e somente em momentos excepcionais são utilizados métodos de regulação e emancipação. Uma vez que a humanidade das pessoas classificadas na zona do não-ser não é reconhecida, uma vez que são tratadas como não-humanas ou sub-humanas, ou seja, sem normas de direitos e civilidade, assim se permitem atos de violência, estupro e apropriação, o que na zona do ser seria inaceitável. (GROSFOGUEL, 2014, p. 100)[15]

---

15 Tradução do autor. Original: *Como De Sousa Santos (2010) afirma, en la zona del no-ser, de la línea abismal,donde las poblaciones son deshumanizadas en el sentido de ser consideradas por debajo de la línea de lo humano, los métodos usados por el « Yo » imperial/capitalista/masculino/heterosexual y su sistema institucional para gestionar y administrar los conflictos es por medio de la violencia y apropiación abierta y descarada. Como tendencia, los conflictos en la zona del no-ser son gestionados por la violencia perpetua y solamente en momentos excepcionales se usan métodos de regulación y emancipación. Dado que la humanidad de la gente clasificada en la zona del no-ser no es reconocida, dado que son tratados como no-humanos o subhumanos, es decir, sin normas de derechos y civilidad, entonces se permiten actos de violencia, violaciones y apropiaciones que en la zona del ser serían inaceptables.*

Existe muita tensão sobre o papel dos policiais negros; de acordo com Flavio Jorge (entrevista em 8 de fevereiro de 2013), nas abordagens policiais feitas por policiais negros existe um repressão maior, os "agentes sentem mais a pressão... e isto é um dilema para o movimento negro tratar". Isso faz refletir sobre a condição do policial negro na corporação militar, sobre a sua condição identitária deste policial.[16]

Para Honerê Al-amin, a polícia

> é treinada pra isso, ela identifica no negro o elemento a ser caçado, nós somos o outro ponto... É como se estivéssemos em guerra e de um lado da trincheira houvesse a polícia e o braço do Estado, e de outro lado, o povo negro. E essa guerra, ela é injusta. Totalmente injusta e desproporcional. Tem um instrumento que é fundamental para a continuidade da contínua matança, é a forma que a mídia conduz as informações contra aquele segmento populacional, o criminalizando e justificando muitas vezes a morte porque ele é negro, é de periferia, justificando a morte de forma brutal, como se esse já é o destino daquele segmento, daquele grupo. Então pra você conduzir isso junto à militância, você tem que ter o exercício de humanizar as pessoas novamente em alguns valores, é humanizar mesmo, porque são tantos bombardeios televisivos ou de outras formas de mídia que as pessoas compram esta ideia. E é como eu

16 O estudo de Pires (2009) mostrou como o policial militar de Sergipe se vê dentro da corporação; para um estudo sobre ascensão social de policiais militares negros, ver RAMALHO, 2012.

> disse, até o momento em que bate esta violência na sua porta. (Entrevista em 14 de julho de 2014)

Negros são, no estado de São Paulo, uma maioria sobrerrepresentada quando são abordados pela polícia (54,1%). Em São Paulo, um estado em que mais de 60% da população é branca, negros são 61% das vítimas de mortes decorrentes da ação policial, bem como policiais brancos são 79% dos autores de destas mortes (SINHORETTO et al.,2014). As autoras da pesquisa que colheram e analisaram estes dados indicam o funcionamento de racismo institucional na política de segurança pública. O que é identificado também por alguns interlocutores, como Markão, que diz que a polícia sempre foi um problema para a juventude negra de periferia, e o *rap* tematizou isso nas suas letras:

> Num primeiro momento a gente começa a denunciar porque estávamos cansados de ver isso no nosso cotidiano, e com o passar do tempo a gente também entende que não era do pânico cotidiano da periferia, através de vídeos como do *Public Enemy* [...]. E com o passar do tempo a gente viu que não era só uma questão de a gente morar na periferia, a gente viu que era uma questão de a gente ser preto também. Então, o nosso discurso ficou mais ferrenho ainda! Errado em dobro, porque levava em conta a nossa cor [além de ser de periferia]. Era uma maneira também de salvaguardar a nossa vida. Aí a gente falou "chega". Vocês bateram de frente até agora, vocês vieram pra cima até agora e a gente está se preparando para combater, por enquanto vocês tem a arma e a gente tem o microfone; a gente tá formando uma rede fudida e a gente vai pra cima.

Além da indicação da centralidade que a Polícia Militar teria na vitimização destes jovens, há também um sistema propício para a produção de desigualdades, de injustiças e de violências:

> Justiça é algo que tem que servir pra todos, justiça necessariamente não requer essas mortes, e que são ações, essa exclusão é clara. É clara. É clara em todos os sentidos da concepção [da palavra clara]. Ela é clara mesmo. Ela clareia os espaços de poder, os espaços de conhecimento, as melhores condições de trabalho, de moradia, de cultural, etc., e o que sobra fica pra grande massa da população que está se digladiando pra ter acesso a algumas coisas. (Honerê Al-amin, entrevista em 14 de julho de 2014)

Essa maneira de abordar o problema abre espaço para um debate mais aprofundado sobre a condição racial e juvenil no Brasil, algo que dialogue com o fato de o jovem ser vítima ao entrar em atividades ilícitas e de que a violência acaba por ser um risco muito provável de concretizar-se; a campanha acaba por aliar-se a quem está engajado na violência.

Desde 2006, campanhas já se utilizavam os dados estatísticos sobre homicídio produzidos pelo DATASUS para realizar debates a respeito da violência, acusando o Estado de ser seu autor. A defesa de jovens engajados na violência está em tratar como vítima os egressos da extinta Fundação para o Bem-Estar do Menor (Febem), convertida em Fundação Casa:

> A Febem do Estado de São Paulo é apontada como uma das responsáveis por esse massacre da juventude, em especial da afrodescendente e po-

> bre. Desde 2003, 23 jovens morreram, a maioria negros, enquanto estavam sob custódia do Estado nesses estabelecimentos, que deveriam ser educacionais, mas cada vez mais se aproximam do modelo prisional. Muitos são torturados e vítimas de variadas formas de maus-tratos.[17]

Nesse caso, seria uma defesa dos jovens condenados a cumprir medidas socioeducativas indicadas pelo Estatuto da Criança e do Adolescente. Esse tipo de defesa poderia ser interpretado pela sociedade como a defesa de "bandidos" e, portanto, deveria mesmo morrer, como explica Honerê.

> As pessoas não são punidas da mesma forma, nós temos uma mídia que funciona de forma muito preocupante, porque ela interfere diretamente na opinião pública, fazendo com que as pessoas achem que a morte daquele indivíduo é justa, e que tá certo de efetuar a morte daquele indivíduo por uma condição que muitas vezes é posta pela TV como uma forma de mudar o entendimento da população sobre aquela realidade e aquilo faça com que eles apoiem aquela situação. Até o momento que bate na sua porta aquela ação: o seu filho foi preso, parecia com fulano e tal e está preso. Aí morreu na cadeia. É tipo: aquele bandido pode morrer, mas meu filho é justo, e correto... (Entrevista em 14 de julho de 2014)

17 http://www.cartamaior.com.br/detalheImprimir.cfm?conteudo_id=9793&flag_destaque_longo_curto=L.

Essa dupla dimensão das vítimas de homicídios foi importante para a definição de uma plataforma para jovens negros organizados, de acordo com alguns de nossos interlocutores. O tema era o combate à violência contra a juventude negra: "A gente tinha um eixo comum que era o 'combate à violência contra a juventude negra', 'combate ao genocídio', 'combate ao extermínio'" (Thaís Zimbwe, entrevista em 21 de junho de 2013), ainda que o "eixo comum" gerasse agendas distintas, a denúncia, de um lado, e a proposição de políticas públicas, de outro.

Esta forma de colocar o problema pode ser considerada um marco no histórico de mobilizações do movimento negro, pois sempre houve a denúncia de violências e de mortes, mas nem sempre esta denúncia contra a violência se converteu em uma agenda de proposição e elaboração de políticas públicas contra a violência, em especial os homicídios. Esta inflexão é indicada pela construção do Plano Juventude Viva.

Problematização acerca do termo genocídio

Sendo basicamente um crime de Estado, o genocídio tem sido tema de estudo em todo o mundo. Além dos estudos sobre a Alemanha e a morte de mais de 8 milhões de judeus (GALLE, 2011), existem outros fenômenos pesquisados mundo afora. Savelsberg (2007) debate as teorias concernentes aos desdobramentos que as respostas legais promovem sobre a memória coletiva de populações que passaram por violações maciças dos direitos humanos, tomando como exemplo a cobertura das Guerras do Vietnã e dos Bálcãs pelo *The New York Times* e como foram retratadas em livros de história dos Estados Unidos.

Vito, Gill e Short (2009), adotando uma perspectiva de gênero, analisam as implicações teóricas da tipificação do estupro como crime internacional de genocídio, argumentando sobre a necessidade de uma análise que dê suporte à criação de marcos mais claros para tratar da questão do estupro. Power (2004) explora o tema do genocídio como um ponto de tensão da política externa americana a partir de vários outros eventos pelo mundo, como o massacre dos armênios pelos turcos, o Holocausto, o Khmer Vermelho no Camboja, o extermínio dos curdos no Iraque e as guerras étnicas na ex-Iugoslávia e em Ruanda. Horn (2005) estuda o processo de reforma agrária e os direitos sobre a terra na Namíbia e o genocídio dos Hererós (no início do século XX), fazendo uma comparação com a luta do ativista Eddie Mabo pelos direitos dos nativos australianos, nas Ilhas Murray.

Como tentaremos demonstrar, essa realidade passou de um problema estatístico para um problema político em razão da ação organizada de jovens negros que puderam não só formular o problema vivenciado no mundo da vida, compartilhando a mesma interpretação sobre os fatos, mas também incidir na esfera política nacional.

A hipótese do movimento social negro é que esses números configuram um genocídio. Contudo, antes, é preciso uma análise que questione as relações raciais como ordenadoras da vitimização negra. O intrigante é o porquê de essas legislações nunca terem sido acionadas, nem nacional nem internacionalmente, pelos diversos atores sociais. Esta é uma das implicações problemáticas que há em sustentar a defesa da tese de que o fenômeno por que passa a população negra no Brasil se configura um genocídio.

Outro problema é a pressuposição de uma relação de alteridade, ou seja, para haver um genocídio, o povo que está sendo exterminado deve ser um Outro, num evento em que a oposição entre assassino e assassinado esteja definida antes de haver a oposição homicida/vítima. Exemplo: brancos matando negros; brasileiros matando estrangeiros; evangélicos matando umbandistas. Nesse sentido, negros não deveriam ser parte do Estado brasileiro e, ao mesmo tempo, não deveriam ser reconhecidos por este. No Brasil, contudo, negros e índios são considerados, legal e culturalmente, povos fundantes da nação e sujeitos da chamada maior nação mestiça do mundo, com direitos assegurados e com seus estatutos próprios.

O movimento negro tem uma postura paradoxal frente a este problema. De um lado, reivindica a participação na construção do Brasil; de outro, indica o projeto de embranquecimento da população em longo prazo, o que ocorreria por meio do processo de miscigenação (MUNANGA, 2004). Dessa forma, definir quem é o Outro da população negra tem relevância teórica e empírica, se levarmos a cabo as reflexões propostas pelo movimento negro.

É nesse quesito que a autoria dos homicídios também ganha expressão, pois é vasta a bibliografia que trata do engajamento de jovens negros e pobres em atividades violentas e criminalizadas (ABRAMO, 1997; ZALUAR, 1985; PERALVA, 2006; TAVARES, 2012). Com efeito, quem estaria sendo assassinado é o mesmo grupo social que pratica os assassinatos.

Outro desafio para a categorização do genocídio é a natureza dos dados sobre homicídios no Brasil:[18]

> A maior parte da produção teórica sobre políticas de segurança pública defronta-se com a questão sobre a fonte de dados produzidos e a respectiva correspondência destes dados com a realidade. No Brasil, existem duas fontes prin-

18 Um debate sobre como este dado é tratado pelas políticas de segurança pública, ver Lima (2004; 2008).

> cipais de dados sobre homicídios: as certidões de óbito declaradas pelos sistemas de saúde estadual e municipal, posteriormente consolidada pelo Ministério da Saúde, e os boletins ou registros de ocorrências das Polícias Civis dos estados.
> Com frequência, as informações destas fontes não coincidem entre si, pois são construídas a partir de metodologias diversas, e cada uma delas possui certos problemas de validade e confiabilidade. Os dados sobre homicídios do sistema de saúde limitam-se às vítimas, pois contemplam apenas informações sobre o óbito, e não sobre as circunstâncias em que o crime ocorreu. O processo de coleta destas informações é realizado de forma homogênea em todo o País, a partir de critérios internacionais estabelecidos pela Organização Mundial de Saúde (Classificação Internacional de Doenças - CID). (ESTELLITA et al., 2012, p. 17)

Trabalhamos aqui com os dados do DATASUS presentes nos Mapas da Violência de 2012 e 2013, que trataram, respectivamente, da questão racial e da juventude. Como indica Petrucceli (2013), a coleta do dado raça/cor no IBGE, a partir do qual se elaboram as coletas de outros serviços públicos, como os dados do Sistema Único de Saúde (SUS), pressupõe a autoclassificação, ou seja, cada indivíduo deve indicar qual é a sua raça/cor entre as opções (preto, pardo, branco, amarelo, indígena ou outro, sendo os negros a soma dos respondentes pretos e pardos). Para a coleta dos dados sobre as vítimas de homicídio, por razões elementares, as informações não são colhidas a partir da autoidentificação; quem o preenche é o profissional da área da saúde, em geral um médico, usando seu próprio critério.

Os critérios na autoclassificação e na alterclassificação podem ser muito variados, devendo-se levar em consideração a classificação que cada indivíduo faz de si e dos outros. Mesmo indicações como horário, local (espaço público ou privado), entre outros, causam variações na forma de classificação e identificação, de si ou de outrem, e até mesmo as gerações lançam mão de categorias e critérios distintos para isso (SANSONE, 2008).

De acordo com Estellita et al. (2012), em estudos sobre homicídios em três cidades brasileiras (Guarulhos, Maceió e Belém), em 2011, "cor é uma categoria problemática, pois, além de ser poucas vezes identificada, sua classificação varia ao longo dos autos do inquérito. Assim, uma pessoa pode ser de cor 'parda' no BO e 'negra' no laudo de exame necroscópico" (ESTELLITA et al., 2012, p. 18). Assim, os 70% das pessoas negras que vêm sendo registradas na base de dados do DATASUS são passíveis de problematizações desse tipo, podendo a vitimização negra variar para mais ou para menos.

Outro pressuposto para a definição de um caso de genocídio é a identificação ou de uma política específica que tivesse esse fim ou do momento em que a decisão foi tomada. Nesse sentido, a Constituição brasileira seria um obstáculo, uma vez que ela assegura os direitos da população negra e de outros segmentos, além do fato de que, nos últimos 12 anos, as últimas gestões do Governo Federal têm promovido ações afirmativas para negros, sobretudo na área da educação.

Seria possível identificar um comportamento do Estado brasileiro contrário a seus próprios preceitos e contra os direitos das populações negras ao mesmo tempo que age em favor do mesmo grupo?

A ideia de *regressives policies* guarda esse sentido. Elas seriam políticas dedicadas a promover prejuízos a uma determinada população, e no caso brasileiro o quadro dos homicídios seria resultado de políticas do gênero.[19]

O termo "racismo institucional" define o modo como funciona uma instituição cujos efeitos produzem desigualdades. Para os homicídios, seriam o funcionamento da segurança pública a causar a sobrerrepresentação de jovens negros entre as vítimas. Pesquisas como a de Barros (2008) apontam para a existência de filtragem racial na seleção de suspeitos por policiais militares do estado de Pernambuco; Sinhoretto et al. (2014) indicam o racismo institucional em casos de prisões em flagrante feitas pela Polícia Militar de São Paulo e de vítimas de homicídios cometidos pela mesma instituição. No caso da PM paulista, o mais impactante é o fato de 79% dos autores das mortes em decorrência da ação policial serem brancos, enquanto aproximadamente 75% das vítimas são negros:

> Os dados indicam que há maior letalidade policial sobre a população negra. Ao calcularmos as taxas de mortos por 100 mil habitantes, dentro de cada grupo de cor/raça, no ano de 2011, é possível observar que são mortos três vezes mais negros do que brancos. (SINHORETTO et al., 2014, p. 15)

---

19 Exposição do professor Sidney Chaloub na Faculdade de Filosofia Letras e Ciências Humanas, em 10 de abril de 2014, no seminário de comemoração de 50 anos da publicação de *A integração do Negro na Sociedade de Classes*. Sobre este assunto, o mesmo disse ao autor deste trabalho em 20 de julho, via *e-mail*: "É comum, em inglês, utilizar a expressão 'regressive taxation' ou 'regressive tax' para se referir a políticas tributárias que tendem a aumentar a concentração de renda, ou incidir mais pesadamente sobre segmentos de renda baixa ou média. Daí também 'regressive policies' ou 'regressive social policies', para se referir a políticas públicas que aumentam as desigualdades sociais (ou raciais, que era sobre o que eu falava)".

A ideia de *deixar morrer* pode ser uma forma de compreender o fenômeno pelo viés do racismo de Estado, que lançaria mão de seu biopoder e de seu poder de soberania para controlar a população, fazendo viver, deixando morrer, a variar o caso específico.

Essa situação de vitimização denunciada por jovens negros pode ser entendida pelo que Michel Wieviorka apresenta como a "era das vítimas", na qual grupos:

> Foram vítimas e, ao mesmo tempo, se apresentam eventualmente no espaço público a propósito das violências de que hoje mesmo são vítimas. É o que se dá, em particular, com movimentos de caráter cultural, religioso ou étnico, ou nacional, movimentos negros, indígenas, movimentos de descendentes de sobreviventes de um genocídio, por exemplo judaico ou armênio, movimentos ainda de pais ou filhos de vítimas de um poder ditatorial ou totalitário. Esses atores podem ser eles mesmos violentos, por exemplo numa fase de "despertar" (*réveil*) – foi o caso do terrorismo armênio dos anos 70. Sobretudo, eles atraem a atenção para as consequências da violência: esta última é negação ou atentado contra a integridade física e moral de uma pessoa, com efeitos que são vistos eventualmente nas gerações seguintes, ela torna difícil construir-se como sujeito de uma existência coletiva e, com frequência, também pessoal. (WIEVIORKA, 2006, p. 1.150-1.151)

A dimensão de ser vítima e ser protagonista da luta contra a violência funcionou para a organização de jovens negros, segundo Reginaldo Bispo, por achar "que eles quiseram ser protagonistas quando nós mostramos pra essa molecada que quem estava morrendo eram eles!" (Reginaldo Bispo, entrevista em 7 de abril de 2014).

Estes fenômenos uma vez vistos nas estatísticas oficiais são um marco para a luta contra o racismo de acordo com diversos entrevistados. Surge frequentemente a comparação com guerras, como afirma, Honerê Al-amin (entrevista em 13 de julho de 2014) e Douglas Belchior (entrevista em 21 de agosto de 2013). É tal relação entre as zonas do ser e do não ser de Fanon, "*en resumen, en la zona del ser tenemos formas de administrar los conflictos de paz perpetua con momentos excepcionales de guerra, mientras que en la zona del no-ser tenemos la guerra perpetua con momentos excepcionales de paz*" (GROSFOGUEL, 2011, p. 100).

DO CISMA DO MOVIMENTO NEGRO CONTEMPORÂNEO À JUVENTUDE NEGRA

Apresentamos aqui um enquadramento da ação política (RANCIÉRE, 1996, p. 40) de jovens negros junto ao movimento social, em especial ao movimento social negro (DOMINGUES, 2007), tendo em vista seu posicionamento (HALL, 1995) a partir de sua condição etária e racial frente a espaços de participação juvenis (Conjuve) e no movimento negro:

> Política é primeiramente o conflito em torno da existência de uma cena comum, em torno da existência e a qualidade daqueles que estão ali presentes. [...] Existe política porque aqueles que não têm direito de ser contados, como seres falantes, conseguem ser contados e instituem uma comunidade pelo fato de colocarem em comum o dano que nada mais é que o próprio enfrentamento, a contradição de dois mundos alojados num só: o mundo em que estão e aquele em que não estão, o mundo onde há algo "entre" eles e aqueles que não os conhecem como seres falantes e contáveis e o mundo onde não há nada. (RANCIÉRE, 1996, p. 40)

Entendemos que esta concepção de ação política está em consonância com o que apresenta alguns de nossos interlocutores, como Honerê Al-amin, que descreveram momentos de decisão políticas que motivaram o surgimento de um encontro de jovens negros:

> Foi quando concretizou o racha dos movimentos negros da marcha de 2005. Nós tínhamos um evento aqui em São Paulo chamado Hip Hop Zumbi e Dandara Zumbi Mais Dez. Nós tínhamos o projeto em dez cidades da grande São Paulo, na boca da favela, mesmo, levar através da cultura hip hop a informação de quem era Zumbi, e da importância daquelas pessoas se envolverem e se organizarem para essa marcha em Brasília. Nós queríamos triplicar, quadruplicar o número de pessoas de dez anos atrás... Existiam pessoas que estavam representando o governo por que eram de partidos que estavam atrelados ao governo; tinha as organizações que tinham segmentos que compõem o governo e tem segmentos que não compõem o governo. [...]
>
> Então você tem essa realidade devido ao tipo de política, a forma que estava sendo conduzida e as propostas do segmento governista, e a forma que estava sendo conduzida o documento para a marcha do segmento suprapartidário acabou sendo conflitante e gerou o racha que dividiu a marcha e acabou chegando as duas marchas, a do dia 15 e a do dia 22 de novembro. No momento que este racha se deu e principalmente porque a juventude estava no debate e não fomos levados muito a sério nestas construções, aí que a gente chegou aqui no ABC e falou: "não dá mais pra ficar de subalterno nesta discussão". Aí a gente foi conversar isso com o Deivison [Nkosi], foi conversar isso com os pares que estavam próximos a nós, com o

> Anderson [4P da Silva], de Francisco Morato... e falamos, precisamos fazer algo nacional de juventude focado na questão racial. Aí a gente fez uma primeira reunião aqui em São Paulo e veio o Rio de Janeiro e a Bahia; do Rio veio a Thaís Zimbwe e da Bahia veio o Roque Peixoto. (Entrevista em 14 de julho de 2014)

Tendo como central o tema violência/homicídio/genocídio, encontramos a ideia de "protagonismo" como uma das propulsoras da ação desses atores na construção da sua identidade como juventude negra. Se a violência é uma pauta antiga do movimento negro, como documentamos aqui, a ideia de juventude como categoria de ação política identitária é uma novidade cuja construção pretendemos descrever.

Movimentos sociais e a importância da fala

Segundo alguns critérios ratificados pela ciência social e o do respeito à diversidade e à honestidade intelectual, a ideia de construir um espaço de fala e escuta também é a de criar um espaço que dá acesso à mundanidade dos atores do processo de organização do Encontro Nacional de Juventude Negra como movimento social:

> O termo [novos movimentos sociais] começou a ser usado para referir-se fundamentalmente ao aparecimento político [na década de 1970] de atores sociais organizados que não se referenciavam diretamente às estruturas institucionais de poder e representação políticas – partidos, governos, Estado – nem aos atores "clássicos" do sistema social – grupos de interesse e classes sociais. (PAOLI, 1995, p. 27)

Poderíamos inserir a ideia da organização política de jovens negros na categorização de novos movimentos sociais, uma vez que as ideias de geração (pois, juventude) e racial (pois, negra) não estão enquadradas nem nas estruturas institucionais nem nos grupos de interesse e de classe social.

Uma das estratégias dos chamados "novos movimentos sociais" é o papel da política cultural, já que a atuação institucional (aquela identificada com o Estado) está distante da constituição desses movimentos.

> Nos anos 80 essa restrição [política cultural] resultou numa divisão entre movimentos sociais "novos" e "velhos". Os novos eram aqueles para os quais a identidade era importante, aqueles engajados em "novas formas de fazer política" e os que contribuíam para formas novas de sociabilidade. As opções favoritas eram os movimentos indígenas, étnicos, ecológicos, femininos, homossexuais e de direitos humanos. Ao contrário, os movimentos urbanos, camponeses, operários e de bairro, entre outros, eram vistos como lutas mais convencionais por necessidades e recursos. Os populares urbanos favelados, de mulheres e outros, também põem em movimento forças culturais. Em suas lutam contínuas contra projetos dominantes de construção da nação, desenvolvimento e repressão, os atores populares mobilizam-se coletivamente com base em conjuntos diferentes de significados e objetivos. Dessa forma, as identidades e estratégias coletivas de todos os movimentos sociais estão inevitavelmente vinculadas à cultura. (ALVAREZ; DAGNINO; ESCOBAR, 2000, p. 22-23)

Como enunciamos no início deste texto, atentamos para as diferenças que articulam os discursos e as práticas dos jovens negros engajados na construção do Encontro Nacional de Juventude Negra. A ideia de um movimento negro é retificada diversas vezes nos movimentos das décadas de 1970 e 1980, como podemos ver. Entretanto, a ideia de juventude, ou de um marcador ligado à geração, não surge com grande repercussão nas análises:

> Como se sabe, a efervescência movimentista da virada para os anos 1980 foi, em São Paulo, gerada pela aparição conjunta, na cena pública, dos seguintes segmentos sociais: i) grupos pauperizados das periferias urbanas, reivindicando melhorias sociais objetivas, organizados por vertentes da igreja católica inspiradas pela teologia da libertação; ii)grupos de sindicalistas que renovavam o ideário socialista operário do período, na esteira das mobilizações dos metalúrgicos do ABC; iii) setores jovens da classe média e das elites intelectuais, que nas universidades haviam conhecido o marxismo e os movimentos "libertários" do norte. (FELTRAN, 2007, p. 84)

Essa passagem menciona o qualificador geracional para falar dos atores da década de 1980, mas isso não implica o desdobramento de um qualificador na agência ou na ação destes atores:

> No interior deste campo, legitimado também por frações minoritárias das elites e da imprensa, articulavam-se grupos tão díspares quanto favelados e feministas, estudantes trotskistas e jovens negros, militantes da pastoral da juventude e homossexuais, operários, ambientalistas

> e lideranças políticas recém-chegadas do exílio. As disputas privadas entre estes setores eram conhecidas internamente, mas a aliança conjuntural marcante entre eles, na leitura pública, explicava-se em negativo: todos estes grupos viviam a condição comum de baixíssima representatividade durante o regime anterior e percebiam na ação conjunta uma possibilidade de expressar publicamente suas identidades e interesses. As falas destes atores, aproveitando-se dos vazios discursivos próprios das transições de poder, permitiram mesmo que se conformasse no país uma espécie de "contra esfera pública" que, paralela à transição institucional "lenta, segura e gradual" posta em marcha pelos militares, abriu espaços renovados para a construção democrática. Esta esfera pública nascente ofereceu uma caixa de ressonância fundamental para os novos movimentos sociais, em particular os de caráter popular, que puderam ser lidos então como os "novos personagens" da cena política brasileira. Ora, se estes movimentos efetivamente interferiam na discussão pública, estando fora das mediações institucionais constituídas, constatou-se ainda neste contexto o alargamento da política para além dos marcos institucionais e a elaboração em curso de uma "nova noção de cidadania", concebida como uma estratégia de democratização conjunta do Estado e das relações sociais. (FELTRAN, 2007, p. 85)

Em uma análise da década de 2000, Goirand verifica:

> Aquelas dizem respeito sobretudo ao movimento operário, que prosseguiu declinando, como

> indica a queda do número de greves na década de 1990. Enquanto as mobilizações continuam a se afastar da esfera do trabalho, a se territorializar e a se construir em torno da afirmação de identidades culturais, diminui a frequência das invasões de terras no meio urbano e a Igreja Católica efetua um retorno à fé e à ação religiosa. (GOIRAND, 2009, p. 331)

As temáticas apresentadas dialogam fortemente com as pautas da juventude negra organizada em torno do ENJUNE (enfrentamento ao genocídio é um exemplo), bem como o que passamos a seguir, sobre direitos humanos:

> A década de 2000 parece, portanto, marcada ao mesmo tempo por elementos de continuidade e de ruptura, com transformações que podem parecer contraditórias à primeira vista. Por um lado, as mobilizações populares preservaram ou recuperaram forte intensidade, continuando a se apoiar em organizações territorializadas e extremamente fragmentadas. O discurso dos direitos e da justiça, se mudou de contexto, continua apoiado na afirmação de valores, como a diversidade cultural, assim como em construções identitárias, em particular no caso dos indígenas. (GOIRAND, 2009, p. 333)

Por outro lado, a ideia de uma categoria etária que produza qualificadores de atores e de agência não é mencionada ao longo do relato:

> Embora digam respeito, sobretudo, às sociedades ocidentais do norte, as conclusões dos trabalhos

> de Ronald Inglehart sobre a posição dos valores nas mobilizações adotam um contexto analítico que também está muito presente a propósito da América Latina. Segundo ele, a característica essencial desses movimentos está na ênfase em valores como a identidade, o reconhecimento social, o respeito do indivíduo, os direitos humanos, as condições de vida, assim como na prioridade a reivindicações de participação na tomada de decisões. (GOIRAND, 2007, p. 333-334)

Os valores mobilizados estão em grande parte consonantes com o que está verificado na agenda da juventude negra – à exceção da ideia geracional. Este dado subjaz, como vimos, na discussão sobre os critérios para assumir a coordenação do ENJUNE no estado de São Paulo, para ocupar cadeiras do Conjuve e até mesmo para exercer outras atribuições.

Essas tensões têm sido debatidas pelo movimento negro atualmente, e o hip-hop constitui-se elemento importante para pensar uma nova geração do movimento:

> Alguns elementos sinalizam que no início do terceiro milênio está se abrindo uma nova fase do movimento negro, com a entrada em cena do movimento hip-hop, por vários motivos. Trata-se de um movimento cultural inovador, o qual vem adquirindo uma crescente dimensão nacional; é um movimento popular, que fala a linguagem da periferia, rompendo com o discurso vanguardista das entidades negras tradicionais. Além disso, o hip-hop expressa a rebeldia da juventude afrodescendente, tendendo a modificar o perfil dos ativistas do movimento negro; seus adeptos

> procuram resgatar a autoestima do negro, com campanhas do tipo *Negro Sim!*, *Negro 100%*, bem como difundem o estilo sonoro rap, música cujas letras de protesto combinam denúncia racial e social, costurando, assim, a aliança do protagonismo negro com outros setores marginalizados da sociedade. E, para se diferenciar do movimento negro tradicional, seus adeptos estão, cada vez mais, substituindo o uso do termo *negro* pelo *preto*. (DOMINGUES, 2007, p. 119)

Vale, para esta definição, uma questão e dois adendos. A questão é sobre o quanto o caráter inovador pode ser considerado uma nova geração, uma vez que há a reivindicação de identidade de juventude entre esses militantes. O primeiro adendo diz respeito ao fato de que, para a maior parte desses militantes, jovens, a pauta da violência ocupa centralidade da agenda política, como demonstramos aqui. O outro adendo se refere à importância que o termo "protagonismo" tem para organizar a entrada de jovens negros em espaços de movimentos sociais e de participação mista, como o Conjuve.

Idade e geração no movimento negro: jovens sem juventude

Para alguns dos entrevistados mais velhos, a ideia de juventude negra como setor organizado do movimento negro é algo novo. Os relatos dos "nossos mais velhos" (como são chamados pelos jovens negros) do movimento negro indicam que, quando começaram a militar, eram jovens, mas não falavam de juventude.

Para o dirigente da CONEN, Flavio Jorge, essa novidade surgiu com as organizações de hip-hop: "Nós éramos jovens, tínhamos idade de juventude, mas a gente não falava em juventude naquela época" (entrevista cedida em março de 2013). Mesmo tendo sido de um grupo de estudantil negro, o Grupo de Negros da PUC, ele não se organizava como jovem àquela época. A mesma relação se deu com dois dirigentes "mais velhos", Reginaldo Bispo, do MNU, e Edson França, da UNEGRO.

Em relação à juventude no movimento negro, Bispo só se lembra da organização do ENJUNE, que ele acompanhou de perto:

> Eu tinha 25, 26 anos quando entrei no MNU, e naquela época a gente não reivindicava espaço de juventude, porque entendíamos que tinha espaço pra todos esses segmentos. O único segmento que a gente sempre aceitou de alguma maneira, que sempre teve, foi o das mulheres. O segmento de religiosidade veio junto com essa loucura de juventude. Depois do ENJUNE, quando começa a surgir, inclusive, jovens feministas. Quer dizer, o feminismo não dá mais conta? Tem que ter jovens feministas negras? [...] Quer dizer, antes do ENJUNE eu desconheço quem se reivindicasse juventude no MNU.
> [Paulo César Ramos: e no Movimento negro?]
> Olha... não. Não, porque onde a molecada está muito presente a partir dos anos 1990 é lá com o Frei David [dirigente da Educafro], e eles não reivindicam juventude, reivindicam educação e cotas [para negros na universidade].
> [Paulo César Ramos: E a que você credita isso?]
> Eu acho que a necessidade de protagonismo e com quase todo mundo evitando disputas, ninguém hoje em dia quer estudar, ninguém quer ler, o superficial da internet satisfaz. Então a necessidade de ser protagonista da minha ONG, da "minha entidade", faz com que as pessoas

> criem categorias de militância para construir a sua militância particular. Então criam um grupo de três, de dois, de cinco e tal... que impede que o movimento geral avance. (Reginaldo Bispo, entrevista em 7 de abril de 2014)

Na fala de Edson França, trata-se de uma novidade haver um conjunto de jovens sendo preparados para discutir juventude, como uma categoria de ação política. Embora a associação ao tema da violência seja algo repensado, segundo ele "o que é novo é a juventude ou, pelo menos, os jovens se qualificarem como tal e estruturarem sua atuação política a partir dessa identidade política":

> O hip-hop inicia, mas não consolida a categoria juventude. Mas ele é um elemento importante, eu diria que ele é a semente dessa juventude negra que a gente vem discutindo hoje. Mas eu acho que o processo de Conferências... Quando você passa a ter que pensar a política pública, te obriga a pensar as categorias, entendeu?
>
> A I Conferência de IR, ela colocou o desafio da juventude se colocar autonomamente e de se colocar enquanto sujeito político. Nós não tínhamos tido conferências até então. Só a de Durban, que era aberta e não tinha tirados de delegados, não tinha que ver quais propostas iam e quais não iam [ser aprovadas]. Quando essa discussão foi colocada na I CIR, ela trouxe a questão da juventude de uma maneira forte, e a juventude, ela viu que, a partir daquela conferência, ela tinha que começar a pensar um pouco mais. Acredito que ela é responsável pela continuidade do processo por um monte de reivindicação e para a

> construção do ENJUNE, o ENJUNE acaba sendo uma necessidade de protagonismo. (Edson França, entrevista em 18 de junho de 2014)

Não acredito que as visões desses dois "mais velhos" sejam concorrentes. Na verdade, elas perfazem o conjunto de interpretações que compõem o movimento negro e carregam consigo elementos diferentes. Uma das diferenças é que a organização de Edson França goza de estabilidade junto às políticas públicas de juventude, pois a jovem negra na presidência do Conselho Nacional de Juventude e na Secretaria Adjunta da Secretaria Nacional de Juventude faz parte de seu quadro, enquanto o MNU passa por momento de disputa interna quanto a essa temática.

À parte as divergências, sublinhe-se a repetição da "necessidade de protagonismo associada à proliferação das categorias de ação política" e associe-se isso à necessidade de identidade para a ação política (HALL, 1995). Este é um tempo em que a identidade juvenil é uma necessidade política dessa geração de militantes, pois, como Edson [França], Flavio [Jorge R. da Silva] e Reginaldo [Bispo] concordam quanto aos seus posicionamentos etários:

> A maioria dos jovens que entraram no movimento negro não pensavam como categoria juventude. E sempre foram jovens que protagonizaram o movimento negro. Se você pensar que Arlindo Veiga foi presidente da FNB aos 26 anos... Então você poderia ver a política do movimento negro... O seu protagonista, o seu presidente, e era uma organização central, extremamente vertical, ele tinha 26 anos, então ele pensava a luta do negro de uma maneira ampla.

> [...] Ele era o presidente da FNB, era ele quem elaborava a política desta geração. (Edson França, entrevista em 18 de junho de 2014)

Cisma no Movimento Negro Contemporâneo e a emergência de um novo ator político

Apresentamos aqui um conjunto das experiências que compõem o repertório geracional dos jovens negros que atuaram em torno da tematização dos homicídios e reivindicaram a categoria juventude como base para o seu protagonismo. É um momento no qual a idade marca as diferenças no conjunto das experiências dos militantes.

Um dos idealizadores do ENJUNE, Anderson Silva, de Francisco Morato (Grande São Paulo), também relaciona a juventude no movimento negro ao hip-hop da década de 1990. Ele foi rapper e técnico em eletrônica, em 2014 era estudante de sociologia e estava no terceiro mandato de vereador em sua cidade. Quando peço para que fale de como iniciou a militância na juventude negra, ele faz referência ao rap e a artistas como Thaíde e DJ Hum ("Você me joga uma pedra que que te jogo uma granada"), grupo DMN (canção "4Ps") e Racionais MC's:

> Em 1992 o [Mano] Brow, [Racionais MC's] vem com o [álbum] *Escolha o seu caminho*, que é o que pauta, essa é a temática negra, e acho que foi o dia em que eu comecei a militar no movimento negro. Aí, na hora de militar, não foi tão fácil quanto no hip-hop, quando a gente só precisava ir na [estação de metrô] São Bento ou na [praça] Roosevelt. Eles buscavam um lado: a universidade. E tinha uns movimentos negros que não dialogavam com a periferia, nunca dia-

> logaram infelizmente com a periferia, e a gente não se identificava, o rap não se identificava com o movimento negro, porque a pauta deles estava muito intelectual, era uma pauta muito distante... Não tocava na gente. Embora eu tenha todo o respeito ao movimento histórico negro, não dialogava onde a gente estava. E então a gente criou uma posse naquela época, em 1992, criamos uma posse chamada OCPP, Organização Consciente do Povo Preto, que era já pautada com essa discussão racial. (Anderson Silva 4P, entrevista em 14 de março de 2013)

Anderson, depois, falou sobre a Marcha de 300 anos de Zumbi, em 1995, mas fez uma demarcação em relação à de 2005 (Marcha Zumbi mais 10), que contrasta fortemente com a anterior. Para ele, em 1995, já "se estabeleceu uma rede de protagonismo jovem que discutia e cantava música de rap" (Anderson Silva 4P, entrevista em 14 de março de 2013). Contudo, em 2005, a experiência foi diferente, pois houve um "racha". Aconteceram dois eventos, um chamado de "Marcha" e outro de "passeata". Para ele, não houve "maturidade" do movimento negro para resolver as divergências. Todos os jovens que lá estavam saíram muito chateados com as divisões existentes na data de comemoração da Consciência Negra, no dia 20 de novembro, de acordo com conversa mantida com outros dois militantes do MNU.

Após a conquista de seu primeiro mandato, Anderson conta que estava em diálogo com outros dois militantes da grande São Paulo, Honerê, de São Bernardo do Campo, e Tom, da capital. Os dois relembraram ouvir um questionamento acerca da falta de comunicação entre jovens negros, apesar de já haver acesso a novas formas de se comunicar naquela época (telefone celular e e-mails).

Decidiram, então, organizar algo que unisse as diferentes "redes" de cada um deles, pois "cada um de nós tínhamos rederes diferentes!":

> Foi num evento lá em Recife, foi aí que surgiu o ENJUNE. Falamos: "Ó, vamos fazer alguma coisa nacional para a gente ter diálogo. [...] Tinha a rede do Tom, que era uma rede mais paulista, ligada à vereadora Claudete [Alves, do PT]; tinha a rede do Honerê, que era uma rede nacional, com forte ligação na Bahia, pelo MNU; e tinha a minha rede, que era mais do interior paulista e do Rio de Janeiro, porque eu não vivi lá alguns anos e não fiquei só trabalhando. (Anderson Silva 4P, entrevista em 14 de março de 2013)

Há, ainda, outro grupo importante, ligado à Educafro, que hoje se tornou uma nova organização por causa do rompimento de jovens militantes para os quais a organização deveria ter posicionamentos e agendas políticas. Em 2005, segundo Douglas Belchior, houve a separação que deu origem à Educafro, uma rede de cursinhos populares-comunitários para alunos negros e carentes dirigidos por jovens negros na região da Grande São Paulo. Uma de suas ações políticas é a participação na agenda da denúncia de violência contra a juventude negra, sendo um dos protagonistas do Comitê contra o Genocídio da Juventude Negra.

Quando Nazaré Cruz (ex-coordenadora do Fórum Estadual de Juventude Negra do Pará, atuante em pastorais – grupos ligados à Igreja Católica – e em juventudes partidárias – PT) esteve no ENJUNE, ouviu falar de juventude negra, "mas desta relação da juventude negra, pra falar de coisas de nossos semelhantes, a gente nunca tinha ouvido falar". Segundo ela, quando ouviu falar de juventude negra, chegou a fazer uma busca na internet, mas só conseguiu encontrar uma militante jovem negra de Pernambuco, da juventude do MNU, que lhe enviou um "Kit Mobilização" (um regimento para organizar etapas preparatórias do ENJUNE, junto com a informação de que já havia um contato do hip-hop em seu estado).

As referências da juventude negra

Hip-Hop

Denis Angola, de Maceió, disse: "Foi com o rapper GOG que eu aprendi que podia fazer arte e militância". (Denis Angola, conversa informal em 5 de agosto de 2013). Como vimos, o movimento hip-hop foi fundamental para dar as primeiras direções de onde organizar um encontro de jovens negros, dispondo de militantes de vários lugares do Brasil. Contudo, há outra condição pela qual ele foi apropriado, as letras de rap. A tematização da violência contra jovens negros veio acompanhada de uma construção subjetiva da identidade dessas pessoas, o que forneceu um repertório interpretativo da condição de subalterno, apontando para a emancipação desses sujeitos e permitindo aliar jovens negros e pobres das periferias:

> En la zona del no-ser, inflar y construir identidades y epistemologías fuertes con metanarrativas sólidas es necesario en el proceso de reconstrucción y descolonización. Reconstruir identidades y epistemologías fuertes es un requisito para reconstruir en la zona del no-ser lo que la colonialidad ha destruido y reducido a la inferioridad a través de siglos de expansión colonial europea. Muchos posmodernos, posestructuralistas e, incluso, marxistas aplican de manera reaccionaria

> el método del antiesencialismo radical contra los pueblos indígenas, aborígenes, afros, inmigrantes del sur, ciudadanos no-occidentales y otros sujetos coloniales que producen metanarrativas descoloniales desde la zona del no-ser. La izquierda occidentalizada con su antiesencialismo radical, en lugar de traducir las propuestas, visiones y concepciones de los sujetos coloniales, las descalifican. Estos métodos de la izquierda occidentalizada terminan siendo cómplices con el racismo colonial histórico de hacer inferior el conocimiento y las epistemologías producidas por los sujetos coloniales. Después de siglos de epistemologías, conocimientos e identidades destruidas, la descolonización en la zona del no-ser pasa por un proceso necesario de reconstrucción de sus propios pensamientos e identidades. La izquierda occidentalizada tiene dificultades para entender estos procesos. El antiesencialismo radical de la izquierda occidentalizada se ha convertido hoy día en un instrumento de silenciamiento colonial, de inferioridad epistemológica y de subestimación política de las voces críticas que producen conocimiento desde la zona del no-ser. (GROSFOGUEL, 2011, p. 106-107)

Constam das letras de rap noções que correspondem ao que encontramos em nossos interlocutores. A ideia de falar por si mesmo e tomar para si a resolução de seus próprios problemas utilizada por jovens negros está em letras de canções identificadas com a juventude negra, como a de "Pânico na Zona Sul":

> Nós estamos sós/ Ninguém quer ouvir a nossa voz (...)/ - "Ei, Brown, qual será a nossa atitu-

> de?"/ "A mudança estará em nossa consciência/ Praticando nossos atos com coerência/ E a consequência será o fim do próprio medo/ Pois quem gosta de nós somos nós mesmos". ("Pânico na Zona Sul", Racionais MC's)

Existe legitimidade na exposição de problemas sociais apenas quando o sujeito que se identifica como vítima os torna públicos, por intermédio de sua própria voz e de uma autorrepresentação. Essa ideia diz respeito ao protagonismo, noção presente no rap, algo que podemos ver na letra da música "Voz ativa", de Racionais MC's: "A juventude negra agora tem voz ativa". Portanto, para debater a dimensão do protagonismo da juventude negra, é preciso adicionar aos elementos autoria de projeto e ações a condição de falar por si mesmo, de ter voz própria e de poder se autorrepresentar.

Durante a disputa eleitoral para a prefeitura de São Paulo em 2012, Ice Blue, do grupo paulista de rap Racionais MC's, apareceu em um vídeo do então candidato Fernando Haddad, ao lado de outros artistas, como Netinho de Paula, Arismar do Espírito Santo, Leandro Lehart, Helião, Kamau, Grupo Negredo, Emicida e seu irmão caçula, Evandro Fióti, ligados ao samba e ao rap. Ele disse: "O rap é um movimento que ainda continua sendo discriminado e marginalizado..., mas isso foi o que mudou a cidade de São Paulo, foi o rap que devolveu o orgulho ao jovem negro de São Paulo".[1]

Em outro vídeo disponível na internet (no canal da TV Cultura no YouTube), um integrante do DMN, Eli Efi, e Mano Brown fazem um balanço dos anos de rap desde o início: "Nosso

1 https://www.youtube.com/watch?v=yrOmMozAwBA. Acesso em: 2 de janeiro de 2014.

trampo era esse, né?, fazer música e fazer política... que é o que a gente faz até hoje".[2] Outro integrante do DMN, Markão, descreve como ele via o papel político do hip-hop:

> Num primeiro momento, a gente começou a denunciar porque estávamos cansados de ver isso no nosso cotidiano, e com o passar do tempo a gente também entendeu que não era do pânico cotidiano da periferia, através de vídeos como do *Public Enemy* [...]. E com o passar do tempo a gente viu que não era só uma questão de a gente morar na periferia, a gente viu que era uma questão de a gente ser preto também. Então, o nosso discurso, ele ficou mais ferrenho ainda! Errado em dobro, porque levava em conta a nossa cor [além de ser de periferia]. Era uma maneira também de salvaguardar a nossa vida. Aí a gente falou: "Chega! Vocês bateram de frente até agora, vocês vieram pra cima até agora, e a gente está se preparando para combater. Por enquanto vocês têm a arma, e a gente tem o microfone; a gente tá formando uma rede fudida e a gente vai pra cima."
> [Paulo César Ramos: Se vocês denunciam, quem propõe?]
> O que a gente visualizava, até por uma questão de respeito, era que quem podia... A gente tinha uma informação que era só a gente que tinha, porque era a gente que estava vivendo. Mas o que a gente entendia, quem podia sistematizar estas informações e transformar isso em propostas concretas era o movimento negro e al-

2 https://www.youtube.com/watch?v=qw8rXsBukVw. Acesso em: 2 de janeiro de 2014.

> guns partidos políticos. A gente era o megafone. (Markão, entrevista em 2 de setembro de 2013)

Se eu pudesse destacar uma diferença entre o que Markão descreve e os dias de hoje, seria a não mais separação entre propor e denunciar. Atualmente, pelos relatos, militantes do hip-hop (como o próprio Markão) estão atuando na universidade, nos poderes constituídos, como assessores ou mandatários (Anderson Silva 4P, de Francisco Morato, é um exemplo). Essa é a ideia de protagonismo, ser quem discute e define as próprias diretrizes coletivas:

> [Paulo César Ramos: O movimento negro tem conseguido elaborar propostas? O que ele conseguiu elaborar?]
> A única que o movimento negro conseguiu fazer foi abrir um pouco de espaço para que estes jovens pudessem dar o seu "pitaco". Agora, o encaminhamento destas propostas, a cobrança para que esta questão, para que a mortalidade da juventude negra possa ser de fato discutida e combatida está muito nas costas da juventude negra que se mobiliza, ou através das entidades que começaram surgir ou através desta juventude que está ligada a alguns partidos, que acabam mesmo com pouco espaço, reivindicando... A juventude que está ligada ao movimento hip-hop, aos diversos movimentos sociais da periferia. (Markão, entrevista em 2 de setembro de 2013)

Tanto a dimensão organizativa quanto a subjetiva compõe o repertório de ação comum que o hip-hop propõe para os jovens negros. Conhecer a si mesmo também era uma questão (conhecer "as nossas questões" como parte do "sentir-me humano"), ao lado de uma construção coletiva que cuidasse de seus próprios problemas, como dizia a abertura do álbum *Raio-X do Brasil*, de 1993, dos Racionais MC's: "Você está entrando no mundo da informação, autoconhecimento, denúncia e diversão. Esse é o raio-X do Brasil, seja bem-vindo".

África e diáspora

As referências à cultura e aos pensadores do continente africano também são uma das características dessa militância. Uma evidência disso é a adoção de nomes sociais como Latoya, Zimbwe, Nkosi e Al-amin em substituição aos de batismo ou em composição com estes. Essa referência também é um elemento que encerra a ponte semântica em relação a gerações anteriores, por condicionarem uma tradição com a ancestralidade comum.

Pensadores como Stive Biko estão presentes na seguinte frase a respeito da tarefa de falar por si mesmo e da mobilização sobre vítimas: "Estamos por nossa própria conta". A foto da feminista negra Angela Davis estampa a marca do ENJUNE e do Fórum de Juventude Negra. Nela, Angela tem aparência jovem e ostenta um peteado *black power*, com o mapa do continente africano ao fundo.

Figura 3 – Marca do I ENJUNE

Fonte: Relatório Nacional do ENJUNE

A definição de juventude que encontramos no relatório do I ENJUNE tem vários elementos (ENJUNE, 2007, p. 6, 10, 15, 44, 67) e fundamenta a condição política plural: "A opção pelo perfil afrocentrado, suprapartidário e sem vínculos religiosos". No site,[3] há o crédito de seu surgimento à ação histórica do movimento negro:

> A juventude negra organizada, fruto da ação histórica do movimento negro e já parte deste, vem construindo suas alternativas na luta an-

3 http://enjune.blogspot.com.br/. Acesso em: 2 de julho de 2021.

> tirracista e pela promoção da igualdade étnico/racial de oportunidades. A cultura hip-hop, os grupos culturais, a capoeira, as manifestações regionais, os coletivos de estudantes, entre outros grupos organizados, atuam como um amplo movimento que, mostrando capacidade de organização, tem mobilizado os (as) jovens negros e negras denunciando o racismo, a discriminação, a violência e a falta de oportunidades impostas pela sociedade a esta juventude. Neste sentido, a interação entre estes movimentos através deste encontro dará uma contribuição ímpar a luta do povo negro.

Juventude negra e protagonismo: constituição de espaços públicos

Em entrevista realizada com Thais Zimbwe, quando perguntei sobre a avaliação do processo que colocou o genocídio/extermínio/violência no centro da mobilização, ela respondeu que foi positiva, uma vez ser agora possível falar com gestores sobre jovens negros e políticas públicas sem causar estranhamentos, além de o número de organizações de jovens negros pelo Brasil ter se multiplicado, pessoas terem sido profissionalizadas no tema juventude negra e ainda haver uma "política específica" com foco no tema da juventude e da violência, com o apoio de Ângela Guimarães como secretária adjunta da Secretaria Nacional de Juventude (e, posteriormente, presidenta do Conjuve).

A ideia de um movimento de vítimas (WIEVIORKA, 2006) torna-se uma interessante abordagem no momento em que Reginaldo Bispo indica ser quando os jovens negros falam de juventude negra e procuram construir um sujeito coletivo que denuncie o "genocídio".

> A questão do genocídio tem um fato que, para mim, é fundamental. Quando a gente começou a mostrar para a juventude que era ela que estava sendo a vítima, isso obrigou que setores organizados da juventude se posicionassem e até aderissem à luta contra o racismo, e eu acho que aderiu muito menos gente do que a gente gostaria, mas este era um viés interessante da juventude negra. (Reginaldo Bispo, entrevista em abril de 2014)

Nas várias formas de apropriação da temática entre os jovens negros, existiram diversas formas de ação política. Thais Zimbwe, uma das organizadoras do I ENJUNE, que passou por uma experiência no Governo Federal (2009 e 2010), fala sobre a decisão da assunção da pauta do genocídio entre os jovens negros nesse evento:

> Na época, a gente tinha essa coisa da... O ENJUNE se baseava nas "Novas perspectivas... [para a militância étnico-racial]", e aí, no encontro, a gente viu que o grande gancho era a violência, tanto que o fórum surge com esse novo slogan, né, o combate ao genocídio.
> [Paulo César Ramos: Ah, muda no ENJUNE?]
> É, porque naquela conjuntura não era só a violência policial, eram várias áreas, acesso à saúde, acesso à educação, sua prática religiosa, os direitos humanos, são várias formas de violência. (Thais Zimbwe, entrevista em 21 de junho de 2013)

Houve um papel estratégico na tematização dos homicídios em torno do ENJUNE, pois seus organizadores associaram um tema a uma base inicial de comunicação, segundo Thais Zimbwe:

> A gente conseguiu aglutinar muitas pessoas neste sentido, através da rede de cultura em torno do hip-hop. Na época, como a gente tinha pouca experiência nesses processos mobilizatórios, a gente sempre chamava as pessoas para essa revolução política.
> [Paulo César Ramos: Baseado em quê?]
> Era assim, a pauta que unia era o combate à violência. (Thais Zimbwe, entrevista em 21 de junho de 2013)

Note-se aí a passagem da chamada, ou do "slogan", como chamou Thais Zimbwe, de "Novas perspectivas para a militância étnico-racial" para "Combate ao genocídio da juventude negra". Para ela, a próxima etapa da militância jovem deveria ser cumprida com base no diálogo com o Poder Público e com a demanda por políticas públicas. Da mesma forma pensava Nazaré Cruz, ex-coordenadora do Fórum Estadual de Juventude Negra do Pará:

> No momento do ENJUNE, a gente descobre muitas coisas, a gente se mapeia, mas o nosso compromisso era sair com aquele documento [relatório final] debaixo do braço e o transformar em política pública, porque nós viemos, discutimos, aprovamos e tínhamos o que queríamos. A nossa tarefa era transformar aquilo em política pública. Era apresentar pros estados, apresentar pro Governo Federal, era apresentar para todas as esferas. Era dizer: "Olhem, a juventude negra se reuniu, formulou, discutiu, escreveu e tá aqui, é isso que a gente quer. A gente quer isso como política pública, pra que parem de morrer estes jovens." Na verdade, a gente se dá conta, no EN-

> JUNE, que esse genocídio, que tudo aquilo que acontecia no nosso entorno, na nossa periferia... Pois a gente não entendia muito bem por que aquelas pessoas que cresceram com a gente não estavam mais. Por que a maioria daquelas pessoas tinha morrido? Por que a maioria daquelas pessoas tinha sido presa? E a gente passou a entender que aquilo tinha uma causa, e que era os jovens negros. E, no ENJUNE, a gente tinha esta noção. E a gente teve a percepção de que a gente tinha uma responsabilidade, que era parar com a morte destes jovens negros. Para sobreviver. Para superar as estatísticas. (Entrevista em 1º de dezembro de 2012)

Ainda que fosse consenso utilizar a pauta “contra o genocídio da juventude negra”, presenciei divergências quanto ao que fazer com o resultado do ENJUNE. Claudio Thomas, conhecido como Tom, um dos idealizadores do ENJUNE, protagonizou um episódio que demonstrou a discordância em relação aos objetivos. No dia 4 de dezembro de 2007, em São Carlos, na UFSCar, houve o lançamento do Fórum Paulista de Juventude Negra, sob a coordenação de Jaqueline Lima Santos (ligada ao MNU e ao hip-hop) e de Julio Tumbi Are (ligado ao hip-hop e às religiões de matriz africana).

Havia uma proposta de transformar aquele momento em uma plenária de adesão à I Conferência de Políticas Públicas de Juventude, que recebia propostas de segmentos juvenis organizados. A proposta recebeu a adesão de alguns militantes presentes e foi defendida por Latoya Guimarães, jovem negra feminista ligada ao Coletivo de Entidades Negras (CEN). Tom fez a defesa em contrário. Quando votadas, venceu a posição defendida por Latoya Guimarães. Após o anúncio do resultado, Tom foi à frente do plenário e, com o microfone na mão, defendeu o fim daquele encontro, propôs que todos os militantes do MNU se retirassem do local. Foi o que alguns fizeram, e a plenária seguiu com menos pessoas. Como eu tomei nota da posição em minhas anotações de campo, entrevistei-o, a fim de entender qual era exatamente a sua contrariedade.

> O ENJUNE tinha outros objetivos, como a Rede de Comunicação de Juventude Negra... Mas eu também não era simpático à ideia de que tinha que estar em agenda do governo, institucional. Achava que o trabalho tinha que ser de formação, de trabalho de base, focado no genocídio. É o que eu defendo ainda hoje. (Entrevista em 4 abril de 2013)

A tematização dos homicídios feita por esses jovens, portanto, tinha mais de um sentido. Além defender as políticas públicas em função de uma agenda institucional, havia a proposta de criar uma rede de comunicação e, ainda, realizar trabalhos, projetos de formação política em territórios para jovens negros.

Os primeiros passos para uma organização de jovens negros

Alguns dos entrevistados lembram como foram as primeiras reuniões de organização do ENJUNE. Notadamente, militantes de RJ e SP, em maioria do Movimento Negro Unificado. Entre a construção do ENJUNE (2005-2008), participação em conferências e no Conjuve, e a discussão de uma política pública, é possível notar a transformação das formas de viabilizar a participação social e militância política. Diversas organizações contribuíram para esta mobilização, entre sindicatos, ONGs, governos municipais, diretórios acadêmicos.

Por exemplo, Claudio Thomas nos conta que utilizou a estrutura do Gabinete da vereadora Claudete Silva (PT-SP) para organizar atividades ligas ao ENJUNE (entrevista de 4 de abril de 2013); a prefeitura de Guarulhos cedeu estrutura para debates, alojamento (com colhões em uma quadra poliesportiva) e alimentação (no restaurante popular municipal) para a organização do Encontro Estadual do ENJUNE de São Paulo. O sindicato dos trabalhadores da Unicamp apoiou viagens de ônibus para militantes pelo estado de São Paulo.

Já a participação em conferências e no Conjuve é garantida pelo próprio governo federal. Esta fase de participação tem características diversas da anterior, em que as viagens são de avião, e diárias para custos de deslocamento, hospedagem e alimentação. Isto é produto de reflexão entre militantes que se manifestam até mesmo pelas redes sociais contrapondo momentos distintos de seu ativismo.

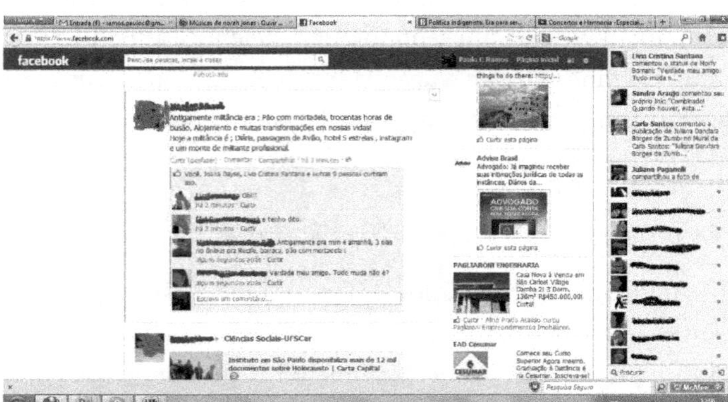

Thais Zimbwe (entrevista em 21 de junho de 2013) confirma ser possível profissionalizar-se no tema da juventude negra, mas que os apoios foram chegando aos poucos e, no início, a participação era autofinanciada:

Aí cada um arrumava sua forma de chegar [à reunião]. Quem tinha militância estudantil chegava via movimento estudantil, se estava no partido, via uma forma via partido. Quem não tinha isso começava correr uma sacolinha e ia... E aí todo mundo chegava. A gente conseguia descobrir que ia sair um ônibus de tal universidade e tantos por cento das vagas são para pessoas que não são estudantes, então cola lá. Então a gente ia organizando. E nestes espaços presenciais a gente tomava estas decisões. Isso foi bem bacana porque a gente não tinha essa experiência, essa facilidade de apoio de governo pra viagens, era uma outra lógica. Eu me lembro quantas vezes eu mentia pra minha mãe e dizia que tinha que fazer coisas em São Paulo pra conseguir a grana da passagens. Quantos gabinetes de vereador e de deputados estadual a gente foi pedir dinheiro pra apoiar para compra de uma passagem [...]. Então a gente ia trocando experiência e ia conseguindo, então a gente acionava muitas vezes... alguns DCEs apoiaram muito a gente, alguns deputados estaduais apoiaram muito a gente, alguns vereadores, organizações do movimento negro, organizações que não eram do movimento negro. Eu trabalhei muito tempo no IBASE, que é uma organização branca, e eles apoiaram demais, não com dinheiro, mas outros tipos de apoio, papel, cópia... E a gente ia se virando. Essas boas práticas a gente ia reproduzindo e dando o toque pra galera. Conforme o processo foi crescendo, a gente começou a não ter mais que procurar estes apoios, estes apoios começaram a aparecer. Então organizações como a Friedrich

> Ebert começou a se oferecer pra ajudar, a [fundação] Kellog apareceu pra ajudar.
> Apareceu a própria SEPPIR falando: "olha, a gente quer conhecer o que isso... por que que a gente não apoia?"[4] (Thais Zimbwe, entrevista em 21 de junho de 2013)

O outro duplo da juventude negra: os mais velhos

A construção da alteridade entre os jovens negros atuantes nesses espaços ocorre por dois vieses: o dos chamados "nossos mais velhos" e o das "organizações brancas". São duas marcas que estão no antagonismo do que o ENJUNE classificou como "Novas perspectivas para a militância étnico-racial", a fim de antagonizar com as velhas práticas.

Para construir e organizar, por exemplo, o I ENJUNE, frequentemente essas tensões vinham à tona, pois, ainda que fosse espaço de jovens negros, havia militantes "mais velhos". O caso mencionado pela ex-coordenadora do FONAJUNE de São Paulo Jaqueline Lima Santos (entrevista em 7 de fevereiro de 2013), algo que ocorreu durante a preparação do Encontro Estadual de Juventude Negra do Estado de São Paulo foi emblemático. O episódio aconteceu em uma discussão sobre uma etapa preparatória para o encontro estadual, em um grupo de e-mails de que participavam ativistas de todo o estado. Essa etapa preparatória ocorreu em Li-

4 A fundação Kellog, posteriormente apoiou uma campanha contra o Extermínio da Juventude Negra em 2010, de acordo com a entrevista com Samoury Mugabe; o Ibase indicou uma jovem negra para sua representação no Conjuve (2009-2012) e a Fundação Friedrich Ebert manteve uma ação de apoio a lideranças jovens negras durante alguns anos, cuja diretora do projeto passou a ocupar a coordenação Nacional do Plano Juventude Viva.

meira. Como em outros encontros, alguns militantes mais velhos participaram. Nesse caso, um militante experiente contribuiu ativamente com as discussões, intervindo, opinando, propondo.[5]

Quando uma versão do relatório do encontro (feita por um jovem) foi encaminhada para a lista de e-mails da organização do ENJUNE, a fim de que os presentes em Limeira pudessem opinar e fechar a versão final, o mesmo militante experiente propôs alterações. O jovem autor do relatório colheu as informações e enviou, dias depois, a versão final do documento (sem as alterações sugeridas pelos mais velhos).

Na sequência, o mesmo militante experiente questionou a ausência de suas contribuições, e o jovem coordenador respondeu que elas não fariam parte do relatório por serem de autoria de uma pessoa adulta. Após alguns dias de tensa discussão (tudo via e-mails), o relatório não passou por alterações e ficou apenas com as contribuições dos jovens.

> Saudações,
> Gostaria de tirar algumas dúvidas e fazer algumas colocações:
> Essas propostas que André [nome fictício] traz no e-mail são fruto do debate juvenil ou seriam as suas propostas para o eixo relacionado ao trabalho?
> Sabe o motivo principal de restringirmos a participação dos mais velhos no processo? Não é por não querermos dialogar com eles, o motivo é que nesse momento, quando um adulto com sua experiência vivenciada dentro do movimento negro se posiciona em um debate como esse, inibe o jovem

5 Discussão em debates do grupo de e-mail <enjuneestadualsp@yahoogrupos.com.br>.

> de se posicionar, prejudica o andamento e as resoluções do processo. Nessa situação, os mesmos poderão participar das plenárias e das rodas de discussão como observadores ou moderadores, entendendo que somente cabem as proposituras à juventude negra participante do eixo temático. Se não for dessa forma, perde o caráter de encontro juvenil, pois suas propostas serão construídas por outros/outras que não se enquadram nesse perfil. Sabemos da existência e do acúmulo dos debates relacionados a cada eixo temático construído durante toda a história de resistência negra brasileira, mas nesse momento queremos captar única e exclusivamente os olhares juvenis sobre todos esses eixos que o ENJUNE se propõe a discutir. Caso alguma proposta não tenha sido citada, conforme o andar do processo e as relações que teremos com outros setores do movimento negro, como no Congresso [de negras e negros], poderemos nos contemplar ou agregar as propostas ao projeto maior que o congresso de negr@s irá desenvolver. Por isso, solicito que, nas próximas instâncias do ENJUNE, em qualquer parte do Brasil, possam levar em consideração essas reflexões, fazendo com que principalmente os mais velhos permaneçam ajudando no processo de construção e realização do encontro, como André vem fazendo no processo de Campinas e região (28 de abril – compareçam!), mas deixando sua juventude livre para desenvolver essa nova página da nossa história de forma autônoma e independente.

Segundo argumentou o jovem coordenador, por ser um encontro juvenil, só o que os jovens dissessem seria incluído e considerado válido, pois haveria de se respeitar o "protagonismo afro-juvenil". Os dois contendores eram da mesma organização do movimento negro, o MNU, mas não houve entendimento, uma vez que alinhavam-se a outras posturas quanto à condição etária dos sujeitos. Além da premência da condição juvenil para organizar o debate, notamos a necessidade de o jovem ter palavra própria e poder falar por si mesmo, pois esta é uma questão política em um encontro de juventude negra.[6]

A identidade é uma necessidade política, diria Stuart Hall (2011, p. 104), que adquire importância para movimentos políticos em suas formas modernas e para a questão da agência.

> É o ponto de encontro e de *sutura*, entre, por um lado, os discursos e as práticas que tentam nos "interpelar", nos falar ou nos convocar para que assumamos lugares como os sujeitos sociais de discursos particulares e, por outro lado, os processos que produzem subjetividades, que nos constroem como sujeitos aos quais se pode "falar". (HALL, 2011, p. 111-112)

Assim, a ideia de posicionamento etário e racial em espaços de movimentos sociais converte-se em uma agência identitária de jovens negros, seja frente a jovens brancos, com demarcações relacionadas à cor da pele, seja frente a pessoas negras mais velhas, com demarcações relacionadas à idade. A questão da fala ganha relevo com esse posicionamento a partir de discursos. Isso está presente em dinâmicas dos espaços de movimentos po-

6 Sendo ambos da mesma organização, há a possibilidade de estarem reproduzindo nesse debate alguma cizânia interna. Nesse caso, a manipulação da categoria etária fica ainda mais interessante.

líticos, como o que aconteceu na Conferência Estadual de Igualdade Racial, em 2005.

Os dois dias da conferência contaram com mesas de debate sobre vários temas, – um deles era o da juventude negra. Nenhum jovem negro foi convidado para compor a mesa de debate com direito à fala. Diversos ativistas questionaram a ausência de jovens negros para falar a respeito de juventude negra – entre eles havia muitos jovens. Nenhuma resposta foi oferecida (como convidar imediatamente um jovem negro para fazer parte da mesa, tendo assim o mesmo reconhecimento do protagonismo juvenil que os outros participantes da bancada).

No momento final da conferência, num momento de eleição de uma delegação que representasse o estado de São Paulo na Conferência Nacional de Políticas de Igualdade Racial, novamente foi feito o apelo para que houvesse jovens no grupo. A despeito do apelo juvenil, na única chapa validada submetida aos votos da maioria dos conferencistas, não havia nenhum jovem. Entretanto, lida a lista dos eleitos pela coordenação do evento, um dos jovens presentes foi até a frente da mesa diretora da conferência e, num ato público, queimou o crachá que o designava membro daquele coletivo, na tentativa simbólica de destruir a legitimidade do espaço.

No Encontro Estadual de Juventude Negra de São Paulo, ocorreu mais um momento de demarcação etária. Um dos idealizadores do ENJUNE, reconhecido amplamente por diversos atores (inclusive por entrevistados nesta pesquisa), passou por duas ocasiões em que foi excluído de importantes momentos do processo de organização da juventude negra. A primeira foi não ter estado nas mesas das etapas estadual (em Guarulhos, em 5 de julho de 2007) e nacional (em Lauro de Freitas, na Bahia, de 25 a 27 de julho de 2007) do ENJUNE, sob o argumento de ter mais de 30 anos. Passadas as duas etapas, ele se pronunciou e registrou seu desagrado na lista de e-mails do ENJUNE de São Paulo, propondo novas diretrizes de diálogo.

Essas demarcações identitárias fundadas nas diferenças etárias não podem ser vistas, entretanto, como uma repulsão sistemática aos militantes identificados como "nossos mais velhos", pois em diversas entrevistas é manifestada admiração, respeito e reconhecimento pelas pessoas que chegaram antes.

O tema (ou lema) do I ENJUNE foi "Novas perspectivas para a militância étnico-racial"; quando perguntei para Thais Zimbwe qual era o significado da frase, ela respondeu:

> A base desta afirmação é pegar essa ancestralidade, toda esta experiência do movimento negro, entender que a gente é fruto do movimento, que a gente é parte do movimento negro, a gente não poderia ser uma unidade à parte, a gente bebeu e bebe desta fonte. Mas que estávamos... por nossa própria conta... definindo novas diretrizes para nossa atuação política, à luz de uma nova conjuntura, de uma nova sociedade, de um novo tempo, que nós íamos definir nesse nosso encontro. (Entrevista em 21 de junho de 2013)

Nesse momento simbólico, com as impossibilidades de fala e do reconhecimento identitário do jovem negro em espaço político do movimento social negro, a identidade adquire um valor de necessidade política que posteriormente agenciou os sujeitos ali presentes. Foi necessário recorrer a essa dupla oposição para fazer a intersecção que deu origem à ideia de juventude negra, o que acabou por edificar um conjunto de ações coletivas que puderam construir um espaço público em torno dos problemas dos homicídios.

O outro duplo da juventude negra: as organizações brancas e a institucionalidade

Na I CNPPJ, foi registrada, em pesquisas com grupos focais, a percepção de que a conferência havia sido partidarizada, assim como é o Conselho Nacional de Juventude (Conjuve) – ambos sob a hegemonia dos partidos de esquerda, como o PCdoB, que dirige a UNE desde o início dos anos 1990, e o PT, que dirige o Governo Federal desde 2003. De acordo Castro e Abramovay (2009), na CNPPJ, 50% dos participantes eram filiados a algum partido político; em relação à participação dos presentes em movimentos sociais, as entidades do movimento negro figuram em terceiro lugar, depois dos movimentos estudantis e dos grupos com temática rural.

Um dos grupos focais da pesquisa tinha como tema a juventude negra, e no que diz respeito à crítica à participação tradicional, chamam a atenção os depoimentos colhidos. Neles, saltam aos olhos falas avessas à chamada "participação institucional", ou "partidária", tão presente na conferência. A pesquisa relata que a juventude negra está descrente de partidos políticos e que as questões da juventude negra não importam para essas organizações (CASTRO; ABRAMOVAY, 2009, p. 56). Os partidos políticos "não priorizam os problemas vividos pela juventude negra" (CASTRO; ABRAMOVAY, 2009, p. 57).

O Quilombola, cuja temática tem fortes conexões com os movimentos negros, foi outro grupo focal. Ali também foi manifestado (CASTRO; ABRAMOVAY, 2009, p. 59) o ceticismo em relação à institucionalidade, na figura do Estado – mais especificamente, na sua "formatação" (CASTRO; ABRAMOVAY, 2009, p. 58).

Como parte de um setor importante que circula pelo movimento negro, os militantes do hip-hop fizeram questão de, ao assumir sua filiação partidária, dizerem-se independentes politicamente e colocar o hip-hop à frente do partido (CAS-

TRO; ABRAMOVAY, 2009, p. 61-62). Cabem ainda duas observações: a) considerar que o público entrevistado é composto por militantes, pessoas que com frequência razoável lidam com partidos políticos e ainda podem estar filiadas a um deles; e b) a pesquisa *Juventudes: outros olhares sobre a diversidade*, na qual foi entrevistado um público escolhido aleatoriamente, constatou-se que a grande maioria não tem nenhuma ligação partidária e que 84,6% dos jovens declararam não confiar nos partidos políticos.

A mesma convergência de identificação entre os jovens como negros ocorreu na avaliação da atuação de juventudes partidárias em relação à juventude negra. Em uníssono, jovens negros que participaram de grupos focais disseram que os partidos políticos não colaboram na discussão/agenda das questões relacionadas à juventude negra.

Porém, é possível que o mesmo jovem negro que participa de um grupo focal, no qual se critica a atuação de uma organização estudantil ou partidária, faça parte também de um partido ou de uma entidade estudantil. Metade dos participantes estão filiados a algum partido político, segundo a mesma pesquisa; essa fração indica que, sendo 45% a parcela de jovens brancos presentes na conferência, e que nem todos estes são filiados a partidos políticos, entre os jovens negros também deveria haver filiados a partidos políticos, como asseguram nossas informações de observação de campo. Ocorre, portanto, um duplo posicionamento de vários jovens, a depender do tema a ser debatido. Ou seja, eles podem ter ligações com partidos, mas os criticam, se posicionando como juventude negra.

Essa crítica aos partidos políticos, portanto, opera a partir de um deslocamento (HALL, 1995) da posição identitária do jovem. Isto é: ele pode ora se identificar como jovem filiado a um partido, ora pode se identificar como jovem negro.

As estratégias de identificação movem-se entre campos distintos, ou seja, se posicionam quanto à religiosidade, à atuação partidária, ao pertencimento étnico-racial etc. Dessa forma, pode-se ao mesmo tempo ser um "jovem negro, comunista, umbandista do Jacintinho" (bairro periférico de Maceió), assumindo uma identidade multifacetada (BRAH, 1996).

"Foi a primeira vez que me senti humana"

"Foi a primeira vez que me senti humana", disse-me Jaqueline Lima Santos, ex-coordenadora do Fórum Paulista de Juventude Negra, que participou dos encontros do ENJUNE. Para Hannah Arendt (1995), a ideia de falar/ser ouvido está intrinsecamente ligada à de fazer política, de criar espaços públicos, de iluminar "tempos sombrios" e construir mundos comuns.

A relação existente entre a ação humana no mundo e o ato de falar e ser ouvido pode ser considerada uma ação política (ARENDT, 1995). A autora articula três ideias para descrever o que é a ação política que permite que as "luzes pousem sobre as pessoas" e, assim, as humanizem: a ideia de eu/ação; a ideia de mundo/espaço; a ideia de falar-ouvir. Assertivamente, ela define que o espaço público é o espaço criado pela ação humana de falar e ser ouvido.

"Antes, quando nós íamos para espaços de juventude, tínhamos que ir discutir nos espaços da questão racial; quando íamos para espaços de movimento negro, íamos discutir na 'juventude'; no ENJUNE, eu pude discutir o quanto e o que eu quisesse". (Jaqueline Lima Santos, entrevista cedida em 7 de fevereiro de 2013). A ideia de constituir um espaço para jovens negros, inicialmente, foi a opção que se conseguiu para encontrar a dimensão integral da humanidade desses sujeitos.

"O mundo está entre as pessoas, e esse espaço intermediário – muito mais do que os homens, ou mesmo o homem (como geralmente se pensa)" (ARENDT, 1995, p. 14). A construção desse espaço de jovens negros certamente marca a passagem de um momento "sombrio" para um momento em que se joga luz sobre as mentes e produz verdade, pois é com a "palavra que nos inserimos no mundo humano" (ARENDT, 1995, p. 189):

> E na invisibilidade, nessa obscuridade onde um homem que aí se escondeu não precisa mais ver o mundo visível, somente a cordialidade e a fraternidade de seres humanos estreitamente comprimidos podem compensar a estranha irrealidade que assumem as relações humanas, onde quer que se desenvolvam em ausência absoluta de mundanidade, desligadas de um mundo comum a todas as pessoas. (ARENDT, 1995, p. 24)

Para Jaqueline Lima Santos, a ideia da visibilidade em função da construção de uma identidade coletiva permitiu a restituição da humanidade, como se fosse alçada à integridade de sua existência por poder falar de todo e qualquer assunto, e não apenas da juventude ou da questão racial. Estar presa a esses dois assuntos, ou a essas duas frações da sua existência, fazia com que ela não se sentisse humana, e assim faz sentido a passagem de Frantz Fanon: "o que eu quero é libertar o preto de sua pretitude" (FANON, 2008, p. 28).

"Mais preto que todo mundo": as cores da juventude negra

Como em outros movimentos sociais, houve uma discussão sobre a questão da definição da identidade política da juventude negra, que associava nomenclaturas por cores ao posicionamento político e a interações sociais. Os momentos relatados pelos entrevistados ocorreram antes do acontecimento do ENJUNE, do engajamento concreto em agendas institucionais, como o que ocorreu no Conjuve. De acordo com Thais Zimbwe, até se chegar a um consenso sobre a nomenclatura do ENJUNE, houve "muitas e muitas e muitas discussões, porque eram muitas compreensões sobre etnicidade, ancestralidade, identificação social, negros, pardos, mulatos, afrodescendentes, pretos..." (Thais Zimbwe, entrevista cedida em 21 de junho de 2013).

Um desses momentos relatados pode ser ilustrado com a discussão ocorrida no grupo de que se chamava Rede Afro-Jovem, em 2005 e 2006, quando se discutia quem era negro do ponto de vista "social".

> Tinha uns paus muito besta [na rede afro-jovem]... Tinha uma outra crise de quem era branco, você mesmo, ele ia dizer, não... esse... Pra você ter uma ideia, nós ficamos uma cara discutindo uma tal de [nome da pessoa] que eu nem sabia quem era. Bom, eu defendi [que ela era negra], porque muitos do meu grupo diziam que ela era preta [...], e vários diziam que não... e o pau comia, comeu durante várias reuniões, e a coisa não andava! Aí, um dia, eu levantei e perguntei: "Quem é a Fulana que vocês estão falando?" Quando me disseram que era ela, eu falei: "Não, gente, parou, parou a brincadeira, vocês estão de palhaçada..." Olha, a menina é do grupo, não tem condições um negócio desses. [Paulo César Ramos: E ela estava lá, estava presente?] Ela estava presente.
> [Paulo César Ramos: E quais eram os argumentos?] Era de que socialmente ela era branca, em certos espaços ela não seria negra. (Entrevista de Samoury Mugabe, em 31 de janeiro de 2013)

Outra forma de classificação ligada ao posicionamento político estabelecia que preto eram aqueles vinculados a pautas mais "radicais", de "favelado", e que negros eram "moderados", intelectualizados". O grupo que debatia isso localizava-se na grande São Paulo e se chamava 4P (acrônimo para a repetição da letra P na expressão "Poder para o povo preto"), no fim da década de 1990.

> O 4P era uma ideia porque todos os manos... O Racionais apontou isso, o DMN e outros manos que estavam apontando a questão racial... O Black Panthers estava lançando a questão do preto e não do negro, e aí a gente... Quase que foi um consenso geral discutir a questão pelo foco do preto e não do negro, e não sendo um divisionismo, como pregaram na época, mas sendo uma questão de identidade mais nítida. Se o negro era moderado e se ele fazia um discurso meio intelectualizado, o preto fazia um discurso favelado, maloqueiro, de rua, de periferia. Isso não foi uma questão do DMN, mas eles sintetizaram bem com a música do 4P deles,[7] tanto

7 "É 4P, Poder Para o Povo Preto Para o Povo Preto/ A voz mais bonita do mundo, eu sei de quem é/ dilema nacional axé/ se soubesse o valor que a sua raça tem, tingia a palma da mão pra ser escura também/ o rei do domínio da bola é Pelé/ a rainha do samba é Quelé/ quem não viu aplaudiu o pulo de João/ arrancaram a cesta quem foi quem?/ girou de cabeça, eu vi o sucesso dos Jacksons no mundo inteiro/ cineasta inteligente Spike Lee/ o mundo inteiro ainda pede blues/ Djavan usa jazz pra falar de amor/ saudoso Bob Marley, viva a Jamaica/ filhos da mãe África/ rasta troca de poderes e orgulho de ser preto é 4P. (refrão) No primeiro assalto Tyson, eu pisquei e não vi/ 1.500 metros não é fácil/ rei dos palmares, Zumbi/ então Poder Para o Povo Preto que é bom e o nosso povo tem direito eu/ Não acredito no contrário só não vê quem não quer/ Guitarra, rock Hendrix/ 4Ms eu digo, Marcus, Malcoln, Mandela, Martin Luther King Jr. talvez não perceberam ainda que a nossa história é tão rica mas que ouro é um tesouro em ideal e coragem não é sonho nem miragem na verdade, é 4P.

> é que a gente não era conceito de virar marca, nem produto; isso daí, né?, era uma ideia... E aí a gente começou a participar dessa ideia. Rapidamente, a gente se encontrou com o pessoal da Posse Hausa, que aí já era um braço do hip-hop e do movimento negro organizado do ABC, com o Honerê e o Keto. Eles já eram do MNU, e a gente teve longos debates sobre questão negro e preto... E a gente sempre resolvia assim: "Olha, mano, seja do negro, seja do preto, do crioulo, do que for, na hora que surgir guerra, *nóis tá* unido. Anderson 4P Silva. (Entrevista em 14 de março de 2013)

Essas duas formas estavam inseridas em contextos de debates políticos que iriam definir futuras atividades de jovens negros organizados, mas que não seriam utilizados de modo exclusivo ou excludente. Por exemplo, a viagem da delegação paulista para o I ENJUNE, em 23 de julho de 2007, ocorreu em um ônibus fornecido pelo Sindicato dos Trabalhadores da UNICAMP, com o apoio da Prefeitura de Campinas. Foram 39 jovens de diversas cidades do estado que passaram cerca de 24 horas dentro do ônibus, e muitas interações ocorreram. Entre discussões menos formais e outras distrações, tocava-se samba, alguns improvisavam rimas, bebia-se, comia-se, dormia-se, conversava-se – atividades normais em uma viagem longa em um ônibus fretado para um grupo específico.

Um dos temas das conversas foi as cores da juventude negra – não era este o termo que utilizavam, mas é como chamo aqui. Para falar, em tom jocoso, de uma pessoa que fosse muito pigmentada, dizia-se "último tom"; para alguns de pele mais clara, valia "afrobege" ou "afropardo"; havia, também, o "claro que é preto". Ironicamente, surgiu o termo "o irmão que é vermelho", para designar jovens negros filiados a partidos de esquerda.

Não foi feito nenhum encaminhamento organizativo quanto a essas classificações, o que eu considero uma forma de incluir diferenciando as posições que cada um tem quanto à sua cor ou à sua posição política. Mas há, certamente, implicações que estas classificações marcam, como a ligação partidária - e mesmo quanto o pertencimento étnico-racial. Ao falar dos desafios de organizar o I ENJUNE, Thais Zimbwe lembra que um deles dizia respeito a contemplar a diversidade dos jovens negros a serem incluídos. Uma das características era dar a atenção adequada para os diversos setores, por exemplo, os mais ou menos pretos:

> A gente sempre teve a preocupação de apresentar várias vozes e várias caras. A gente sempre teve a preocupação de ser um coletivo, várias pessoas de vários estados, ter a diversidade, homens, mulheres, [região] Norte, [região] Sul, ou [a reclamação de que] é sempre o Sudeste, é sempre o Nordeste... Ou então a Bahia sempre acha que é "mais preto" que todo mundo. (Entrevista em 21 de junho de 2013).

Novamente com um pouco de jocosidade, o ser "mais preto que todo mundo" significa arrogar mais legitimidade para poder falar sobre o assunto por parte dos militantes da Bahia, tida por o centro simbólico da negritude - ou agora seria pretitude? - no Brasil.

Se o termo negro aparece mais em espaços institucionalizados e incorpora o elemento pardo, o termo preto é utilizado para fazer oposição e marcar a radicalidade de quem está mais próximo do povo pobre, das periferias e para recusar as mediações com o branco e com a institucionalidade que o elemento pardo oferece através do "negro".

"Estamos por nossa própria conta": a voz da juventude negra

Assim como em outros espaços, a lista de e-mails era um espaço em que problemas podiam aparecer para serem solucionados. Muitas vezes, problemas de ocupação de espaços eram decididos à luz de quem seria representativo, no sentido de enquadrar-se na condição juvenil e racial. Ser negro, como vimos, estava ligado ao posicionamento político.

Fora das condições etárias e raciais, as tensões poderiam ocorrer, mas não pela participação das reuniões, dos eventos ou mesmo das listas de e-mails. As tensões ocorriam quando um indivíduo fora das condições anteriormente descritas fosse representar a juventude negra como delegado em encontros, conferências, comissões ou mesmo quando alguém fora das condições de jovem *e* negro fosse falar, conferenciar, palestrar etc. sobre o tema da juventude negra. Assim, só poderia falar *de juventude negra* quem fosse *jovem e negro*.

Ocorre uma postura muito semelhante com o que Steve Biko uma vez escreveu: "Nós estamos por nossa própria conta". Esta frase foi muito evocada para dirimir conflitos e superar contendas entre militantes, de modo a reforçar a solidariedade e os laços afirmativos entre os participantes, fazendo com que a responsabilidade coletiva pelos problemas e soluções acerca do tema da juventude negra devesse ser protagonizada pelos próprios jovens negros.

Ela apareceu até mesmo para definir a tarefa de protagonismo a que jovens negros engajados no ENJUNE se propuseram, exposta no lema "Novas perspectivas para a militância étnico-racial":

> A base desta afirmação é pegar essa ancestralidade, toda esta experiência do movimento negro, entender que a gente é fruto do movimento, que a gente é parte do movimento negro, a gente não poderia ser uma unidade à parte, a gente bebeu e bebe

> desta fonte (...) mas que estávamos (...) por nossa própria conta (...) definindo novas diretrizes para nossa atuação política, à luz de uma nova conjuntura, de uma nova sociedade, de um novo tempo, que nós íamos definir nesse nosso encontro (Thais Zimbwe, entrevista em 21 de junho de 2013).

Nesse sentido, a identidade ganha força e pertinência. Esses sujeitos precisam de identidade – para a agência e para a política. A "crise de identidade" sobre a qual reflete Hall nos dá elementos de como o direito a Self é importante para juventude negra.

> Um tipo distinto de mudança estrutural está transformando as sociedades modernas no final desse século, fragmentando as paisagens culturais de classe, gênero, sexualidade, etnicidade, raça e nacionalidade que nos deram localizações sólidas como indivíduos sociais. Estas transformações estão também modificando nossas identidades pessoais, enfraquecendo o próprio sentido de nós mesmos enquanto sujeitos integrados. Esta perda de um sentido de Self é algumas vezes chamada de deslocamento ou de descentramento do sujeito. Este conjunto de duplos deslocamentos – descentrando indivíduos tanto de seu lugar no mundo cultural e social, quanto de si mesmos – constitui a crise de identidade "para o indivíduo". (HALL, 2011, p. 82)

Se, para alguns, se nota a crise de identidade, no caso dos jovens negros, porém, tratou-se de encontrar-se com "si mesmo", com um Self coletivo que oferece suporte para articulação de mais de uma dimensão identitária de sua identidade, a de jovem e a de negro.

A ATUAÇÃO EM ESPAÇOS INSTITUCIONAIS

> O risco de ser assassinado no Brasil é 2,6 vezes maior entre adolescentes negros do que entre brancos. Em cada grupo de 10 jovens de 15 a 18 anos assassinados no Brasil, sete são negros. A raça também representa 70% na estimativa de 800 mil crianças brasileiras sem registro civil. Entre os indicadores negativos, os negros só perdem para a população indígena na taxa de mortalidade infantil. São as/os jovens negras/os que recebem os salários mais baixos do mercado e também os primeiros a serem escolhidos na hora da demissão. No caso das jovens negras, são as que mais morrem nas clínicas de abortos clandestinos, vítimas do descaso do nosso sistema público de saúde. E essas mortes são intencionalmente esquecidas e até mesmo banalizadas, para que não sejam vistas como ações programadas.
> Manifesto dos jovens negros presentes ao seminário "Em defesa da vida e contra o Genocídio da Juventude Negra", de novembro de 2009.

Procuramos verificar de que maneira a atuação de organizações da sociedade civil de jovens negros ocorre em conselhos de juventude, a fim de apresentar os problemas vivenciados por esses segmentos e apreender, junto aos agentes estatais, a dimensão da violência contra jovens negros e a categoria racial como ordenadora da ação política. Mais uma vez, a agenda do Conjuve é formada pela necessidade de os jovens falarem por si mesmos, e o problema dos homicídios torna-se central para a ação política desses atores.

Tanto a questão racial quanto a participação de jovens negros se fortaleceram ao longo do tempo, com a criação de agendas específicas de debates internos, aproximando organizações que não eram oficialmente do conselho, até a chegada de uma jovem negra à presidência do Conjuve, Ângela Guimarães.

> Comecei a contribuir com este debate em 2003, primeiro ano do governo Lula. Em 2004 participamos das atividades do Projeto Juventude, do Instituto Cidadania, e de audiências e consultas públicas da Câmara dos Deputados, iniciativas que subsidiaram o desenho institucional da inédita Política Nacional de Juventude, lançada em 2005, que incluiu a criação do Conjuve. Neste primeiro mandato do conselho, os representantes foram indicados pelo presidente Lula e, já no seguinte mandato, concorri pela Unegro e fomos eleitas para a gestão 2007-2008. Daí, renovamos nas duas gestões seguintes e saí no começo de 2011, para assumir a Secretaria Adjunta da SNJ. (Entrevista em 28 de maio de 2014)

Essa perspectiva ancora-se nos debates entre esfera pública, movimentos sociais e sociedade civil (COSTA, 1994), nos quais a dimensão comunicativa da atividade política confere aos agentes (tanto da sociedade civil quanto dos movimentos sociais) o poder de identificar, junto aos agentes estatais, um problema social e elevá-lo à condição de problema político:

> Em primeiro lugar, membros do sistema político, como os ocupantes de cargos públicos, distinguindo-se, entre estes, aqueles que dependem e os que independem do respaldo popular para

> influenciar a formulação da pauta política. Os outros atores vinculados à amalgamação dos temas públicos pertencem à sociedade civil, e transportam, nesse caso, "situações-problema" emergentes no nível das relações cotidianas, do mundo da vida, para o plano público. (COSTA, 1994, p. 46)

Nossa compreensão sobre os conselhos de participação setorial é a de que se tratam de arranjos institucionais que proporcionam aprofundamento da democracia com base no confronto entre Poder Público e sociedade civil, na medida em que permitem o surgimento de novas pautas, a fim de garantir direitos já formalizados e de conquistar novos direitos (DAGNINO, 2004; ALMEIDA; TATAGIBA, 2012).

Ao longo do desenvolvimento das atividades do Conjuve sobre jovens negros, verificamos que os homicídios sempre ganharam uma abordagem ampla e genérica, sem que houvesse encaminhamentos sobre o problema de modo direto e objetivo, sob as alcunhas de "violência", "mortalidade", "extermínio", "genocídio", "defesa da vida".

Não se trata apenas de uma leitura dos registros das reuniões do Conjuve, pois este conselho tem outros expedientes de funcionamento, os quais permitem o acompanhamento dos debates internos: comissões permanentes; Grupos de Trabalho temporários; moções de apoio ou repúdio; realização de seminários, debates, conferências nacionais, entre outros eventos. Descreveremos a seguir os diversos eventos nacionais acerca da intersecção entre raça e idade – juventude negra – do Conselho Nacional de Juventude, a começar pela I Conferência Nacional de Políticas Públicas de Juventude (CNPPJ).

Conselho Nacional de Juventude

Breve histórico do conselho

O Conselho Nacional de Juventude foi criado em 2005 pela Lei nº 11.129 e,

> tem a participação do governo, especialmente das áreas que desenvolvem ações voltadas para a população jovem, de organizações e personalidades identificadas com a juventude e com políticas públicas voltadas para a população jovem. É composto de 60 membros, sendo 40 da sociedade civil e 20 do Governo Federal. Foi implantado em agosto de 2005, em solenidade realizada no Palácio do Planalto. O conselho tem como finalidade formular e propor diretrizes da ação governamental voltada à promoção de políticas públicas para a juventude e fomentar estudos e pesquisas sobre a realidade socioeconômica juvenil.[1]

No momento da escrita deste texto, o conselho passara por três gestões (de 2005 a 2007, de 2008 a 2009 e de 2010 a 2011) e estava na sua quarta (2012 a 2013). Entretanto, foi na passagem da segunda para a terceira (de 2009 para 2010) que mudanças mais importantes na forma de composição ocorreram.

A primeira gestão foi composta por membros exclusivamente indicados pelo Poder Executivo – mesmo os representantes da sociedade civil. Em agosto de 2005, quando da posse da primeira gestão, a então Secretaria Adjunta da Secretaria

1 http://www.planalto.gov.br/secgeral/frame_juventude.htm. Acesso em 29/09/2021.

Nacional de Juventude, Regina Novaes foi eleita primeira presidenta do Conjuve.

A dedicação desta gestão ocorreu muito em torno da elaboração de políticas. Em novembro de 2006, houve a publicação do documento *Política Nacional de Juventude: diretrizes e perspectivas*, além de sua apresentação no seminário nacional homônimo realizado na cidade de Niterói, no Rio de Janeiro, que proporcionou um debate a respeito de seu conteúdo.

A primeira eleição do Conjuve aconteceu em novembro de 2007. Foram eleitas 58 organizações, entre titulares e suplentes. Os membros representantes do Poder Público foram indicados pelo Executivo.

Em 2008, no mês de abril, houve a realização, em parceria com a Secretaria Nacional de Juventude, da Etapa Nacional da I Conferência Nacional de Políticas Públicas de Juventude. Esse evento foi precedido por amplo processo participativo, que reuniu 400 mil pessoas nas 27 unidades da federação e em mais de 800 municípios brasileiros. A CNPPJ elencou 22 prioridades, das quais a primeira é uma das marcas da entrada da questão racial entre as PPJ: "Reconhecimento e aplicação, pelo Poder Público, transformando em políticas públicas de juventude as resoluções do I Encontro Nacional de Juventude Negra (ENJUNE), priorizando as mesmas como diretrizes étnico/raciais de/para/com as juventudes" (CASTRO; ABRAMOVAY, 2009).

Em seguida, o Conjuve criou o Grupo de Trabalho "Juventude Negra e Políticas Públicas", com o objetivo de levantar as ações do Poder Público voltadas à juventude negra e fazer um balanço destas à luz das resoluções do ENJUNE.

Com o objetivo de comprometer os agentes governamentais, a sociedade civil e os candidatos às eleições municipais de 2008 com as Políticas de Juventude, nos meses de julho a setembro desse ano circulou pelo Brasil o Pacto pela Juventude:

> O manifesto do pacto teve como base as resoluções da I Conferência Nacional de Juventude e as Diretrizes e Perspectivas elaboradas pelo Conjuve. O pacto realizou um total de 123 atividades, sendo cinco de caráter nacional e 118 atividades nos estados e municípios, abrangendo as 27 unidades da federação. (CONJUVE, 2009)

Em novembro de 2008, aconteceu o I Encontro Nacional de Conselhos de Juventude, com a participação de Conselhos Municipais, Conselhos Estaduais e Comissões Organizadoras das Conferências Estaduais de Juventude.

Os dias 25 e 26 de setembro de 2009 simbolizam uma data importante, pois realizou-se a I Conferência Livre Nacional de Comunicação e Juventude (Confecom). Diversas propostas relacionadas à juventude foram aprovadas pela conferência. No mês de novembro, ocorreu o I Seminário Nacional Políticas Públicas de Povos e Comunidades Tradicionais e Juventude, na cidade do Rio de Janeiro. O seminário Políticas Públicas de Juventude: a favor da vida, contra o genocídio da juventude negra resultou na elaboração de um manifesto contra o genocídio dos jovens negros.

Em dezembro de 2009, o Conjuve realizou a II Assembleia Pública de Eleição da Representação da Sociedade Civil no Conjuve. Entre titulares e suplentes, foram eleitas 67 diferentes organizações. No ano de 2010, ocorreu a segunda edição do Encontro Nacional de Conselhos de Juventude, reunindo 250 participantes em Brasília. Neste encontro, também se deu a posse da nova gestão do Conjuve.

A intensificação da campanha pela aprovação da PEC da Juventude no Senado Federal foi uma das principais ações da nova gestão. Pela primeira vez, o Conjuve utilizou a estratégia de mobilização virtual, com uma campanha via Twitter. Essa iniciativa teve grande adesão de ativistas dos direitos da juventude e ajudou formar opinião entre os senadores. Em julho de 2010, a Constituição Federal foi alterada por essa PEC, que incluiu o termo "jovens" na Carta Magna, com aprovação no Senado Federal.

Uma nova edição do Pacto pela Juventude foi elaborada, de agosto a outubro de 2010, por entidades da sociedade civil que compõem o Conjuve. Em setembro do mesmo ano, conselheiros do Conjuve participaram da oficina Combate à Mortalidade da Juventude Negra, realizada pela Secretaria Especial de Políticas de Promoção da Igualdade Racial.

Nos dois últimos meses de 2010, ocorreram o III Encontro Nacional de Conselhos de Juventude e a reunião que elegeu novo presidente do Conjuve – em novembro e em dezembro, respectivamente. Apenas no segundo semestre de 2011 uma jovem negra foi eleita presidenta do Conselho Nacional de Juventude. Indicada para compor o pleno do Conjuve pelo Poder Público, Ângela Guimaraes também era secretária adjunta da Secretaria Nacional de Juventude. Contudo, antes de compor o conselho via Poder Público, ela foi representante da União de Negros pela Igualdade na cadeira de juventude negra.

Documentos de referência

Cabe aqui seguir o percurso do tema da questão racial relacionado ao da juventude e questionar sobre o quanto os dilemas entre reconhecimento e redistribuição estão presentes nessa trajetória, assim como o quanto é central o papel que as diferenças operam para constituir um sujeito jovem de direitos.

> Se os tempos modernos se caracterizaram pela busca da igualdade por meio da consagração de direitos individuais, no mundo contemporâneo a

> matriz política é definida pelo reconhecimento e valorização da diferença e das identidades coletivas. No caso das juventudes, a necessidade de articular a busca da igualdade individual de condições com a valorização da diferença é atributo essencial para a afirmação de direitos e, consequentemente, para a elaboração e implementação de políticas públicas. Nesse sentido, o primeiro passo é evitar o uso de um par de oposição (bastante comum e inadequado): igualdade x diferença. O oposto de igualdade é desigualdade e não diversidades. (CONJUVE, 2006, p. 7)

É notável a tendência que há em declarar a juventude no plural. Entretanto, há uma distância entre o que apregoam documentos oficiais acerca da pluralidade e o que Brah (1996) chama de "multi". Tratar a juventude como juventudes permite o reconhecimento interno de alguma diversidade, mas sempre impõe a premência da dimensão juvenil.

Se a preocupação com o reconhecimento das diferenças na categoria juventude não se figura com vigor nas ações governamentais, nos espaços de participação e controle social observamos outro cenário. Já temos como exemplo disso o supracitado Conselho Nacional de Educação e o parecer à Lei nº 10.639/2003. O Conselho Nacional de Juventude também aborda o tema em outros documentos.

Em 2005, o documento *Política Nacional de Juventude: diretrizes e perspectivas*, do Conjuve, já chamava a atenção para a questão da maior *vitimização* da juventude negra em relação à branca. O texto dizia que, entre brancos, "a taxa de homicídios é de 20,6 em 100 mil; na população negra, a taxa é de 34 em 100 mil, isto é, a proporção de vítimas de homicídios entre a população parda ou preta é 65,3%" (CONJUVE, 2006, p.81).

O mesmo documento recomendava que, para este problema, era preciso:

> aprimoramento e ampliação de políticas universais; b) desenvolvimento de políticas específicas de enfrentamento e prevenção da violência juvenil; c) estabelecimento de uma instância de gestão específica, em cada nível de governo, responsável por fazer diagnóstico, análise e articulação no conjunto de ações de prevenção à violência de juventude, inclusive naquilo que compete às políticas universais. (CONJUVE, 2006, p. 83)

O documento também aponta:

> a maior vulnerabilidade da população jovem negra em relação ao mercado de trabalho e à educação. Entre os/as jovens de 15 a 17 anos, 8,2% só trabalham. Este número sobe para 9,3% entre os negros/as, e desce para 7,2% entre os brancos/as. Na faixa etária entre 20 e 24 anos, o número de negros/as que declara apenas trabalhar é superior ao número de brancos.
>
> Negros e negras também são menos remunerados. Dados do Censo de 2000 apontam que, para aqueles que possuem rendimento mensal, com idade entre 15 e 24 anos, 8,7% dos brancos/as não possuem nenhum rendimento, enquanto essa percentagem é de 12,4% entre os negros/as; 59,3% dos brancos/as declaram receber até 2 salários mínimos, entre os negros/as esse número é de 71,3%; e entre aqueles que recebem mais de 5 salários mínimos, os brancos/as perfaziam 6,7% e os negros/as apenas 2,3%. (CONJUVE, 2006, p. 95)

Para combater esses problemas, o Conjuve recomenda:

> criar mecanismos que enfrentem a discriminação racial e de geração por parte de instituições públicas, em especial da polícia, de modo a constituir padrões de respeito à dignidade, à vida e aos direitos de jovens negros/as.
> Criar programas e projetos destinados, especificamente, à promoção dos direitos econômicos dos/das jovens negros/as, de modo a garantir renda e a ocupação de cargos e postos de trabalho destinados exclusivamente à população branca.
> Criar mecanismos de fiscalização do mercado de trabalho, para garantir a igualdade de direitos e oportunidades, bem como políticas contra a discriminação na busca, acesso e permanência e promoção dos/das jovens negros/as no mercado de trabalho. (CONJUVE, 2006, p. 99)

Outra importante produção do Conjuve foi o documento *Reflexões sobre a Política Nacional de Juventude* (2011), elaborado em fins de 2010. Questões como diversidades na condição de reconhecimento das diferenças passam a ocupar espaço importante entre as reflexões sobre as necessidades do segmento social juvenil:

> São diferentes formas de se viver a condição juvenil, entre eles critérios socioeconômicos, étnico raciais, culturais, de identidades religiosas, de gênero, orientação sexual, de deficiência e, também, das regiões geográficas, dentre outros aspectos.
> [...] É possível verificar que, dependendo das condições juvenis acima citadas, uma parcela significativa dos jovens convive com diferentes

> situações e vivências em relação aos direitos civis, políticos, econômicos, sociais, culturais e ambientais, garantidos constitucionalmente, revelando a dificuldade em garantir equidade e justiça social e apontando para diferentes necessidades e possibilidades no que se refere à implantação das políticas públicas voltadas a esse segmento populacional. (CONJUVE, 2011, p. 83)

Esses elementos da condição juvenil, sustentados por uma noção de reconhecimento, seriam, segundo o conselho, imprescindíveis para elaborar e implementar políticas públicas para a juventude:

> Em termos gerais, quando se fala em políticas públicas de juventude, em especial no que tange à noção de vida segura, é preciso considerar que as demandas e as necessidades relacionam-se tanto com questões mais gerais e comuns da sociedade quanto com aspectos de reconhecimento e compreensão das diversidades existentes no contingente populacional. (CONJUVE, 2011, p. 84)

Para o caso específico da juventude negra, o problema mais premente é o da "morbimortalidade", por isso seriam urgentes políticas a fim de solucionar o problema, ressaltando a dimensão racial como importante para a temática da vitimização da juventude:

> Compreende-se que mesmo existindo ações no âmbito governamental que incidam sobre a violência juvenil focalizando a juventude negra [Projeto Farol], aspecto que demonstra preocupação por parte do Poder Público, elas não são suficientes para se apreender que a questão da morbi-

> mortalidade da juventude negra é orgânica e endêmica, nem compreender a questão racial como um aspecto relevante para as políticas públicas, revelando a necessidade de mais investimentos nas políticas de enfrentamento e prevenção da violência juvenil. (CONJUVE, 2011, p. 88)

Como foi dito no início do documento, a principal manifestação da juventude negra nos espaços institucionais de participação e controle social está ligada aos altos índices de mortalidade de pessoas de 15 a 29 anos da cor preta ou parda, dita nos termos políticos do movimento social "Contra o Genocídio da Juventude Negra". Vemos a preocupação com as mortes de jovens negros refletida no Conselho Nacional de Juventude:

> A taxa de homicídios da população negra tem sido historicamente bem superior à da população branca, o que indica a existência de maior vulnerabilidade dos jovens negros e urgência de investimentos para garantir seus direitos e combater o preconceito e discriminação. (CONJUVE, 2010, p. 27)

O Conjuve também recomenda a necessidade de políticas públicas específicas voltadas para solucionar esse problema: "Ressalta-se a necessidade de políticas focalizadas para os jovens negros, os quais têm três vezes mais chances de serem assassinados dos que os brancos (CONJUVE, 2011, p. 88).

Composição

A importância da composição do Conjuve se revela no que está exposto na descrição de Regina Novaes, no esforço realizado para chegar a um termo sobre esse elemento do Conjuve: "Para a composição do conselho, levou-se em conta levantamentos existentes, pesquisas quantitativas e qualitativas, conteúdo de relatórios, documentos políticos, relatos de experiências e metodologias de trabalho com jovens" (CONJUVE, 2006, p. 261).

Entretanto, vimos também que ocorrem diversas tensões em relação à decisão das definições de modelo/formato/critérios para elaborar essa composição. Para uma organização compor o Conjuve, esta deve passar pelo processo que se inicia com um edital público. A primeira etapa do processo é a inscrição, baseada na documentação. A entidade deve comprovar trabalho na área de juventude, atuação nacional, ligação com o tema em seu estatuto e funcionamento de no mínimo dois anos.

A inscrição é feita em uma das quatro seguintes modalidades: atuação local; fóruns e redes; movimentos juvenis de atuação nacional; e entidades de apoio. Nas duas últimas, a organização candidata deve escolher também a cadeira temática à qual se candidatará: negros e negras; do campo; estudantil; sindical, entre outras. Se a documentação for aprovada, a inscrição é deferida e seguirá para a segunda etapa.

A segunda etapa é a assembleia, realizada em Brasília. Ela é presencial, ou seja, os representantes das organizações têm de participar do evento, e a passagem deve ser autofinanciada.

A eleição é feita por cadeira, entre as candidaturas. Em outras palavras, se para a cadeira de juventude negra houver apenas uma candidatura, ela está automaticamente aprovada. Se houver dez candidaturas, as dez organizações farão uma votação para ver qual delas ocupará a vaga. Há bom entendimento em torno da prática de fazer uma composição entre duas entidades para compartilhar a titularidade e a suplência, no revezamento anual de cada posto. Ou seja, se a juventude negra tem direito a duas vagas (o que significa duas vagas para a titularidade e outras duas vagas para a suplência), quatro organizações poderão ser contempladas com tal acordo.

Composição 2005-2007: indicação do Poder Executivo

O processo público de seleção, entretanto, se iniciou apenas em 2008. De 2005 a 2007, a composição foi feita com base em outros fatores. Essa composição foi diferenciada por duas razões: os membros não foram eleitos, mas indicados pela Presidência da República; as modalidades, que conformam a representatividade do conselho, eram bastante diferentes das gestões seguintes.

1. Educação e Trabalho: reconhecimento de diferentes organizações no campo e na cidade – 9 vagas

1) União Nacional dos Estudantes (UNE)

2) União Brasileira dos Estudantes Secundaristas (Ubes)

3) Associação Nacional de Estudantes de Pós-Graduação (ANPG)

4) Central Única dos Trabalhadores (CUT)

5) Força Sindical

6) Confederação Nacional da Agricultura (Contag)

7) Federação dos Trabalhadores da Agricultura Familiar (Fetraf)

8) Confederação dos Jovens Empresários (Conaje)

9) Brasil Júnior – fomento do empreendedorismo juvenil

2. *Redes religiosas: agregação social e ação cidadã* – 2 vagas

1) Pastoral da Juventude

2) Movimento Evangélico Progressista (MEP) e Conselho Nacional das Igrejas Cristãs (Conic) (membro efetivo e suplente)

3. *Novas presenças atuantes no campo das políticas públicas de juventude* – 12 vagas

1) Organização Brasileira de Juventude (OBJ)

2) Rede Nacional de Organizações de Juventude (Renaju)

3) Rede de Jovens do Nordeste

4) Setor Juventude do Grupo de Trabalho Amazônico (GTA)

5) Rede de Juventude pelo Meio Ambiente (Rejuma)

6) Rede Feminista de Saúde e Direitos Reprodutivos, em seu segmento jovem

7) Grupo de Jovens Estudantes Indígenas do Mato Grosso (suplência: jovem quilombola)

8) Ceafro – Universidade Federal da Bahia (em composição com a ONG Bagunçaço)

9) Arco Íris (do Rio de Janeiro) e Astra (de Sergipe)

10) União dos Escoteiros (Associativismo)

11) Frente Brasileira de Hip-Hop

12) Movimento Organizado Hip-Hop do Brasil (MOHHB) e Nação Hip-Hop (suplente)

4. As ONGs e o terceiro setor: competências, metodologias e temas – 13 vagas

1) Ação Educativa

2) ONG Criola

3) Ibase (Instituto Brasileiro de Análise Socioeconômica) (suplente)

4) Abrinq

5) Fundação Ayrton Senna

6) Grupo de Afinidade de Juventude do GIFE (Grupo de Institutos, Fundações e Empresas)

7) Fundação Gol de Letra

8) Projeto Cidade Escola Aprendiz

9) Contato (Belo Horizonte)

10) Adesc

11) Cultura: Centro de Cultura Popular (SP) e Cuca (suplente)

12) Violência e Paz: o Movimento Viva Rio (RJ) e o Instituto Sou da Paz (São Paulo), e Rocinha XXI e Projeto Casulo (suplentes)

13) Jovens com deficiência: Escola de Gente Comunicação

5. Observatórios e especialistas – 7 vagas

1) Observatório da Juventude da Universidade Federal de Minas Gerais (titular)

2) Observatório da Juventude da Universidade Federal Fluminense (suplente)

3) Pela reflexão sobre a juventude brasileira combinada com ativismo cultural, Marcelo Yuca/Garnizé

4 e 5) Pelo trabalho de pesquisa e atuação junto às organizações juvenis: Helena Abramo/Lívia de Tomassi

6) Pelo conjunto pesquisas e atuação junto à Unesco: Myriam Abramovay/MaryCastro

7) Pelas pesquisas e atuação na questão de violência e junto à mídia: Marcos Rolim/Veet Vivarta

Nessa composição, a ideia de juventude negra não aparece. O que podemos considerar com relação a jovens negros é a partição de duas organizações de hip-hop, sendo duas delas ligadas a partidos políticos (PCdoB e PT), e a ONG Criola, que consiste em uma organização do movimento negro, mas que não carrega a dimensão juvenil como protagonista.

Composição 2008-2009: processo de eleição pública

O processo público, então, só valeu a partir da resolução no 1 de 8 de outubro de 2007, publicada no Diário Oficial da União, seção 1, no dia seguinte, páginas 2, 3 e 4; em 10 de outubro do mesmo ano, dispôs-se sobre o Edital de Convocação da Assembleia de Eleição dos Representantes da Sociedade Civil no Conselho Nacional de Juventude para o biênio 2008-2009.

O Edital estabelecia que o pleno do Conjuve para esse biênio seria divido em quatro categorias:

1. movimentos, associações ou organizações da juventude de atuação nacional, com 20 cadeiras;

2. entidades de apoio às Políticas de Juventude, com 15 vagas;

3. fóruns e redes da juventude, com quatro cadeiras;

4. movimentos, associações ou organizações da juventude de atuação local, com uma cadeira.

As subdivisões eram as seguintes:

1. movimentos, associações ou organizações da juventude de atuação nacional

Vagas	Cadeiras
3	Estudantis
1	Artísticas e culturais
2	Hip-Hop
1	Pela diversidade sexual
2	Religiosos
2	Povos e comunidades tradicionais
2	Juventude do campo
3	Juventude de trabalhadores urbanos
1	Juventude de esporte e lazer
1	Jovens negros
1	Jovens feministas
1	Jovens empresários e empreendedores

2. Entidades de apoio às Políticas de Juventude

Vagas	Cadeiras
1	Direitos humanos
1	Segurança pública
1	Gênero e direitos sexuais e reprodutivos
1	Jovens com deficiência
1	Raça/etnia
1	Tecnologia da informação/comunicação
1	Comunidades rurais, povos e comunidades tradicionais
1	Trabalho e tenda
1	Meio ambiente
1	Orientação sexual
1	Instituições de pesquisa
1	Educação
1	Cultura
1	Saúde
1	Esporte e lazer

Composição 2010-2011: fortalecimento da participação juvenil

Nesta composição, aparece a cadeira para jovens negros, além de serem mantidas duas cadeiras para hip-hop, duas para povos e comunidades tradicionais – para as quais são eleitas, geralmente, quilombolas, indígenas, povos de matriz africana ou povos de terreiros – e uma para raça/etnia. Assim, somam seis vagas com interface com jovens negros, além de mais uma específica para este segmento social.

O processo de eleições públicas para o conselho provocou alterações em sua composição, fortalecendo alguns atores e desfavorecendo a participação de outros. A resolução nº1, de 11 setembro de 2009, publicada no *Diário Oficial da União*, seção 1, em 16 de setembro de 2009, nas páginas 2, 3 e 4, dispõe sobre o Edital de Convocação da Assembleia de Eleição dos representantes da Sociedade Civil no Conjuve para o biênio 2010- 2011 e estabelece as seguintes categorias para a composição do pleno do Conjuve na sociedade civil:

1. movimentos, associações ou organizações da juventude de atuação nacional, com 22 cadeiras;
2. entidades de apoio às políticas públicas de juventude, com 13 cadeiras;
3. fóruns e redes da juventude, com quatro cadeiras (estas vagas, como no edital anterior, não têm especificações temáticas);
4. movimentos, associações ou organizações da juventude de atuação local, com uma cadeira.

As subdivisões são:

1. movimentos, associações ou organizações da juventude de atuação nacional

Vagas	Cadeiras
1	Artísticos/culturais
2	Do campo
3	Estudantis
1	Hip-Hop
1	Jovens empresários e empreendedores
2	Jovens feministas
2	Jovens negros
1	Juventude LGBT
2	Religioso
3	Trabalhadores urbanos
2	Político-partidários
1	Movimento comunitário e de moradia
1	Meio ambiente

2. entidades de apoio às políticas públicas de juventude

Vagas	Cadeira
1	Cultura
1	Educação
1	Esporte, lazer e tempo livre
1	Instituição de pesquisa
1	Jovens com deficiência
1	Mídia, comunicação e tecnologia da informação
1	Povos e comunidades tradicionais
1	Participação juvenil
1	Raça/etnia
1	Saúde, gênero e direitos sexuais e reprodutivos
1	Segurança pública/direitos humanos
1	Trabalho e renda
1	Religiões de matriz africana

O aumento de vagas para organizações de juventude negra na composição do Conjuve merece ser destacado na medida em que poucas foram as alterações e apenas este segmento e o das juventudes partidárias, ampliaram sua representação. Sintetizamos assim os momentos da presença de jovens negros/juventude negra no Conselho Nacional de Juventude:

- indicação de duas organizações negras (CEAFRO e a ONG Criola) no Conselho Nacional de Juventude na gestão de 2005 a 2007;

- colocação de cadeiras para a temática racial (nas categorias de entidades de apoio e de movimentos juvenis) no pleno de sociedade civil no Conjuve na gestão de 2008 a 2009;

- aumento das cadeiras voltadas para a juventude negra no pleno do Conjuve, em setembro de 2009.

Todas as composições do Conjuve, bem como as demandas por alterações na sua composição, indicam o que Novaes (2011) escreveu acerca dos sujeitos de direitos que as políticas devem atender: eles são plurais e assim devem ser reconhecidos. Indicam o reconhecimento das juventudes, no plural, tanto em termos culturais e identitários quanto políticos e organizativos.

Quem decide no Conjuve: jovens negros entre o protagonismo de jovens de partidos

A capacidade de compor maiorias protagonizadas por jovens de partidos políticos está ancorada, sobretudo, na relação que PT e PCdoB têm no Conjuve. Por exemplo, há um entendimento compartilhado pelo senso comum de quem circula por esse espaço de que os dois partidos dividem a direção do conselho em um revezamento anual de ambos nos cargos de presidente e vice-presidente. Até mesmo a eleição de Ângela Guimarães, da UNEGRO, como presidenta do Conjuve passa por esse acordo, sendo ela também uma militante do PCdoB.

Pelo menos desde 2008, no período analisado, isso ocorreu em todas as composições que ocuparam a presidência e a vice-presidência do Conjuve. Em geral, havia um quadro petista, representando a sociedade civil, e outro jovem, ligado ao PCdoB, ocupando o Poder Público/governo.

No entanto, esse processo não é automático nem natural. Há sempre pressões para que outros partidos políticos ocupem as posições de direção, seja por parte de algum movimento social, seja por parte de outros partidos. Muitas vezes, o que define é a capacidade de conseguir a maioria dos votos.

Estive em Curitiba na reunião que decidiu as alterações da composição do Conjuve, e pude acompanhar os movimentos de bastidores. A discussão que ocorreu em torno dessas alterações indicava que ocorria uma oposição entre jovens e não jovens, e muitas movimentações eram protagonizadas por jovens ligados aos partidos políticos que tinham representações por meio de entidades civis (como PCdoB, PT, PPL/PMDB e PSB), que formavam um grupo capaz de construir um cenário de maioria em possíveis votações. A opção a ser afirmada era correspondente ao ser jovem e tratava de impor uma idade de 15 a 29 anos como critério para a ocupação das cadeiras, além de ampliar a representação de movimentos juvenis em detrimento das "entidades de apoio".

Nessa categoria, era forte a presença dos chamados "especialistas", não jovens que, com formação acadêmica e experiência em áreas de pesquisa, por diversas vezes, ocupavam posições de destaque e tinham poder de fala em instituições cujo tema era juventude. Cabia, portanto, retirar desses setores as possibilidades de representação e fortalecer outros que se fizessem representados por jovens, no âmbito dos "movimentos juvenis". Assim, entre os movimentos juvenis, dois setores foram os escolhidos para ter sua representação ampliada: as organizações de juventudes partidárias e de juventude negra – justamente os mais evidenciados em conflito, segundo dados revelados pela pesquisa *Quebrando mitos: juventude, participação e políticas. Perfil, percepções e recomendações dos participantes da I Conferência Nacional de Políticas Públicas de Juventude.*[2]

2 Na ação de fortalecer a questão racial no conselho, entre as discussões que acompanhei, não foi cogitada a possibilidade de ampliar a parti-

Em geral, as organizações que participaram das eleições para ocupar as cadeiras do Conjuve são aquelas que já tinham alguma articulação com os atores desses conselhos, como organizações nacionais do Movimento Social Negro, por exemplo, a Coordenação Nacional de Entidades Negras (CONEN), o Coletivo de Entidades Negras (CEN), o Fórum Nacional de Juventude Negra (FONAJUNE), e aquelas com vínculos a partidos políticos, como a União de Negros pela Igualdade (UNEGRO) e o Coletivo Nacional Enegrecer. Mesmo assim, não visualizei disputas relacionadas à ocupação de cargos, mas um esforço por contemplar aqueles que conseguiram participar da assembleia de eleição. Todas as organizações dividiam o tempo da gestão (de dois anos) em um ano cada uma. Com duas vagas para ocupar durante dois anos, cria-se uma suplência, e quatro organizações podem fazer uma composição e revezar na titularidade, um ano cada.

Sem tergiversar sobre o termo utilizado, "negro" aparece como forte utilidade para a ação política institucional, desposando os termos "afro" e "preto" – este último utilizado para a

---

cipação das organizações ligadas às religiões de matriz africana ou à questão racial, como um todo. Com efeito, há, nessa escolha, a preferência pela participação que favorece os sujeitos jovens e o reforço da categoria "negra". Nesse caso, há uma valorização do sujeito jovem frente à desvalorização do ator não jovem, reconhecido como especialista e não legitimado a falar do tema juventude. Cuidei de verificar, em dezembro de 2013, junto a um dos membros do Conjuve que à época acompanhava as decisões, qual foi o motivo dessa preferência. Disse-me ele que, se algo fosse alterado no campo da representatividade das religiões, poderia haver uma resposta da Pastoral da Juventude (PJ), ligada à Igreja Católica, que passava por um processo de isolamento por aquele núcleo de juventudes partidárias e, por isso, poderia estar descontente. Até aquele momento, a PJ não havia se manifestado quanto a possíveis incômodos, mas era necessário que quem estivesse operando as propostas de alterações da composição não provocasse essa organização, a fim de que a normalidade perdurasse.

ação política de jovens negros em outros espaços e operando a intersecção (BRAH, 1996) entre a idade e a raça.

A ideia de protagonismo como a atuação em que jovens devem falar por si mesmos, representarem-se e tomarem as decisões sobre os assuntos que lhes dizem respeito marca a atuação deles nesses espaços institucionais, seja com a ampliação da participação das cadeiras de movimentos juvenis no pleno do Conjuve, seja pela ampliação da participação de organizações de jovens negros (que não foram eleitas) em espaços do conselho, como os eventos que discutiram Políticas de Juventude Negra.

Discussões sobre juventude negra no Conselho Nacional de Juventude

> Nós realizamos em processo de sedução dos delegados presentes à conferência [I CNPPJ].
>
> Juliano Pereira, entrevista em 21 de junho de 2013

Indicamos aqui os momentos nos quais a juventude negra foi tema nos eventos do Conselho Nacional de Juventude. Em geral, desses momentos participaram organizações que ocupam as cadeiras de juventude negra do Conjuve, organizações das cadeiras "étnico- raciais" do mesmo conselho, organizações convidadas, além dos ministérios a fins.

Figura 4

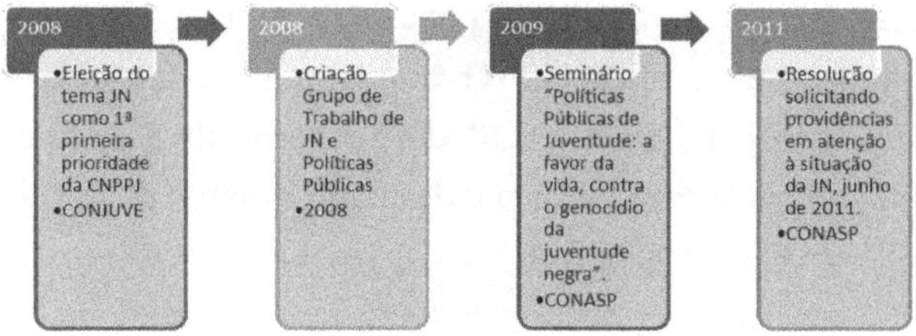

– Momentos de elaboração da Política para Juventude Negra

Possibilidades e limites da atuação no Conjuve

Nota-se certa consequência na ocorrência de eventos em que a ideia de juventude negra aparece no Conselho Nacional de Juventude e em espaços próximos/correlatos, a partir do ano de 2009, quando da reformulação das cadeiras ocupadas por organizações da sociedade civil. Em 2008, quando surgiu a juventude negra como autora da proposta vitoriosa da I Conferência Nacional de Juventude, parece ter desencadeado um processo, ano a ano, que culminou na elaboração de uma política pública nacional, o Plano Juventude Viva, que levou o termo "juventude negra" no seu "sobrenome" (Plano de Prevenção a Violência contra a Juventude Negra).

Não estamos afirmando que a primeira resolução da I CNPPJ inaugurou o tema racial nos debates do Conjuve, mas ela ofereceu maior legitimidade ao tema e foi um marco, como veremos em depoimentos e nos eventos em que estivemos presentes e relatamos aqui. Como disse o ex-secretário executivo do Conjuve, a presença da SEPPIR no conselho, por intermédio de uma consultora, fez com que o tema sempre fosse tratado nas reuniões ordinárias do conselho, de modo a pontuar as especificidades da condição dos jovens negros.

Tanto o fortalecimento do tema nos debates como o posterior surgimento da dimensão racial nas Políticas de Juventude contribuíram para debatermos o que Almeida e Tatagiba (2012) sugerem a respeito da capacidade dos conselhos de impactar outros locais da esfera pública e de seguir adiante com a tematização do problema social, devido ao seu baixo poder institucional e, no caso das Políticas de Juventude, sua "frágil ancoragem institucional e societária" (ALMEIDA; TATAGIBA, 2012, p. 71). No caso em discussão, a própria "juventude" (para não ficar repetindo mais palavras) e a fragilidade institucional das Políticas de Igualdade Racial, de juventude e de juventude negra, como vimos, as disputas, recusas e demais polêmicas.

> Ou seja, as disputas travadas no interior dos conselhos parecem ter dificuldades de extrapolar suas fronteiras e repercutir no ambiente *político-societal* e *político-institucional* de forma mais ampla, o que limita seu poder na conformação das políticas setoriais, com impactos sensíveis sobre sua capacidade de democratizar as políticas públicas. (ALMEIDA; TATAGIBA, 2012, p. 71)

Segundo esses autores, é preciso insistir na dimensão deliberativa dos conselhos, o que ampliaria o poder de interferência no Executivo, mas não é esse o quadro dos conselhos de juventude. Além do mais, as Políticas de Juventude não têm um *status* de primeiro escalão, algo que significaria maior interlocução com o centro das decisões do Poder Executivo Federal.

I Conferência Nacional de Políticas de Juventude

A I Conferência Nacional de Políticas de Juventude reuniu mais de quatro mil participantes, e quase a metade deles associava-se de alguma forma à identidade negra. Segundo a pesquisa *Quebrando mitos: juventude, participação e políticas. Perfil, percepções e recomendações dos participantes da I Conferência Nacional de Políticas Públicas de Juventude* (CASTRO; ABRAMOVAY, 2009), 32,3% se autodeclararam negros; 11,3%, pardos e mestiços; 0,8%, afrodescendentes. Nota-se que a forma de autoclassificação com base em uma pergunta aberta gerou poucos termos classificatórios em comparação a outras situações verificadas Brasil afora, predominando aqui a categoria negra. Ocorrida em abril de 2008, a conferência aprovou como prioridade a implementação das resoluções do relatório do IENJUNE.

A proposta de implementação das resoluções contidas no relatório do I ENJUNE foi a mais votada pelos delegados da conferência, embora houvesse outras, elaboradas por Jovens do Campo, Povos e Cidadania LGBT, Jovens Mulheres, Fortalecimento Institucional da Política Nacional de Juventude

Cabe, aqui, fazer uma diferenciação quanto à organização desses grupos em grupos de sujeitos e de temas. Jovens negros, Jovens do Campo, Cidadania LGBT são diferentes de grupos que tratam de Fortalecimento Institucional da Política Nacional de Juventude e Fortalecimento Institucional do Meio Ambiente e Esporte. De acordo com Danilo Morais, um dos facilitadores do Grupo de Jovens Negros e Negras, em conversa mantida em abril de 2011, houve um debate sobre qual seria o nome desse grupo.

Segundo esse interlocutor, em 2014, conselheiro do Conselho Nacional de Juventude – representando a CONEN –, alguns membros da Secretaria Nacional de Juventude do Governo Federal defendiam que os grupos deveriam apenas ser dedicados aos temas, e não aos chamados "segmentos"; a defesa desse ativista, que estava envolvido no processo de organização da conferência como consultor, foi a manutenção de grupos que nomeassem os segmentos. Dessa forma, com grupos de temas e de segmentos, decidiu-se nomear os sujeitos, havendo assim o reconhecimento de diferenças e da pluralidade em cada uma das chamadas "juventudes". Ainda, de acordo com esse interlocutor, sendo de outro modo, mantendo apenas os grupos temáticos, permaneceria uma visão da juventude como uma questão transversal, diluindo os segmentos entre os diversos temas.

Os mais de dois mil participantes da conferência foram reunidos em 23 grupos, e cada um destes elaborou três propostas que sintetizassem o debate e as reivindicações da juventude em torno do tema a que o grupo se dedicava. Das três propostas, uma era levada para o momento interativo, de deliberação final; lá, era avaliada e submetida aos votos dos delegados. Para que a proposta fosse ao momento interativo, ela deveria primeiramente ser aprovada pelo grupo temático. O Grupo de Jovens Negras e Negros elaborou mais duas propostas além da vitoriosa. A menos votada dizia respeito ao Estatuto da Igualdade Racial, e a segunda colocada tematizava os homicídios e outras violências. Esta proposta foi, portanto, preterida:

> Responsabilizar o Estado e implementar políticas específicas de extinção do genocídio cotidiano da juventude negra que se dá pelas políticas de segurança pública, ação das polícias (execução sumária dos jovens negros/as e tortura), do sistema prisional e a ineficácia das medidas socioeducativas que violam os direitos humanos; e de saúde, que penaliza especialmente a jovem mulher negra.
>
> Aprovação imediata do Estatuto da Igualdade Racial, com a criação de um fundo governamental para o financiamento de suas políticas. (CASTRO; ABRAMOVAY, 2009)

Para Latoya Guimarães, uma das pessoas presentes à CNPPJ, militante do CEN de São Paulo e, posteriormente, conselheira do Conjuve (biênio 2010-2011), foi um erro não escolher a segunda proposta, que tratava diretamente do "genocídio de juventude negra", pois era necessário ir direto ao problema, e a proposta que foi aprovada dava espaço para tergiversação dos agentes do Poder Público.

Samoury Mugabe, um dos conselheiros do Conjuve e membro da Articulação Política de Juventudes Negras, disse-me em entrevista realizada em janeiro de 2013 que essa opção foi feita por se tratar de uma proposta com maior possibilidade de ser aprovada: "As pessoas não sabiam o que era genocídio. E a proposta que fala do ENJUNE é mais objetiva, tem mais legitimidade [por falar diretamente de outro movimento social]".

A proposta, mesmo assim, causou alguns incômodos. A leitura de Latoya Guimarães está concatenada com o que ocorreu no evento de dezembro de 2010, no Rio de Janeiro, no debate indireto entre Martvs das Chagas e Danilo Moreira, bem como com o que um de nossos interlocutores, Carlos Odas, assessor da Secretaria Nacional de Juventude (de 2005 a 2010), disse-me quando o indaguei sobre a aplicação da prioridade da I CNPPJ. Respondeu-me ele com outra pergunta: "Como aplicar uma resolução que remete a um relatório com mais de 100 páginas e que tem mais de 700 propostas?" (Registro de campo de 2009, conversa informal com Carlos Odas).

Outro incômodo manifestado acerca da proposta de jovens negros está na citação, feita na proposta, do I ENJUNE. Quando mencionei essa referência (em julho de 2013) a uma das interlocutoras (paulista, branca e não jovem, vice-presidenta do Conjuve no biênio 2008-2009), ela imediatamente respondeu-me: "Pois é, não é?! Estava lá, bem grande, com todas as letras: ENJUNE!", encerrando a frase com uma gargalhada. Entendi que isso a incomodou ao ponto de ela relembrar esse detalhe e retratar a informação com uma caricatura enfática: o "bem grande" pode ser entendido como algo que está fora do lugar ou com mais destaque do que mereceria.

Assim, a I Conferência Nacional de Políticas Públicas de Juventude não trouxe os homicídios de jovens negros para o tema, opção descartada pelos membros presentes e organizados na conferência. Necessitou-se trazer o tema à tona posteriormente, ainda que de maneira genérica, falando de um problema maior, como relata Ângela Guimarães, em entrevista cedida em 28 de maio de 2014:

> O relatório final do GT Juventude Negra e Políticas Públicas (2010) produziu um relatório dos trabalhos contendo um mapeamento de algumas ações desenvolvidas pelo Governo Federal que possuíam potencial para atender a juventude negra, propondo uma articulação transversal entre vários ministérios da área social. Destaco deste relatório a indicação da necessidade de implementação emergencial de uma *ESTRATÉGIA NACIONAL DE PROTEÇÃO E GARANTIA DA VIDA E DOS DIREITOS À JUVENTUDE NEGRA*, dentro da qual se sobressai a necessidade de um *PACTO PELA VIDA DA JUVENTUDE NEGRA*. Segundo este mesmo relatório, esta estratégia precisaria se espelhar no sistema de proteção e garantia de direitos de crianças e adolescentes, que engloba legislação específica, articulação entre os entes federados, delimitando responsabilidades, criação de instrumentos de fiscalização e controle social atuantes e orçamento específico para suas ações.

Dessa forma, foi possível inserir o tema da juventude negra entre os principais temas a serem tratados pela política pública de juventude. Morais (2013) argumenta que a metodologia do momento interativo foi um dos fatores que possibilitaram esse resultado. Esse fato também é mencionado como uma inovação metodológica pela organização do evento, em publicação posterior. No Caderno de Resoluções, na seção "Uma conferência inovadora", lê- se:

> Os processos participativos possuem grandes dificuldades na sistematização das propostas elaboradas em pequenos grupos e, posteriormente, na aprovação coletiva em plenário. Essas dificuldades geram frustrações nos participantes por dois motivos principais:
>
> • A falta de tempo para uma discussão democrática, devido à grande quantidade de propostas que chegam à plenária final e à falta de identificação dos participantes com as propostas, devido ao "enxugamento" do número de propostas que chegam à plenária final.
>
> Nesse sentido, a utilização do método denominado "momento interativo" possibilitou a superação dessas dificuldades na medida em que permitiu que muitas propostas fossem votadas ao mesmo tempo e possibilitou que todos os participantes pudessem exercer o direito de convencer os demais sem muita restrição de tempo. Outra "vantagem comparativa" em relação ao método usual estava na possibilidade de distribuir votos em mais de uma proposta. Isso garantiu que tanto os grandes consensos sobre questões gerais quanto temas específicos fossem

> aprovados sem necessitar de exercícios de maiorias em plenário.
> Com isso, acreditamos que o momento interativo diminuiu a tensão da disputa entre os participantes, atenuou o impacto das práticas competitivas entre os grupos sem que com isso houvesse perda na politização. Sem dúvida, o resultado mais positivo foi a construção de deliberações amplamente reconhecidas e legitimadas por todos. (CONFERÊNCIA NACIONAL DE JUVENTUDE, 2008)

Embora a organização procurasse diminuir as tensões, nos grupos focais entrevistados na pesquisa *Quebrando mitos: juventude, participação e políticas. Perfil, percepções e recomendações dos participantes da I Conferência Nacional de Políticas Públicas de Juventude*, durante a realização da conferência, houve muitas críticas de jovens negros aos partidos políticos.[3]

---

3 Os homicídios não ganham tanta evidência nesse momento porque, na minha visão, era necessário manter distanciamento da questão da violência, pois havia, por parte de jovens que tentavam construir um campo de políticas públicas de juventude, uma vontade de evitar esse tema (NOVAES, 2011). Em conversas que mantive com uma dirigente partidária durante os meses que trabalhei no Partido dos Trabalhadores (de 2008 a 2009), entendia que discutir a pauta da violência e mesmo a das drogas contrariava a estratégia desse grupo em dois aspectos. Em primeiro lugar, o caminho das políticas públicas de juventude deveria ser, sobretudo, pela conquista de direitos em temas como educação, trabalho, lazer e cultura; em segundo lugar, falar de drogas ou de outras violências poderia "sombrear" outras áreas das políticas sociais, como as políticas socioeducativas, pois nesse caso surgiriam questões como as dos menores infratores e outros temas e abordagens, dos quais era necessário se diferenciar.

O outro dos jovens negros: partidos, estados, organizações brancas

Parece existir certa associação entre juventudes brancas/ organizações brancas/partidos políticos. Castro e Abramovay (2009) demonstram isso em sua pesquisa sobre os participantes da I CNPPJ. Ainda que houvesse - e há - diversas alianças em vários momentos entre jovens negros e outros segmentos de juventude, os jovens negros participantes deste evento estariam descrentes de partidos políticos e acreditam que as questões da juventude negra não importam para estas organizações (CASTRO; ABRAMOVAY, 2009, p. 56). Os partidos políticos "não priorizam os problemas vividos pela juventude negra" (idem, p. 57), algo que o Grupo Focal Quilombola também manifestou (idem. p. 59). Na série de críticas também entra o Estado, sobre o qual recai o descrédito da juventude negra, na sua "formatação" (idem,p. 58). Os militantes do Hip Hop fizeram questão de, ao assumir sua filiação partidária, dizerem-se independentes politicamente e colocar o hip-hop a frente do partido (idem, p. 61-62).

"Quilombo" na I Conferência de Juventude: sedução para conseguir votos

Para Juliano Gonçalves, um dos coordenadores do Fórum Nacional de Juventude Negra de Minas Gerais (entrevista de 21 de junho de 2013) e ocupante da cadeira de juventude negra no Conjuve (biênio 2010-2011), não era possível que a juventude negra passasse desapercebida pelos participantes da CNPPJ devido à estratégia "pouco pensada, mas muito bem executada" da criação de um espaço chamado "Quilombo". Tratou-se de uma estratégia de "sedução" dos participantes para conquistar apoio para a juventude negra, permitindo mesmo certo grau de informalidade nas discussões ("trocando votos por beijos, abraços e afagos etc."). Reuniam-se no "Quilombo" jovens negros, a fim de trançar os cabelos, jogar capoeira, fazer música, o que conferia uma "postura diferenciada" a esses jovens delegados. O Quilombo era "um espaço de troca, de capoeira, de música, de conversa, de convencimento das pessoas da importância do tema da juventude negra".

Para o coordenador mineiro do FONAJUNE, a realização do ENJUNE em julho de 2007 não só o ajudou a destacar-se a fim de que organizasse a Conferência de Juventude em seu estado, mas também o fortaleceu para que, depois, ocupasse outros espaços, além de ter contribuído para que boa parte de delegados da CNPPJ chegassem a participar do ENJUNE.

> Apesar de estarem em dois cenários diferentes, eles se complementam. Eu entendo a possibilidade de eu chegar a ser conselheiro nacional de juventude em 2009, e o que me possibilitou estar na CNPPJ com uma postura diferenciada foi a experiência do ENJUNE. E aí tem uma coisa interessante, a proposta número um, que reflete sobre o relatório do ENJUNE, tem a prioridade no relatório do ENJUNE para poder transformá-lo em políticas públicas, e nós podemos estar bem articulados neste cenário. (Entrevista em 21 de junho de 2014)

Para conseguir essa aprovação, foi preciso dialogar com outras juventudes, pois havia outros grupos organizados em torno de temáticas específicas.

> Nós conseguimos congregar na categoria juventude negra um pouco de cada um destes grupos [...].

> A gente conseguiu convencer a juventude quilombola de que ela era juventude negra e precisava do voto; nós conseguimos convencer as juventudes de partido que a juventude negra era importante para pensar a condição da juventude negra dentro dos partidos; nós conseguimos agregar as questões de gênero e LGBT, pensando que esta juventude negra também era LGBT e mulher.

Assim, se havia alguma tensão entre os segmentos, ela acabou por ser superada no conjunto de outras experiências que não estavam previstas no roteiro metodológico, como as interações descritas em casos como os do Quilombo. Quando questionado sobre a existência de unidade na juventude negra, Juliano respondeu que tanto no ENJUNE como na CNPPJ havia muitas disputas, mas a única questão que unificava todos era a questão do "extermínio da juventude negra".

Grupo de Trabalho de Juventude Negra e Políticas Públicas no Conjuve

O Grupo de Trabalho de Juventude Negra foi instituído na décima quinta reunião do Conjuve, em novembro de 2008, como desdobramento da I Conferência Nacional de Políticas Públicas de Juventude, e os nomes a seguir descritos marcaram presença na oficina que aconteceu em abril de 2009. O GT segue na tendência de apresentar o problema dos homicídios de modo tangencial e pontual ante algo maior e mais geral, gerando propostas até para o ensino superior. A participação nessa reunião não se limitou a organizações oficialmente participantes do Conjuve, contado com a presença dos coletivos Minas da Rima e LGBT Estruturação:

> Estiveram presentes as (os) conselheiras (os) Nadjara Silva (ACBANTU), Kátia Coelho (SEPPIR), Ângela Guimarães (UNEGRO), José Eduardo Andrade (SNJ), Bárbara Souza (SEPPIR), Samoury Mugabe (APJN), Davi Barros (presidente do Conjuve), além de Alex Nazaré (SNJ), Andrea Couto (SEPPIR), Paula Janaína (SEPPIR), Patrícia Bittencourt (Coord. Pol. Promoção da Igualdade Racial em Fortaleza), Christina Batista (Minas da Rima Hip-Hop) e Milton Santos (Coletivo LGBT Estruturação). (CONJUVE, 2009)

Deste evento constavam os seguintes "encaminhamentos":

1. acompanhar a resolução número 1 da conferência de juventude pelo conjunto do Conjuve em função da ação das comissões já constituídas;

2. utilizar a rede de políticas universais para incluir recortes étnico-racial e geracional;

3. acompanhar a execução do PPA e incidirem suas políticas;

4. fazer imersão no conjunto das políticas e programas para a juventude em curso nos diversos ministérios;

5. iniciar diálogo com IBGE para o fornecimento de dados desagregados sobre educação, saúde, emprego etc., com recorte baseado na juventude negra;

6. iniciar diálogo com a Escola Nacional de Administração Pública (Enap) e Universidade Federal de Minas Gerais (UFMG) para inclusão das perspectivas étnico-raciais nos cursos de formação de conselheiros.

Como visto, não houve menção nem a temas específicos nem ao dos homicídios de jovens negros ou da violência contra eles. Esse relatório foi encaminhado para a mesa-diretora do Conjuve e também ao pleno que reunia todos os outros membros do conselho. O relatório foi apresentado pelos membros do GT na reunião do dia 2 de junho de 2009, na décima sétima reunião ordinária do conselho. Após breve debate, decidiram pelos seguintes encaminhamentos:

1. ampliar os trabalhos do GT até a décima oitava reunião ordinária do Conjuve;
2. realizar oficina com gestores dos programas do Governo Federal voltadas à juventude e também com os conselheiros governamentais dos ministérios;
3. assimilar documento final da Conferência de Revisão de Durban com vistas a dar dimensão internacional aos trabalhos do GT;
4. elaborar uma estratégia de comunicação, em parceria com a referida comissão, para fazer enfrentamento à forma como a grande mídia trata temáticas relativas à juventude negra, a exemplo das políticas afirmativas nas universidades;
5. pautar no GT a reformulação do ensino médio e incidir no processo da Conferência Nacional de Educação (Conae);
6. transversalizar a temática do extermínio da juventude negra e encará-la também como grave problema de saúde pública nacional, trabalhando a necessidade de superação dessa violência também nesse âmbito;

7. realizar ações nacionais – nas datas de 12 de agosto ou 22 de setembro – com pautas ligadas à juventude negra, visando ao envolvimento de toda a sociedade;

8. aproximar-se da Comissão de Acompanhamento de Políticas e Programas e demais comissões;

9. incorporar como demandas da Comissão de Acompanhamento do Parlamento a votação do Estatuto da Igualdade Racial, o Projeto de Lei de Cotas nas Universidades, a consolidação do Decreto nº 4.887/2003, que trata da demarcação e da titularização das comunidades remanescentes de quilombos;

10. influenciar no processo de atualização do Plano Nacional de Juventude.

Esse conjunto de resoluções indica algumas temáticas, mas ainda é bastante abrangente quanto à abordagem dos problemas. Os homicídios chegam a ser tematizados sob o nome de "extermínio" no sexto ponto, associando o problema a uma questão de saúde. O evento mencionado no sétimo ponto acabou sendo realizado em novembro de 2009, um seminário intitulado "Políticas Públicas de Juventude: a favor da vida, contra o genocídio da juventude negra".

Samoury Mugabe, um dos que participaram desse momento e conselheiro do Conjuve até 2011, disse ter tido dificuldades para conseguir ampliar a pauta da juventude negra no Conjuve:

> [Paulo César Ramos: Quais foram as dificuldades de emplacar o tema da juventude negra no CONJUVE?]
> O primeiro é este: o problema da juventude negra é só da juventude negra. O principal desafio é conseguir outras organizações, outros grupos como parceiros. Aí eu digo o que eu quero di-

> zer, faço questão: a ação educativa. Pega todas as publicações da Ação Educativa, tem 18 desde a última vez que eu vi; destas, 14 são coisas relacionadas a nós, não sei o que lá de hip-hop, break, quatro elementos do hip-hop, Lei nº 10.639... Tudo relacionado à questão da agenda *preta*. Mas, quando apareciam no Conjuve as nossas questões, diziam que não entendiam muito bem, então que... "Não quero falar sobre o assunto, porque não quero cometer erros"... Tá de brincadeira comigo?! Ganhar dinheiro você pode?! [...] Mas teve algumas vitórias, por exemplo, o Juventude Viva foi uma vitória, não foi uma vitória fácil, muitas vezes naquele conselho eu me sentia totalmente sozinho [na gestão de 2008 a 2009].(Samoury Mugabe, entrevista em 31 de janeiro de 2013)

Novamente, o termo "preto" aparece, a fim de demonstrar diferenças de posicionamento, mas agora informando sobre a condição racial do opositor, que se trata de uma organização branca no interior da institucionalidade.

Seminário "Políticas Públicas de Juventude: a favor da vida, contra o genocídio da juventude negra"

Em 30 de novembro de 2009, o mesmo conselho realizou o seminário "Políticas Públicas em Defesa da Vida da Juventude Negra", com o objetivo de reunir um número maior de organizações da sociedade em torno do debate de políticas públicas que respondessem à demanda colocada pela I CNPPJ. O evento debateu o Índice de Vulnerabilidade Juvenil (IVJV), o racismo institucional no Poder Judiciário, mas não deliberou pela ação conjunta do Poder Público com a sociedade civil.

Nesse seminário, que utilizou o termo "genocídio", alguns jovens chegaram a falar em "extermínio" sem fazer diferenciação expressa. Foi o caso do informe/convocação para mobilização de jovens para o "Dia Regional contra o Extermínio da Juventude Negra", promovido pelo Fórum de Juventude Negra do Rio de Janeiro – o informe circulou no evento (Cf. *Relatório do Seminário*).

O número de representatividade dos atores aumentou no seminário "Políticas Públicas de Juventude: a favor da vida, contra o genocídio da juventude negra", realizado em novembro de 2009. Além dos supracitados, participaram a Coordenação Nacional de Entidades Negras, o Movimento Negro Unificado, o Educafro (de São Paulo), o Fórum Nacional de Juventude Negra (com representantes de Espírito Santo, Maranhão, Bahia, Rio de Janeiro e São Paulo), a ONG Mocambo (do Pará), o CERNEGRO (do Acre), a Rede de Mulheres Negras do Paraná, a Articulação das Negras Jovens (da Bahia), o Instituto Ágere, Fundação Kellog. O Governo Federal também ampliou sua participação com a presença dos Ministérios da Justiça (Secretaria de Direitos Humanos) e da Saúde.

A participação, nesse momento, consistiu basicamente em estabelecer diálogos mais amplos entre sociedade civil e Governo Federal, uma vez que a participação de ambas as partes foi ampliada, e não foi apenas pontual, em momentos específicos de reuniões dedicadas a outros propósitos semelhantes, como as reuniões ordinárias do Conjuve.

Em duas ocasiões, a ideia dos homicídios foi abordada de modo peculiar: em primeiro lugar, quando um dos palestrantes, gestor da Secretaria de Direitos Humanos (Governo Federal) e ativista do movimento negro, com o intuito de demonstrar a proximidade da violência vivenciada pelos jovens negros, afirmou: "Todos aqui conhecem alguém que já foi assassinado".

Nesse momento, um dos presentes, jovem, membro do FONAJUNE de Minas Gerais, apresentou uma canção de sua autoria que levava o nome de um jovem a quem morte esperava, pois algo lhe faltou e ele entrara para a criminalidade.[4]

A outra forma peculiar pela qual os homicídios foram abordados refere-se à defesa da ideia de que o racismo é o propulsor das mortes de jovens negros, pois, de acordo com a militante do Rio de Janeiro, "estes jovens morrem porque são negros". A ideia de que a raça deve ser considerada nos processos sobre homicídios também foi questionada em relação à política de segurança pública pelos militantes jovens negros para um gestor da Secretaria de Segurança Pública, Reinaldo Gomes. Uma das perguntas colocou o racismo institucional da Segurança Pública como a causa das mortes de jovens negros; em outra intervenção, questionou-se a ausência do dado raça/cor na pesquisa apresentada sobre vulnerabilidade juvenil à violência (o estudo que gerou um índice, Índice de Vulnerabilidade Juvenil à Violência - IVJV).

Resolução do Conselho Nacional de Segurança Pública

Em 9 de junho de 2011, o Conselho Nacional de Segurança Pública aprovou uma resolução com o tema dos altos índices de morte entre jovens negros (mostrada pelo Mapa da Violência de 2011). Segundo ela, a probabilidade de morte de um jovem negro, na faixa de 15 a 25 anos, é 127,6% maior que a de um

4 "Linhagem de um Rei/ Escravo de um sistema/ A bênção lhe faltou/ Te tirando de cena eu sei/ Que tua pele negra te faz/ Ser apenas um dado esquecido/ Homem menino/ Sofrido/ Isaac Javé/ Nos olhos um homem de fé/ Que da luz foi retirado/ Seu sangue escravizado/ Isaac Javé/ Nos olhos nos diz o que é/ Um homem menino perdido/ Um corpo desprotegido/ Morrer não dá mais/ A morte te espera em paz/ Homem menino/ Perdido".

branco da mesma faixa etária. A resolução recomendava ao Ministério da Justiça, à Secretaria de Promoção da Igualdade Racial, à Secretaria Nacional de Juventude, à Secretaria Nacional de Direitos Humanos e à Secretaria de Políticas para as Mulheres a instituição de mecanismos que visassem à busca de soluções de políticas públicas no combate à violência letal contra a juventude negra. Essa foi uma iniciativa de duas organizações do movimento negro/juventude negra: o Coletivo de Entidades Negras (CEN), que teve assento no Conjuve no biênio 2010-2011 e esteve presente no Encontro Nacional de Juventude Negra (2007), no Fórum Nacional de Juventude Negra (2008) e na Conferência Nacional de Políticas Públicas de Juventude (2008); e o Fórum Nacional de Juventude Negra, que surgiu no ENJUNE e esteve presente na I CNPPJ, além de participar do Conjuve desde 2010.

JUVENTUDE NEGRA NAS POLÍTICAS PÚBLICAS NO BRASIL: DA UNIVERSIDADE À VULNERABILIDADE SOCIAL

A descrição a seguir baseia-se nos marcos legais e nas ações dos Governos Federais da década de 1980 até hoje voltados para as populações negra e jovem. Procuramos apontar ao longo do texto qual era o contexto vivenciado pelos movimentos sociais afins; entretanto, pela escassez bibliográfica acerca de protagonismos juvenis, não foi possível produzir essa abordagem para o caso das Políticas de Juventude. Procuramos expor descritivamente o quadro do aparecimento e do cruzamento de duas dimensões nas políticas públicas no Brasil. Acreditamos que, se essas pautas surgiram na década de 1990, na de 2000 houve a intersecção das categorias que identificam Políticas de Igualdade Racial e de Juventude. Esse encontro convergiu para a elaboração do Plano Juventude Viva, motivado pelo problema dos homicídios e trazendo o tema da violência para as Políticas de Igualdade Racial.

A fim de problematizar o surgimento dessa categoria na cena pública brasileira e de acordo com o indicado pela bibliografia debatida no capítulo 1, atentamos para a juventude negra como sujeito de direitos (CASTRO, 2011), quando é necessário o reconhecimento de duas dimensões da sua condição, trazendo aqui momentos nos quais a elaboração da política pública tematizou a violência contra esses jovens.

Aqui, os homicídios também não são tratados diretamente pelas políticas; ainda que tenham sido usados como justificativa para a uma das PPJs, foram observados em conjunto com uma gama de problemas e tangenciados por políticas sociais, com o Plano Juventude Viva.

Obtivemos um quadro, nomeado de Políticas Públicas de Juventude Negra, que indica haver duas principais preocupações para jovens negros: de um lado, para os jovens que concluíram o ensino médio, o acesso ao ensino superior; de outro, políticas que se preocupem em atender os jovens em vulnerabilidade, configurando duas situações de extremos, uma de extrema vulnerabilidade de jovens negros e outra de pronta inclusão.[1] Observa-se ainda uma variação no engajamento dos ministérios no que diz respeito à contribuição com políticas públicas que tematizem a violência contra jovens negros, indicando uma variação entre permeabilidade e adesão ao tema entre as pastas.

Se a noção de "protagonismo" vingou até aqui na atuação de jovens negros, a partir de agora a situação se altera com a ausência de atores jovens negros no Poder Público, em cargos de direção relacionados a essa temática (à exceção de dois jovens negros da SEPPIR, de 2011 a 2014). Neste âmbito da discussão da política para jovens negros, optou-se por utilizar a metodologia de Grupo de Trabalho com participação em movimentos sociais, destacada por Lima (2010), iniciada no governo Fernando Henrique Cardoso e utilizada também no governo Lula (LIMA, 2010, p. 78-79).

Políticas de Igualdade Racial

As Políticas de Igualdade Racial têm como marco mais recente o estabelecimento do Estatuto da Igualdade Racial, de 2010, e a criação, em 2003, da Secretaria de Políticas de Promoção da Igualdade Racial, que, em 2008, foi transformada em ministério.

1 De acordo com a PNAD 2012, apenas 50% dos jovens concluíam o Ensino Médio em idade esperada. (Cf. FAJARDO, 2012).

Nova República Brasileira

Anos antes da promulgação da Carta que instituiria a chamada Nova República Brasileira, intelectuais, ativistas e militantes dos movimentos sociais debatiam qual deveria ser a letra sob a qual surgiriam a legalidade democrática e seus novos estatutos de direitos. Hamilton Cardoso declarou, em 1985, que seu desejo era que o Brasil se reconhecesse como

> uma república democrática, federativa, multirracial e pluricultural, cujas populações, formadas por negros, brancos, índios e mestiços, vivem com iguais direitos e condições para seu desenvolvimento autônomo, individual e coletivo, nos estados, territórios e municípios. (CARDOSO, 1985, p. 17)

O texto constitucional não copiou as palavras de Cardoso, mas pode ser considerado algo multicultural (DONNA VON COTT, apud GUIMARÃES, 2006b), pelo reconhecimento aos diversos povos presentes no território nacional.

Dez anos depois do ato que fundou o MNU (HANCHARD apud RIOS, 2012) algumas novidades aconteceram, como a institucionalização do movimento negro: "O protesto afro-brasileiro do fim dos anos 1970 e início dos anos 1980 levara à criação de assessorias e comissões no Rio de Janeiro e São Paulo" (2001, p. 169). Além disso, havia uma diversificação das temáticas e identidades no movimento negro.

> Não só o movimento tinha se modificado, como também a conjuntura nacional estava em mudança: os ventos democráticos assobiavam mais na sociedade civil e nas estruturas estatais. De

> um lado, havia um processo franco de expansão e diversificação do movimento negro, revelado, sobretudo, na formação de novas organizações e na constituição dos coletivos de mulheres negras, que ampliaram o repertório discursivo do movimento, com a inclusão das questões de gênero e sexualidade. (RIOS, 2012, p. 51)

Na década de 1980, época inicial da institucionalização das relações entre Estado e Sociedade Civil, Barcelos (1996) chama a atenção para essa articulação, apontando para o seu aprofundamento:

> A democratização abriu novos espaços para os movimentos sociais. [...] O governador Franco Montoro criou, em 1984, o Conselho de Participação e Desenvolvimento da Comunidade Negra. No Rio de Janeiro, o governador Leonel Brizola nomeou, em 1982, três negros, entre eles tinha uma mulher, para o secretariado estadual, e, na sua segunda administração, em 1991, criou a Secretaria Extraordinária de Defesa e Promoção das Populações Afro-Brasileiras, inicialmente dirigida por Abdias do Nascimento. (BARCELLOS, 1996, p. 207)

Além desses fatos, há também a criação da Fundação Cultural Palmares (Lei Federal nº 7.668/1988), cuja missão é promover a preservação dos valores culturais, sociais e econômicos decorrentes da influência negra na formação da sociedade brasileira.

Em 1991, aconteceu um importante evento para o movimento negro, o I Encontro Nacional de Entidades Negras (ENEN). Sua carta de convocação trouxe um rico leque de informações, com dados e pesquisas para uma análise profunda da realidade da população negra brasileira. Partindo da interpretação de que os anos que a antecederam criaram certo distanciamento do movimento negro em relação à vida cotidiana do povo negro e de que muita coisa mudou, fez-se o tempo de reunir as diversas formas de expressão e de organização, a fim de unificar o caminho, com reconhecimento da diversidade da população negra e com objetivos comuns. O I ENEN também não chegou a propor uma ampla agenda de políticas públicas, mas adiantou alguns debates sobre a conjuntura internacional. A CONEN propunha que todas as posições deveriam ser confrontadas, para, então, o movimento negro poder dizer que havia um posicionamento político (CONEN, 1991).

Para Santos (2006), a institucionalização do movimento negro intensificou-se durante a década de 1990, e na mesma época os movimentos passaram da denúncia à proposição; como marco, destaca o ano de 1995, quando houve a Marcha Zumbi dos Palmares pela Cidadania e a Vida:

> Os anos 1990 representam para os movimentos negros um período de significativa de mudanças institucionais. Até o ano de 1995, após a realização da Marcha Zumbi dos Palmares pela Cidadania e a Vida, organizada por diversas organizações negras em Brasília, as demandas destes movimentos transformaram-se do "denuncismo" para demandas "propositivas". [...] Após este momento, os ativistas passam a propor políticas de inclusão racial e a dialogar com as esferas estatais de modo mais profissionalizado e sistemático. Na ocasião, o governo do então presidente Fernando Henrique Cardoso cria o Grupo de Trabalho Interministerial para a Valorização da População Negra (GTI), a fim de responder de forma mais

> objetiva às demandas e pressões políticas exercidas pelos movimentos negros durante o seu governo. (SANTOS, 2006, p. 242)

Como dito na citação anterior, a formalização do reconhecimento do racismo e a constituição do Grupo de Trabalho Interministerial representam alguma permeabilidade em relação à pauta racial no que se refere ao Poder Executivo. Por outro lado, não se encontram políticas nem projetos que tenham como finalidade a redução das desigualdades raciais – o "combate ao racismo" ou, ainda, a promoção da igualdade racial – ou de violência/mortes/homicídios.

Doutra forma, no ano de 2001 o governo brasileiro tornou-se signatário dos compromissos evocados no documento elaborado em Durban (África do Sul), comprometendo-se a combater a discriminação racial e as desigualdades correlatas.

Pós-Conferência de Durban e as Políticas de Igualdade Racial

As relações das organizações com o Estado sofreram mudanças significativas quando também se considera a passagem para a década de 2000. Após a Conferência de Durban, o marco histórico seguinte ocorreu em 2003, com a criação da Secretaria Especial de Políticas de Promoção da Igualdade Racial (SEPPIR). De acordo com Santos, esse organismo "resulta do aprofundamento das relações político-institucionais entre movimentos negros e Estado [...], sinaliza de forma efetiva a incorporação de demandas de ativistas negros(as) pertencentes ao PT" (SANTOS, 2006, p. 244).

Em Durban, em 2001, o tema da internacionalização do movimento negro ganhou força. Saillant (2009, p. 216) afirma que o Brasil foi protagonista nessa experiência, além de ter a maior delegação, que contava com quadros qualificados para fazer as negociações necessárias. Foi nesse contexto que ocorreu o fortalecimento da proposta de reparação, como explica a autora:

> A ideia de reparação já estava presente ao menos desde os anos de 1950 nos escritos e discursos de certos líderes afro-brasileiros, dos quais o mais célebre foi Abdias do Nascimento (SEMOG; NASCIMENTOS, 2006); na confusão da Conferência de Durban, ela assumiu uma significação nova que teve repercussões sobre as políticas atuais. (SAILLANT, 2009, p. 204)

Ela ainda destaca que esse evento trouxe a ideia de diáspora para o plano do sentimento de pertença. Todos os negros da América Latina estavam lá representados e, além desse "sentimento", o documento de Santiago foi o primeiro, no Brasil, a fazer uso dessa denominação (SAILLANT, 2009, p. 214).

Outro fato importante no cenário foi o surgimento de nações e sociedades pluriétnicas ou multiculturais,[2] produto das reformas constitucionais na América Latina à época. Essas

2 Donna Von Cott (apud Guimarães 2006b, p. 273): "Esse modelo constitucional, que pode ser chamado de multicultural, tem as seguintes características: 1) reconhecimento formal da natureza multicultural de suas sociedades e da existência de povos indígenas como coletividades sociais e subestatais distintas; 2) reconhecimento das leis consuetudinárias dos povos indígenas como leis públicas e oficiais; 3) direito à propriedade coletiva com restrição à alienação ou divisão de terras comunitárias; 4) *status* oficial para línguas indígenas em unidades territoriais de residência; e 5) garantia à educação bilíngue. No caso brasileiro, precisaríamos acrescentar um sexto elemento ao modelo: reconhecimento do racismo como um problema nacional".

Constituições incorporaram, assim, o ideal fundador de nações mestiças e culturalmente homogêneas, vistas como produto da interação biológica e cultural entre europeus, indígenas americanos e africanos:

> Países como Argentina, Bolívia, Brasil, Chile, Colômbia, Costa Rica, Equador, Guatemala, Honduras, México, Nicarágua, Panamá, Paraguai, Peru e Venezuela reconheceram em suas novas Constituições os direitos históricos das suas minorias indígenas. Outros passaram a reconhecer direitos coletivos ou adotar formas de discriminação positiva para minorias negras, tais como o Brasil (Constituição de 1988, Lei nº 7.716, Cotas nas universidades, 2001), a Colômbia (Constituição de 1991 e Lei nº 70 de 1993), o Equador (Constituição de 1998), Honduras, Guatemala e Nicarágua. (GUIMARÃES, 2006b, p. 273)

De acordo com Guimarães (2006b, p. 278), há a consolidação de uma "ampla camada intelectual negra" que, gestada na expansão da educação superior, formada por "quadros profissionais de nível superior, em grande parte autônoma em relação ao Estado, tem como principal fonte de recursos grandes fundações internacionais, igrejas e instituições de direito privado".

A década de 2000, de acordo com Silvério (2009), foi marcada pela superação da contradição do caráter redistributivo da política educacional (SILVÉRIO, 2009, p. 27) e pela opção de poder reconhecer a importância da participação "por uma visão integral e sistêmica da política social, ao menos na sua concepção, na qual a criação da SEPPIR ganha relevância quando analisamos a sua missão" (SILVÉRIO, 2009, p. 28). Para o autor, o reconhecimento das diferenças no âmbito das relações raciais está, portanto, institucionalmente patente. Algumas contradições, no entanto, surgiram, já que esse ministério encontrou dificuldades em cumprir sua missão devido ao orçamento irrisório, à ausência de quadros políticos para a composição da equipe, à forte hierarquização de ministérios - em que a Igualdade Racial entrou em desvantagem - e à discordância em relação ao efetivo impacto do racismo sobre o quadro da desigualdade no país (SILVÉRIO, 2009, p. 29).

Essas são as proposições que marcaram o ano de 2003, com a criação de um organismo estatal ligado à Presidência da República com *status* ministerial, tendo como objetivos:

> Promover a igualdade e a proteção dos direitos de indivíduos e grupos raciais e étnicos afetados pela discriminação e demais formas de intolerância, com ênfase na população negra;
> Acompanhar e coordenar políticas de diferentes ministérios e outros órgãos do governo brasileiro para a promoção da igualdade racial;
> Articular, promover e acompanhar a execução de diversos programas de cooperação com organismos públicos e privados, nacionais e internacionais;
> Promover e acompanhar o cumprimento de acordos e convenções internacionais assinados pelo Brasil, que digam respeito à promoção da igualdade e combate à discriminação racial ou étnica;
> Auxiliar o Ministério das Relações Exteriores nas políticas internacionais, no que se refere à aproximação de nações do Continente Africano. (Portal da Igualdade Racial, BRASIL, [s/d])

Em decorrência disso desenvolveu-se uma série de políticas (Apêndice A) voltadas para comunidades quilombolas, religiões de matrizes africanas, educação, saúde etc., cuja relação com a dimensão juvenil dos públicos atendidos varia de acordo com uma escala elaborada a partir de categorias que Novaes (2011) denominou como universal, preferencial ou específica, que logo adiante serão problematizadas.

Vê-se, pois, que, ao lado de cada ação importante para a população negra, está outra de igual vulto para a história do movimento negro. Também é possível encontrar ao longo do tempo um maior número de canais de interlocução entre sociedade e Estado, até o ponto de sua institucionalização, com a criação de conselhos e a realização de conferências setoriais.

Políticas Públicas de Juventude

Pós-Constituição Cidadã

A juventude não foi contemplada na Constituição de 1988, como também não houve nenhuma referência a outros termos que designassem sujeitos pela faixa etária. Como informa Abramo (1997), demorou até 1995 para que se criasse uma Assessoria Especial para Assuntos da Juventude, vinculada ao gabinete do ministro da Educação. Esse cenário, contudo, foi alterado no final da década 1990 e no início da seguinte. Iniciativas públicas foram observadas, algumas envolvendo parcerias com instituições da sociedade civil, e as várias instâncias do Poder Executivo (federal, estadual e municipal) foram mobilizadas (SPOSITO; CARRANO; 2003, p. 181).

Todos os programas existentes de 1988 a 2002[3] têm a peculiaridade de atingir o segmento jovem de modo não orgânico,

3 Segue levantamento, feito por Sposito e Carrano (2006), dos programas de juventude de 1988 a 2002. Antes de 1995: Programa Saúde do

sistemático. Não têm nenhuma congruência nem consonância em termos de objetivos (SPOSITO; CARRANO, 2003).

O ano de 2001 representou um marco na Política de Juventude, ainda que por fora do Governo Federal e mais localizado no âmbito da sociedade civil, impulsionada pela ação das juventudes organizadas em partidos políticos de esquerda e centro-esquerda que influenciaram a construção de programas de governo em capitais e em pequenos e médios municípios.

Adolescente e do Jovem (Ministério da Saúde), Programa Especial de Treinamento (PET – Ministério da Educação) e Prêmio Jovem Cientista (Ministério da Ciência e Tecnologia). De 1995 a 1998: Jogos da Juventude e Esporte Solidário (ambos do Ministério do Esporte e Turismo), PRONERA (Ministério do Desenvolvimento Agrário), PLANFOR (Ministério do Trabalho e Emprego), Capacitação Solidária e Alfabetização Solidária (Presidência da República/Conselho Comunidade Solidária). De 1999 a 2002: Projeto Escola Jovem, Financiamento Estudantil e Programa Recomeço (Ministério da Educação); Olimpíadas Colegiais, Projeto Navegar e Esporte na Escola (Ministério do Esporte e Turismo); Serviço Civil Voluntário, Plano Nacional de Enfrentamento da Violência Sexual, Programa de Defesa dos Direitos da Criança e do Adolescente e Programa Paz nas Escolas (Ministério da Justiça); Jovem Empreendedor (Ministério do Trabalho e Emprego); Centros da Juventude e Agente Jovem de Desenvolvimento Social e Humano (Brasil Jovem/ Ministério da Previdência e Assistência Social); Prêmio Jovem Cientista do Futuro (Ministério da Ciência e Tecnologia); Piaps e Cenafoco (Gabinete de Segurança Institucional da Presidência da República); Brasil em Ação (Ministério do Planejamento, Orçamento e Gestão); Projeto Alvorada (Presidência da República). Cinco programas não ofereceram informações sobre a data do início de suas atividades: Programa de Apoio ao Aluno Estrangeiro (Ministério da Educação), Reinserção Social do Adolescente em Conflito com a Lei (Ministério da Justiça), Combate ao Abuso e Exploração Sexual (Ministério do Esporte e Turismo), Projeto Sentinela (Ministério da Previdência e Assistência Social) e Projeto Rede Jovem (Comunidade Solidária).

> No elenco desse novo desenho institucional estão localizados também os Conselhos de Juventude, tanto municipais como estaduais, com formatos e funções diversos. Verifica-se que nas percepções há, também, um conjunto de referências ligadas às novas desigualdades e processos de exclusão decorrentes das conjunturas neoliberais que atingem sobretudo o segmento juvenil, e que, por essas razões, são demandadas ações específicas para esses segmentos. (SPOSITO; CARRANO, 2003, p. 28)

Os conselhos e orçamentos participativos surgem como espaços por excelência da atuação anteriormente mencionada. Os autores assinalam que:

> Os desenhos institucionais novos no âmbito da máquina estatal lutam por espaços de reconhecimento, de interferência e de poder diante de estruturas pesadas, burocráticas e já enraizadas na Administração Pública. Por essas razões, é preciso tornar efetiva a capacidade de articular ações e parcerias e evitar que aos organismos reste apenas uma função decorativa e, de certa forma, apaziguadora de uma certa pressão de jovens e demais setores da sociedade civil, quando essa incipiente institucionalidade de forma geral é marcada pela ausência de poder nas relações de governabilidade no interior do Poder Executivo municipal. (SPOSITO; CARRANO, 2003, p. 28)

Percebe-se que a leitura desse período converge para dar visibilidade à ideia de juventude disseminada por entre alguns agentes estatais, embora não tenha encontrado ressonância de modo estruturante nas políticas públicas; ela está presente em diversos programas ou projetos, mas não foi possível conectá-los entre si. Não existe um programa que se pretenda universal ou, ainda, algum programa que seja voltado a determinado segmento juvenil, mas que tenha alcance nacional e procure atacar um problema relevante, como o dos homicídios da juventude.

A institucionalização das Políticas de Juventude

Em 2003, a gestão do Governo Federal mudou. Em 2005, foi elaborado um documento pelo Conselho Nacional de Juventude, sob chefia de Regina Novaes, que descreveu com detalhes os dois primeiros anos no que se refere à temática da juventude; além de ser a primeira presidenta do Conselho Nacional de Juventude, Novaes é estudiosa do tema e produziu diversos documentos orientadores nos anos seguintes:

> Concomitantemente, no Poder Legislativo, em 2003, constitui-se uma inédita Comissão Especial de Políticas Públicas de Juventude [...] [e] elaborou-se uma proposta de emenda constitucional, um Plano Nacional de Juventude e uma proposta de Estatuto da Juventude.
> [...] No ano de 2004, por solicitação do presidente Lula, o ministro Luiz Dulci, da Secretaria-Geral da Presidência, criou o Grupo Interministerial para examinar as políticas dirigidas à juventude [...], que reuniu 19 ministérios e, com significativa participação de técnicos do IPEA, produziu um diagnóstico e fez recomendações para maior integração e complementaridade entre programas e ações governamentais voltadas para a juventude. (NOVAES, 2007, p. 57)

Este processo propiciou a constituição de marcos legais que trouxeram maior institucionalização para as Políticas de Juventude, através da sanção da Lei nº 11.129/2003. São eles a Secretaria Nacional de Juventude, órgão ligado à Secretaria-Geral da Presidência da República; o Conselho Nacional de Juventude, gerido por aquela secretaria; o Programa Nacional de Inclusão de Jovens, voltado para o mercado de trabalho e a escolarização:

> Todos os jovens brasileiros, de 15 a 29 anos, são potencialmente beneficiários da Política Nacional de Juventude. A Lei nº 11.129, vigente desde 30.6.2005, cria: a) a Secretaria Nacional de Juventude, vinculada à Secretaria-Geral da Presidência da República (SNJUV), cuja tarefa principal é articular e supervisionar os programas e ações voltadas para os/as jovens; b) o Conselho Nacional da Juventude (Conjuve), com caráter consultivo, cuja tarefa principal é fomentar estudos e propor diretrizes para a referida política; c) o Programa Nacional de Inclusão de Jovens (o ProJovem), um amplo programa de caráter emergencial voltado para jovens de 18 a 24 anos, excluídos da escola e do mercado de trabalho. (NOVAES, 2007, p. 73)

Há, nesse período, um esforço de apresentar ligações que unifiquem as ações em torno de um propósito. Assim foi com a criação do ProJovem e com a elaboração do *Guia de Políticas Públicas de Juventude*. No elenco de políticas públicas previstas neste guia, como parte desta pesquisa, tentou-se mapear a dimensão racial em cada uma das políticas listadas.

Como demonstrado no guia, o surgimento de marcos legais para as políticas públicas de juventude gerou a criação de outras iniciativas em alguns ministérios, como demonstrado nos Apêndices B, C e D. Com base nas categorias elaboradas por Novaes (2011), o mesmo processo de problematização sobre as Políticas de Igualdade Racial para a questão da juventude, citado na seção anterior, é utilizado a fim de estabelecer a relação entre as Políticas de Juventude voltadas para a questão racial.

Discussões sobre a juventude negra no Executivo

Figura 5 - Evolução das políticas públicas para a juventude negra

Oficina de Combate à Mortalidade da Juventude Negra

Em setembro de 2010, a Secretaria de Políticas de Promoção da Igualdade Racial, em parceria com a Fundação Friedrich Ebert,[4] realizou um evento chamado "Oficina de Combate à Mortalidade da Juventude Negra", com o objetivo de elaborar diretrizes para a constituição de um Plano de Combate à Mortalidade da Juventude Negra. Participaram da oficina: militantes do movimento de juventude negra, representados pelos Agentes de Pastorais Negros, pela Rede Nacional AfroAtitude e pelo Círculo Palmarino – a União Nacional de Estudantes também esteve

4 http://www.seppir.gov.br/noticias/ultimas_noticias/2010/09/secretaria-de-politicas-de-acoes-afirmativas-da-seppir-realiza-oficina-201ccombate-a-mortalidade-da-juventude-negra201d/?searchterm=juventude. Acesso em: 13 de maio de 2013.

presente; técnicos do IPEA; especialistas em direitos humanos e em segurança pública, com interesse em relações raciais; gestores do Ministério da Saúde (esta instituição levou representantes de diferentes áreas – Vigilância Sanitária, Adolescente e Jovem, Saúde da Mulher, por exemplo), da Secretaria Nacional de Juventude e da Secretaria de Política para as Mulheres – no âmbito do Executivo, chama-se a atenção para a ausência do Ministério da Justiça. Além disso, houve a presença de três policiais militares (do Rio de Janeiro, do Distrito Federal e de Pernambuco), o que possibilitou o compartilhamento de informações sobre a ação policial, as taxas de mortalidade de jovens e as políticas públicas voltadas para a juventude negra. Ficou advertida a necessidade de elaborar uma agenda em torno da criação de um Plano de Combate à Mortalidade da Juventude Negra (Relatório da Oficina "Combate à Mortalidade da Juventude Negra", de outubro de 2010, SEPPIR).

Sala de Situação Fórum Direitos e Cidadania

No mesmo ano de 2011, já sob a gestão da presidenta Dilma Rousseff, a Secretaria Nacional de Juventude apresentou ao Fórum Direitos e Cidadania (FDC)[5] a proposta de constituição de uma Sala de Situação de Juventude Negra, com a intenção de construir uma agenda em torno dessa temática. Entretanto, há outras versões sobre quem apresentou a proposta ao FDC. Durante os meses iniciais de 2012, estive em Brasília, frequentando reuniões da Secretaria Nacional de Juventude e da Secretaria-

---

5 "Instalado em 15 de março de 2011, o Fórum de Direitos e Cidadania é a instância responsável, no âmbito do Governo Federal, por promover a articulação política e gerencial das ações voltadas para a garantia e expansão do exercício da cidadania e do desenvolvimento sustentável". (Apresentação do FDC, 25 de novembro de 2011).

-Geral, para a elaboração do que viria a ser o Plano Juventude Viva; o outro ator que se apresenta como o autor da proposta encaminhada ao FDC é a SEPPIR, que também teve atribuições centrais na elaboração dessa política, que tem o chamado recorte racial. A sequência dessa ação, cuja autoria é duplamente reivindicada, foi a elaboração de um diagnóstico nacional sobre homicídios com recorte etário e racial, feito pela Secretaria Executiva da Secretaria-Geral da Presidência da República, e o estabelecimento de uma agenda de debates com um grupo de Conselhos Nacionais, o chamado Fórum Interconselhos:

> O processo de discussão e elaboração do Plano Juventude Viva iniciou-se em julho de 2011 no Fórum Direitos e Cidadania, instância do Governo Federal responsável por promover a articulação política e gerencial das ações voltadas para a garantia e expansão do exercício da cidadania. A Violência Contra Jovens Negros foi eleita pelo conjunto de ministros e ministras que compõem o fórum como uma das questões sociais prioritárias a serem enfrentadas. Ao longo de 2011, o Fórum Direitos e Cidadania debruçou-se sobre o tema. No processo de mobilização e participação social, foram realizadas consultas envolvendo a participação de diversas organizações da sociedade civil.[6]

As reuniões do Fórum Interconselhos foram coordenadas pela Secretaria-Geral da Presidência da República, a fim de dis-

6 Relatório do Fórum Interconselhos, 2012. Secretaria-Geral da Presidência da República.

cutir com setores da sociedade civil organizada a situação da juventude negra durante o período de novembro de 2011 a novembro de 2012.[7] Assim como a decisão de levar o tema ao FDC, o Fórum Interconselhos já passa a ser uma agenda iniciada pelo Poder Executivo, sem haver necessariamente uma provocação dos movimentos juvenis ou do movimento negro.

Juventude e raça: sujeito multifacetado da política pública

A participação dos diversos ministérios do Governo Federal nos eventos era reivindicada pelas organizações através da defesa da aplicação da transversalidade na gestão das Políticas de Juventude. De acordo com essa ideia, todos os ministérios seriam responsáveis por essas políticas. A participação do governo, entretanto, sempre foi segmentada e desorganizada, a considerar, por exemplo, a ausência do Ministério da Justiça, que deveria ser o primeiro a interessar-se por questões relacionadas aos problemas de violência e segurança. Há, portanto, um interesse contraditório do Governo Federal no tema, pois há órgãos institucionais que não participam das ações elaboradas pelo próprio Estado e que até mesmo não reconhecem o problema do homicídio de jovens negros

---

7 http://www.camara.gov.br/internet/sitaqweb/TextoHTML.asp?etapa=5&nuSessao=325.2.54.O%20%20%20%20%20&nuQuarto=96&nuOrador=2&nuInsercao=40&dtHorarioQuarto=17:10&sgFaseSessao=OD%20%20%20%20%20%20%20%20&Data=27/11/2012&txApelido=SANDES%20J%C3%9ANIOR,%20PP- GO&txFaseSessao=Ordem%20do%20Dia%20%20%20%20%20%20%20%20%20%20%20%20%20%20%20%20%20&txTipoSessao=Ordin%C3%A1ria%20-%20CD%20%20%20%20%20%20%20%20%20%20%20%20%20%20&dtHoraQuarto=17:10&txEtapa=.

De todas as ocasiões citadas, o Ministério da Justiça – que deveria atuar em questões voltadas para a segurança e a violência por meio da Secretaria Nacional de Segurança Pública – fez-se presente em dois momentos: em novembro de 2009, para apresentar o índice de Vulnerabilidade Juvenil à Violência (IVJV), quando foi duramente criticado pelo fato de o índice não ser composto por dados relacionados à cor; em janeiro de 2012, para apresentar o PL contra os autos de resistência. Nessa ocasião, chegou ao pleno da reunião que o MJ preparava um Plano para Redução de Homicídios, o que causou impacto negativo entre os participantes e gerou fortes questionamentos, principalmente se dessa vez haveria um recorte racial – preterido na elaboração do IVJV.

Segundo uma das diretoras da Secretaria Nacional de Segurança Pública, em atividade sobre o Plano Juventude Viva, em Brasília, no dia 5 de maio de 2013, os homicídios de jovens negros poderiam ser resolvidos sem que houvesse a necessidade de uma abordagem com recorte etário ou racial: "Quando a gente reduz os homicídios em geral, a gente também reduz os homicídios de jovens negros, não é?" (registro de campo de 2013).

Havia, portanto, um desencontro entre as elaborações de políticas na área de segurança pública. Ainda que jovens negros chegassem a espaços como o Conjuve, não se conseguiu avanços do gênero nem com a Lei nº 10.639/2003 nem com a Política Nacional de Saúde da População Negra. Se há uma variação na definição do problema (genocídio, mortalidade, vida), há uma permanência quanto à denominação do sujeito: trata-se de juventude negra, não só juventude nem só população negra. Não houve nos registros a ocorrência de questionamentos à dimensão juvenil do problema, mas em diversos espaços tentou-se generalizar a questão em torno de toda a juventude – sem que houvesse prosseguimento no debate. No entanto, quando era feito o recorte entre jovens, era certo que eram os jovens racializados como negros.

O Conjuve pôde engajar diversos ministérios, sob a defesa da transversalidade, como a SEPPIR, o Ministério da Educação, o Ministério da Saúde, mas não o Ministério da Justiça, no problema dos homicídios de jovens negros. Essa ausência impõe uma reflexão maior, sobretudo, acerca dos fundamentos da noção de justiça que embasam a ação do Poder Público Federal e, portanto, do Estado brasileiro.

O engajamento dos ministérios ocorreu também em consequência das alterações da formulação do problema: a passagem do termo "genocídio" para a ideia de prevenção da violência foi a chave para haver a construção de uma agenda propositiva que, em seguida, ser tornou um plano nacional.

Num evento que reunia jovens da comunidade de países de língua portuguesa em dezembro de 2010, no Rio de Janeiro, o secretário adjunto de Juventude, Danilo Moreira, foi indagado sobre que respostas o Governo Federal deu para a demanda da I Conferência Nacional de Juventude. Segundo ele, tratava-se de algo de responsabilidade da Secretaria de Promoção de Políticas de Igualdade Racial, pois, se *juventude* era uma questão transversal, juventude *negra* seria responsabilidade da SEPPIR.

A declaração do secretário adjunto de Juventude ocorreu quando não havia representantes da direção da SEPPIR presentes; momentos depois, Martvs das Chagas, um dirigente deste ministério, tomou a palavra e disse que o organismo a dar a resposta sobre a conferência de juventude era a SNJ, e não a SEPPIR, pois se tratava de uma deliberação da conferência organizada por "eles". Por fim, a questão ficou sem resposta, por pelo menos mais dois anos.

A junção de duas categorias identitárias para se referir um único sujeito, a partir da ideia da transversalidade, implica esse tipo de problema para o trabalho com políticas públicas. O debate acerca das teorias do reconhecimento em contextos liberais (ou pós-socialistas, como queiram) sugere que elas poderiam ser limitadas devido à rigidez dos conceitos de identidade presentes. Os sujeitos de direitos aqui evocados não têm uma dimensão única: são jovens e negros; são, portanto, multifacetados e precisam ser tratados em vista da sua pluralidade (NOVAES, 2011). Daí a necessidade de tomarmos a teoria do reconhecimento a partir de uma noção de identidade que permita deslocamentos (HALL, 1995) dos sujeitos que ora são jovens, ora são negros, ora são jovens negros – e a juventude negra só pode haver a partir da intersecção daqueles dois campos.

As contribuições de Brah (1996) sobre as políticas da diferença, do comum e do universal colaboram para estabelecer termos compartilhados segundo as necessidades de setores específicos. A dimensão do reconhecimento da juventude negra torna-se possível através da reconfiguração do múltiplo.

Juventude, raça e violência nas políticas públicas

Para chegarmos à classificação adotada mais adiante, recorremos à reflexão que Regina Novaes elaborou para trabalhar com as políticas públicas de juventude como um todo no âmbito das políticas universais. No caso em questão, a lógica desenvolvida por Novaes será replicada em políticas públicas voltadas à juventude negra (em específico) em um contexto geral (ou *universal*), já que partimos de um dado recorte das políticas públicas: de um lado, as Políticas de Juventude e, de outro, as de Igualdade Racial.

Para Novaes, é preciso focar-se no sujeito de direitos jovem para poder falar de Políticas de Juventude. "É só no plural que se constrói este singular 'sujeito de direito'" (NOVAES, 2011), o que significa que ele tem diversas dimensões a serem consideradas pelo Estado na elaboração de uma ação pública estatal:

> Múltiplas trajetórias juvenis revelam uma geração marcada pela diversificação dos padrões de passagem para a vida adulta, por rápidas mudanças tecnológicas que afetam as relações entre educação, trabalho e cultura e por variados mecanismos de exclusão de jovens. Nessa nova configuração geracional, além da educação, outras políticas setoriais são imprescindíveis. (NOVAES, 2011, p. 346)

Outrossim, a autora procura unificar as diversas ações em três categorias agregadoras com base no atendimento a esse sujeito de direitos, a saber, "universais", "atrativas" e "específicas":

> Universais (ou básicas ou estruturais), aquelas que dizem respeito a demandas de distribuição e à universalização de acessos que deveriam contemplar todos os cidadãos, até mesmo os jovens. Atrativas (ou preferenciais ou por afinidade) são dirigidas a públicos definidos (por critérios de renda, ocupações, atividades, local de moradia e outros pertencimentos), porém – mesmo não tendo idade como critério – atraem majoritariamente pessoas jovens, seja porque se referem a dimensões societárias que os atraem (por exemplo, o Programa Pontos de Cultura), seja porque respondem a problemas que tocam diretamente significativa parcela dessa geração de jovens brasileiros na medida em que se referem ao envolvimento com drogas, segurança e combate à violência (como o Protejo, segmento do Pronasci). Específicas (ou exclusivamente para jovens), aquelas que se destinam apenas a grupos etários entre 15 e 29 anos e são desenhadas de acordo com as características e demandas dos segmen-

> tos juvenil que foi definido como "público-alvo". De maneira geral, as políticas específicas se pretendem inclusivas, oferecendo escolaridade e inserção produtiva, social e cultural para grupos de jovens que vivem em situação de exclusão. (NOVAES, 2011, p. 347)

De acordo com essa aplicação conceitual, políticas universais de juventude negra serão aquelas que "dizem respeito a demandas de distribuição e à universalização de acessos que deveriam contemplar" a juventude e até mesmo os jovens *negros*. Na mesma lógica, as políticas específicas de juventude negra serão aquelas que "se destinam apenas a grupos etários entre 15 e 29 anos" da cor/raça preta ou parda.

Precisou-se fazer, para fins do presente trabalho, uma adequação da segunda categoria, a chamada *atrativa*. A autora considera que essa classe de políticas públicas de juventude é aquela que atinge majoritariamente um público de 15 a 29 anos, "mesmo não tendo idade como critério" (NOVAES, 2011, p. 347). A adequação para a utilização dessa categoria neste trabalho está nessa característica do conceito: serão políticas atrativas de juventude negra as políticas públicas para juventude que ofereçam o critério *racial* como base para o atendimento.

Assim, podemos fazer um filtro do que está colocado nos dois quadros mais amplos apresentados no Apêndice D. Das três categorias apropriadas para avaliar as políticas públicas voltadas para a juventude negra, duas delas possibilitam analisar avanços no referido grupo: as *atrativas* e as *específicas*.

Assim, temos (Apêndice D):

- Plano Nacional de Implantação da Lei nº 10.639/2003;

- Programa Institucional de Bolsas de Iniciação Científica;

- Programa Universidade Para Todos (ProUni);
- Programa Ciência Sem Fronteiras;
- Projeto Farol;
- NUFAC;
- Plano Juventude Viva.

O ProUni reserva 50% das bolsas para estudantes negros, e atingiu no ano de 2012 a marca de um milhão de bolsas concedidas para estudantes de todo o Brasil. Ele pode ser considerado como o principal programa de inclusão ao ensino superior e um dos principais programas sociais do Governo Federal desde que foi criado. Sua abrangência é nacional e atende milhares de jovens todos os anos, desde 2004, incluindo-os no ensino superior.

Para Ângela Guimarães, militante da UNEGRO, vice-presidenta do Conjuve e secretária adjunta da Secretaria Nacional de Juventude, o contato com a cultura negra, através das músicas dos blocos de carnaval baiano Ilê Aiyê e Olodum e do grupo de rap Racionais MC's, foi fundamental para seu posicionamento político como jovem negra:

> Fui da geração que viu os blocos afro-baianos, como o Ilê Aiyê e o Olodum, no seu auge, na década de 1980, e as músicas destes blocos ajudaram a prenunciar uma consciência racial ao falarem não só do Egito como uma civilização negra, africana e precursora dos grandes avanços tecnológicos que ainda hoje são utilizados pela sociedade, mas também de países africanos e suas civilizações, histórias e culturas. Um pouco mais tarde foram as músicas do rap as responsáveis por canalizar a indignação juvenil

> diante das desigualdades e injustiças, diante do racismo e de toda a discriminação sofrida pela periferia, Racionais na veia!!! (Entrevista em 28 de maio de 2014)

São trajetórias de formação pessoal que ultrapassam as fronteiras da educação formal, mas que, como ensejado pela Lei nº 10.639/2003, podem ser incorporadas ao currículo escolar. Não estão nesse quadro de políticas as ações afirmativas de universidades públicas, federais e estaduais, cuja primeira experiência é de 2002, na Universidade do Estado do Rio de Janeiro, executada hoje na forma da Lei nº 12.711/2012, que regulamenta o sistema de ingresso de estudantes nas instituições de ensino federal vinculadas ao Ministério da Educação. A lei instituía reserva de 50% das vagas oferecidas em cursos de graduação para estudantes que tenham cursado integralmente o ensino médio em escolas públicas, e a questão racial é contemplada na medida em que a reserva é preenchida com proporção no mínimo igual à de pretos, pardos e indígenas na população da unidade da federação onde está instalada a instituição, segundo o último censo do Instituto Brasileiro de Geografia e Estatística (IBGE).

O Projeto Farol, com o escasso recurso inferior a R$ 4 milhões e presente em apenas 13 cidades,[8] localizadas em três regiões do país (Sul, Sudeste e Nordeste), ocorreu entre 2009 e 2010, mas não foi reeditado. Não há informações sobre o número de atendidos.

Outra informação importante é que esse projeto foi executado pela SEPPIR, o órgão máximo das Políticas de Igualdade

8 Guarulhos, Cidade Ocidental, Fortaleza, Alvorada, Formosa, Campinas, Novo Hamburgo, Duque de Caxias, Vila Velha, Recife, Olinda, São Paulo, São João de Meriti, Betim, Santo André, Taboão da Serra, Rio de Janeiro.

Racial, mas não se encontra listado no Portal da Igualdade Racial. Da mesma forma, ações desse tipo de política na área da educação atendem prioritariamente jovens não listados nas Políticas de Juventude. Isso revela uma questão quanto à autoria das políticas chamadas transversais, como as de Igualdade Racial e de Juventude: são políticas que podem ser executadas por diversos ministérios, mas nem sempre são apropriadas pelos órgãos protagonistas das temáticas.

Para pensarmos sobre a inclusão do tema juventude negra no conjunto dos órgãos executores das políticas públicas, verifiquemos os executores das ações. O que têm em comum é a alta concentração em ministérios das áreas sociais, como os do Trabalho e Emprego, da Educação, da Cultura, do Esporte, da Justiça e do Desenvolvimento Agrário. Destoam dessa observação os ministérios da Ciência e Tecnologia e da Defesa.

O Plano Juventude Viva – Plano de Prevenção à Violência contra a Juventude Negra destaca-se por sua amplitude em relação ao Projeto Farol, por exemplo, agregando diversas áreas da ação federal voltadas para a redução da vulnerabilidade juvenil à violência. Não havia, ainda, informação sobre o montante de recursos investidos, mas a ideia de congregar duas categorias identitárias em um mesmo título – "juventude" e "negra" – no momento de finalização deste trabalho, revela a chegada de duas dimensões do reconhecimento das diferenças, consolidando que o que Brah (1996) chama de "condição múltipla dos sujeitos". Há um a terceira face do sujeito no Plano Juventude Viva, que se dá por meio da pertença territorial, pela qual o plano procura chegar aos municípios que estão entre suas prioridades, ou seja, reconhecendo o sujeito de direitos também por sua pertença e identidade com o local de moradia.

Alguns programas constantes no quadro são classificados como *universais*, ou seja, têm uma incidência ocasional sobre a juventude negra, mas merecem destaque em razão da grande quantidade de atendidos. Por exemplo, o ProJovem atende cerca de 70% de jovens autodeclarados negros, de acordo com seu relatório de gestão de 2010. Para ficar neste exemplo, chamamos a atenção para uma questão presente nos debates sobre as Políticas de Igualdade Racial e as chamadas políticas universais. Em geral, quando uma política pública é voltada a um público heterogêneo e indiferenciado, há o risco de deixar de resolver os problemas que ela propõe solucionar. As políticas educacionais são um bom exemplo disso.

Durante décadas, a gestão da política educacional, no ímpeto de tratar todos com igualdade, passou a homogeneizar diferenças e, com isso, as desigualdades raciais cresceram, o que foi chamado de "racismo institucional" (SILVÉRIO, 2002; 2009). A partir dessas críticas e da luta do movimento social negro, foi elaborada a Lei nº 10.639/2003, que tornou obrigatório o ensino de História e Cultura da Africana e Afro-Brasileira. Baseado nessa lei, foi elaborado, pelo Conselho Nacional de Educação, o Parecer nº 3 de 2004 do Conselho Nacional de Educação, publicado e homologado pelo ministro da Educação em 19 de maio de 2004, sobre Diretrizes Curriculares Nacionais para a Educação das Relações Étnico-Raciais e para o Ensino de História e Cultura Afro-Brasileira e Africana. Diz o parecer:

> Reconhecer exige a valorização e respeito às pessoas negras, à sua descendência africana, sua cultura e história. Significa buscar, compreender seus valores e lutas, ser sensível ao sofrimento causado por tantas formas de desqualificação: apelidos depreciativos, brincadeiras, piadas de mau gosto sugerindo incapacidade, ridicularizando seus traços físicos, a textura de seus cabelos, fazendo pouco das religiões de raiz africana. Implica criar condições para que os estudantes

> negros não sejam rejeitados em virtude da cor da sua pele, menosprezados em virtude de seus antepassados terem sido explorados como escravos, não sejam desencorajados de prosseguir estudos, de estudar questões que dizem respeito à comunidade negra.
> Reconhecer exige que os estabelecimentos de ensino, frequentados em sua maioria por população negra, contem com instalações e equipamentos sólidos, atualizados, com professores competentes no domínio dos conteúdos de ensino, comprometidos com a educação de negros e brancos, no sentido de que venham a relacionar-se com respeito, sendo capazes de corrigir posturas, atitudes e palavras que impliquem desrespeito e discriminação.
> Políticas de reparações e de reconhecimento formarão programas de ações afirmativas, isto é, conjuntos de ações políticas dirigidas à correção de desigualdades raciais e sociais, orientadas para oferta de tratamento diferenciado com vistas a corrigir desvantagens e marginalização criadas e mantidas por estrutura social excludente e discriminatória. (BRASIL, 2004)

As reivindicações do movimento negro voltadas para a educação ganharam uma conformação de política pública na articulação entre educação e cultura, nas Leis no 10.639/2003 e no 12.711/2012. No entanto, surgiu uma temática no desenvolvimento das políticas públicas identificadas com a população negra, especificamente, a prevenção à violência contra a juventude negra. Esse dado impõe indagar-nos a respeito do alcance que a proposição de "reconhecimento" tem encontrado na política pública oficial para o problema dos homicídios e da violência contra a juventude negra vir à cena pública e serem elaborados projetos, ações e programas voltados para ele.

A política pública que tem o problema da violência contra a juventude negra como mote utiliza as dimensões de território e de classe como estruturantes. O Plano Juventude Viva é voltado para municípios que concentram 70% dos homicídios contra jovens, e em cada município ele pretende atuar nos territórios mais vulnerabilizados pela violência. Isto significa que, para além das municipalidades, o que conecta a ação da política pública é a condição característica de cada território que concentra a juventude negra como sujeito de direitos. Esses territórios estão ligados pelo sujeito de direitos para além das institucionalidades das cidades.

Esses territórios são definidos por estatísticas de violência e pela ausência de direitos e políticas. Para os seus moradores, para os ativistas dos movimentos sociais e até mesmo para o senso comum, eles são chamados de *periferia* – ou, em muitos casos, de quebrada, comunidade etc. Em debates anteriores à existência do Plano Juventude Viva, na Assembleia Legislativa do Estado de São Paulo, em janeiro de 2012, ocorreu uma reunião com ativistas do Movimento Hip-Hop. Repetia-se, em várias das falas, o que um produtor baiano ali presente disse: "A política pública precisa chegar na ponta, na quebrada, onde está o jovem negro que pode morrer. [...] O jovem negro que está sem políticas e sem direitos, não é conhecido pelo Estado, mas o movimento [social] o conhece; a política pública não chega até ele, mas a gente [o movimento] chega" (registro de campo, 9 de janeiro de 2012).

Seria outra maneira de abordar o problema, ajuntando à dimensão racial a forma identitária calcada no pertencimento a um determinado território urbano, mas não à cidade. São formas de identidade que perseguem algumas manifestações em ações coletivas, como o comitê Contra o Genocídio da Juventude Preta, Pobre e Periférica, a literatura periférica, a música da periferia[9] etc., apontando para uma forma de identidade diaspórica entre periferias, seja em que lugar for. De certa forma, a palavra periferia diz algo mais sobre essa condição territorial que abarca a situação de jovens negros e pobres das grandes cidades.

Compreendemos, portanto, que é na intersecção (BRAH, 1996) entre a dimensão juvenil e a racial que se encontra o problema dos homicídios ao qual o Plano Juventude Viva deu respostas, ainda que de modo indireto, e na qual se produz um sujeito de direitos multifacetado, ante uma juventude plural.

Por outro lado, a ideia de homicídio, genocídio ou extermínio foi abandonada, e a política pública se concentrou na prevenção à vulnerabilidade à violência. Essa passagem ocorreu sem que houvesse uma objetivação do que deveria compreender a "vulnerabilidade", pois a política não apresenta nenhum índice que permita construir metas verificáveis.

Há uma completa ausência da dimensão da justiça da política, algo que seja capaz de solucionar o problema como ele tem sido enunciado pelos jovens negros, como crime previsto em lei, mesmo porque não existe um conhecimento sociológico profundo acerca dos homicídios que atingem jovens negros, de suas

---

9 Merece atenção o conteúdo de músicas como "Periferia é periferia em qualquer lugar", de Racionais MC's; "Brixton, Bronx ou Baixada", de O Rappa ("Tudo, tudo igual/ Brixton, Bronx ou Baixada/ [...] Cada qual com seu James Brown/ Salve o samba, hip-hop, reggae ou carnaval/ Cada qual com seu Jorge Ben/ Salve o jazz, baião e os toques da macumba também"); "Abrem-se os caminhos", de Falcão, Edi Rock, e Alexandre Carlo ("Desde os tempos do nosso tatatataravô/ Que eles vêm disseminando a discórdia entre os irmãos/ Técnica avançada de colonizador/ Colocar um contra o outro pra depois tocar o terror/ É bom viver, Rocinha e o Morro do Alemão/ Ceilândia e o Recanto, Itaquera e o Capão/ Entenderem que matarem uns aos outros nunca será a solução").

circunstâncias, de seus tipos mais comuns (por exemplo, se são passionais, disputas entre crime organizado ou conflitos com a polícia/Estado), não se sabe se foram consideradas as particularidades do fenômeno em diferentes estados, regiões ou cidades/regiões metropolitanas, e não existe nem o conhecimento sobre as trajetórias dos jovens negros vítimas de homicídios. Também não foi especulada a possibilidade haver um perfil das vítimas, o que indicaria certa homogeneidade entre os jovens negros.

Essa ausência de dados também impede que outras contradições sejam superadas, como a constatada por uma militante paulista quanto ao papel exercido pelo Estado brasileiro nesse fenômeno. Bergman Ramos, militante que participou dos encontros do ENJUNE, ligada ao coletivo Kilombagem e ao Comitê contra o Genocídio da Juventude Negra, Pobre e Periférica, questionou como é possível existir um projeto como o Plano Juventude Viva, pois é uma ação contrária – defesa da vida de jovens negros – à que o Estado brasileiro vem promovendo – as mortes de jovens negros (registro de campo, set. 2013).

Do ponto de vista dos recursos destinados a esta política, trata-se de um plano que não arrecada fundos suficientes para ter uma estrutura própria em âmbito nacional, talvez pelo fato de não estar fortalecida por conceitos como os de justiça social, que atendem às demandas e às necessidades dos jovens que vivem sob a possibilidade concreta de não completar 30 anos (pois são assassinados antes disso), talvez por não ter descrito exatamente quem é o jovem negro sujeito de direitos.

Uma das consequências dessa situação é o quadro de políticas públicas que procura cobrir as extremidades dos direitos de um segmento social. Em um lado, há políticas contra o assassinato de jovens negros, pobres e moradores das periferias, tão desprovidos de direitos sociais que são as principais vítimas dos homicídios; no outro, existem políticas de acesso ao ensino superior, para jovens que têm mais chances de alcançar postos de trabalhos com melhor remuneração e que farão parte de uma suposta elite intelectual, em um país onde menos de 10% da população tem ensino universitário.

É possível entender políticas como o PJV como consequência de um processo de gestão do movimento social negro junto ao Estado, como demonstrado no capítulo 4, na medida em que se busca a participação de jovens negros em espaços de elaboração de políticas com o recorte racial e/ou voltadas para os jovens negros. A exposição de um segmento juvenil a situações cotidianas de violência evidencia a imbricação dinâmica entre os aspectos estruturantes, relacionados às causas socioeconômicas, e os processos ideológicos e culturais, oriundos de representações negativas acerca da população negra. Além disso, é recente no Brasil o reconhecimento de que os jovens são sujeitos de direitos, e ainda é um desafio para o Poder Público articular políticas voltadas para o atendimento das necessidades e das demandas específicas desse segmento etário e racial.

CONSIDERAÇÕES FINAIS

Percorremos aqui uma trajetória ainda inicial para um assunto ainda muito pouco explorado academicamente, e fiamos ser esta uma contribuição possível, os primeiros passos para um tema que anuncia estar entre os primeiros lugares quando se tratará de juventude no Brasil, mas por razões nada animadoras.

Há neste livro um apanhado geral de como a violência contra jovens negros tem ocupado espaço na agenda pública em diversos setores, desde a produção literária de artistas periféricos, notícias em sites, imprensa e mesmo nas falas da Presidenta da República. Em face do aumento do número de homicídios no Brasil, espera-se uma proliferação destas vozes a entoar a mesma denúncia iniciada em Lauro de Freitas/BA, em 2007. Tome-se o exemplo da Campanha da Anistia Internacional que iniciou em 2014 uma campanha "Jovem Negro Vivo" com o mesmo motivo que mobilizou a campanha por parte do FONAJUNE (2007).

Privilegiamos a metodologia qualitativa, com entrevistas, registros de campo e pesquisa documental e chegamos a um mapa das principais intervenções políticas de uma geração de jovens negros que caracterizou-se por dar destaque à violência contra a juventude negra em suas organizações, eventos, protestos, publicações, enfim, tal geração traz como marca a construção de uma agenda estratégica de denúncia do que chamam "genocídio da juventude negra", com variações e adendos, "extermínio", "juventude preta", "pobre", "periférica".

Provimo-nos dos dados das publicações do Mapa da Violência, por ser o mais completo estudo em escala nacional com recorte de raça/cor sobre homicídios até 2014, mas entendemos ser necessária uma abordagem mais profunda destes dados, devido às características específicas que os homicídios assumem conforme a variação de estado para estado da federação, regiões metropolitanas e entre bairros de uma mesma cidade. Faltaram ainda trabalhos que encarem as variações de raça/cor e idade a partir dos territórios urbanos e que possam desenvolver uma reflexão de como as relações raciais e a condição etária estrutura e impacta a vitimização.

Para isso seria necessário um esforço empírico específico, dentro de uma agenda específica de pesquisa, e que não lance mão apenas dos dados da área da saúde, mas também encare os dados coletados pelas delegacias de polícias, com desagregação por setores censitários, a fim de visualizar o fenômeno com suas nuances territoriais.

É parte desta contribuição oferecer referências teóricas que fomentem interpretações outras para a violência contra jovens negros no Brasil. Se não fomos adiante na interpretação que foi apenas delineada é porque foi necessário preencher lacunas empíricas sobre o objeto, tema e problema, como o seu contexto, histórico e atores. Resulta disso material de pesquisa fecundo e cujas possibilidades reflexivas este documento apenas passa superficialmente. Por outro lado, estamos seguros de que as nossas propostas analíticas oferecem a outros pesquisadores alguns profícuos caminhos a seguir.

O material reunido sobre a ação coletiva de jovens negros a partir do movimento negro mostra como houve uma retroalimentação entre o processo de organização de jovens negros e a denúncia dos homicídios, num processo de enunciar à esfera pública os problemas vivenciados em seu cotidiano. Ao mesmo tempo em que se emergia um tema político, emergia também um sujeito político. A ponte semântica construída entre o problema da violência e jovens negros militantes, nos termos contraditórios de "genocídio da juventude negra", permitiu reunir uma geração de atores que se identificam pelo discurso de denúncia e proposição em torno das mortes e do racismo, bem como em torno de uma agenda comum de atividades. Ainda que quinze anos possam separar os mais novos/as dos menos moços/as, configura-se aí uma mesma geração de militantes que parece ter à frente uma tarefa geracional, pois se denota o compartilhamento de experiências comuns entre estes indivíduos. Talvez tenha faltado à pesquisa uma aproximação socioeconômica dos atores envolvidos. Tais dados permitiriam observar quais as características materiais desta geração, sua mobilidade social, sua condição de classe etc. Porém, como trata-se de um trabalho inicial na área da juventude negra, demos mais atenção às experiências no campo das políticas para estes jovens e de sua atuação pública, junto aos espaços de formulação, disputa e mobilização sobre juventude.

Do movimento social, a partir do Cisma do Movimento negro contemporâneo em 2005 é que surge a juventude negra brasileira, justamente para marcar uma nova etapa do movimento negro brasileiro, passando por espaços de participação mista – o Conselho Nacional de Juventude –, os jovens negros encontraram outra dinâmica participativa, atores distintos e disputas singulares, mas a pauta seguiu sendo a violência e os homicídios de jovens negros. O movimento hip-hop ocupa um lugar de destaque nesta construção histórica, pois foi a partir do acúmulo organizativo deste movimento que foram dados os primeiros passos para a organização do ENJUNE. Com contatos e redes pré-estabelecidas, jovens negros que eram rappers e atuavam no movimento de cultura negra do hip-hop nacionalizaram a edificação de um encontro nacional de juventude negra. Mas o HH também ofereceu uma base discursiva comum a este outro movimento, na denúncia sistemática da violência e das desigualdades, na enunciação de um sujeito – a "juventude negra tem voz ativa" –, na utilização de pesquisas para legitimar suas questões e até mesmo na construção de lideranças.

Existe uma gama de atividades disparadas por estes jovens negros em conjunto com atores de outros segmentos sociais. Valeram-se da Conferência Nacional de Políticas Públicas de Juventude para inserir a sua reivindicação como a principal pauta da agenda de juventude, em 2008. Seguiram-se dois anos até a agenda emergir nos espaços do Governo Federal por iniciativa de atores do próprio governo. A pressão para a constituição de uma categoria de ação política multifacetada jovem e negra esteve em consonância com o apelo do conjunto dos atores juvenis do Conjuve, que defendiam que a juventude era plural, juventudes, mas que em todo o tempo reivindicou um protagonismo de novo tipo, ou seja, uma atuação que incluísse a reflexão, a iniciativa e a tomada de decisão por parte dos próprios jovens negros quando o assunto fosse juventude negra. Constituiu-se assim um Grupo de Trabalho dentro do Conjuve com jovens negros que não necessariamente estavam eleitos para participar deste Conselho – é quando ser jovem negro tem mais valor do que ser eleito pelo conselho para falar de juventude.

Sobre as Políticas Públicas, enfrentamos aqui uma entre tantas formas de formular um problema teórico sobre juventude negra no Brasil: o lugar da raça entre as políticas de juventude, sendo possível encontrar muitas outras com pertinência e relevância teórica e empírica. É o caso de se pensar como a juventude negra aparece entre as políticas de saúde, de segurança, do esporte, nas políticas de moradia etc. Se outros trabalhos vierem a surgir com a mesma temática, esperamos que o trabalho que estas palavras encerram esteja entre os interlocutores bibliográficos.

O mesmo protagonismo seria reivindicado na formulação do Plano Juventude Viva, mas que só se tornou possível enquanto o processo incluiu a sociedade civil nos fóruns de participação mista chamados pelo Governo Federal. A partir da execução do plano não constaria de jovens negros no processo de reflexão, a iniciativa e a tomada de decisão sobre o Plano Juventude Viva. Ainda caberiam neste âmbito novas análises e nova coleta de dados, uma vez que em 2014, quando este trabalho foi elaborado, completou dois anos de desenvolvimento da política, sendo, portanto, muito breve qualquer análise que se pretenda. Em nova empreitada sobre o plano, haveria que se buscar quais foram os diagnósticos produzidos, as políticas executadas em cada um dos territórios de cada um dos municípios (orçamento, público atendido etc.), qual foi o salto qualitativo e quantitativo, a redução da vulnerabilidade de jovens negros, como isto foi mensurado e quais os ganhos redistributivos e simbólicos. Contudo, em 2015, a secretaria nacional de juventude, sob nova direção, extinguiu o plano.

Na composição deste documento foi possível delinear a construção da ideia de uma juventude negra, em torno de um problema social, uma organização coletiva e a busca pela consolidação de um sujeito de direitos multifacetado. Os jovens protagonistas interlocutores desta pesquisa presenciam o cotidiano de homicídios que são registrados nas diversas estatísticas e passam pelas tensões entre virar estatística e contrariar a estatística. A partir deste cotidiano, construiu-se uma pauta capaz de produzir sujeitos políticos sustentados pela compreensão social da faceta vitimizadora do racismo e pela necessidade das pretensas vítimas coletivas registradas nas estatísticas exercerem o seu protagonismo. Se, ao longo da história do movimento negro, este esteve tematizando a violência policial ou mesmo as mortes violentas ou não violentas, não temos como afirmar que houve a construção de uma agenda estratégica, e nossa sugestão é que não houve; assim, apenas atualmente se desenvolve a organização coletiva em torno desta temática, haja vista a recorrência com que tem aparecido o tema das mortes, da segurança, da violência policial, e, sobretudo, do esforço que o FONAJUNE empreendeu para a campanha contra o genocídio da juventude negra, iniciando uma sequência de outras organizações, campanhas e frentes de luta.

Assim, o termo genocídio era utilizado sem muita substância jurídica ou com contradições pelo conjunto do movimento negro, mas a prática tem demonstrado que não seria o caso de voltar atrás para fundamentar legal. Sua utilização tem um sentido político e é aprovada pelo número de organizações que a utilizavam devido à necessidade crescente de chamar a atenção ao número de homicídios que crescia mais e mais no Brasil.

Talvez o tema do genocídio venha a se tornar um problema teórico das relações raciais, com estudos sobre o modo como o movimento negro o tem tematizado. Contudo, outros desafios teóricos já urgiam serem superados. O primeiro deles era como pensar a questão dos homicídios e da segurança pública frente às demandas por reconhecimento, redistribuição e desigualdade? É válido tratar o problema dos homicídios sob a lógica da desigualdade? Como falar em desigualdade e redistribuição quando o problema social é visto em face da segurança pública? Como o reconhecimento impacta sobre a redistribuição? Estas são algumas das muitas questões que surgem ao analisar o cenário da tematização dos homicídios pelos jovens negros no Brasil.

Há ainda duas linhas analíticas a percorrer, uma diacrônica e outra sincrônica. A primeira é como as noções de violência, os homicídios e a segurança pública foram elaborados pelo movimento negro ao longo de sua história, desde, pelo menos, 1978; a outra é como a dimensão racial e outros marcadores de diferenças aparecem e são tratados em diferentes esferas sociais que envolvem atores da sociedade civil, movimentos sociais, do Poder Público e especialistas e técnicos da área da justiça e segurança pública. Há aqui um campo imenso e inexplorado, e apenas as luzes da atualidade mais candente nos proporcionam a formulação de tais dúvidas.

REFERÊNCIAS BIBLIOGRÁFICAS

ABRAMO, Helena W. Considerações sobre a tematização social da juventude no Brasil. *Revista Brasileira de Educação*, n. 5-6, p. 25-36, 1997.

ABRAMOVAY, Miriam; ANDRADE, Eliane Ribeiro; ESTEVES, Luiz Carlos Gil (Orgs.). *Juventudes*: outros olhares sobre a diversidade. Brasília: MEC: Secretaria de Educação Continuada, Alfabetização e Diversidade; UNESCO, 2009.

ADORNO, Sérgio; DIAS, Camila C. Nunes. Monopólio estatal da violência. In: LIMA, Renato Sérgio de et. al. *Crime, Polícia e Justiça no Brasil*. São Paulo: Contexto: São Paulo, 2014.

ALMEIDA, Carla; TATAGIBA, Luciana. Os conselhos gestores sob o crivo da política: balanços e perspectivas. *Serv. Soc. Soc.*, São Paulo, n. 109, jan./mar., 2012. Disponível em: <http://www.scielo.br/scielo.php?script=sci_arttext&pid=S0101-66282012000100005&lng=en&nrm=iso>. Acesso em: 2 fev. 2014.

ALMEIDA, José Nilton De. *Tessituras da pele:* juventudes, relações raciais e experiências sociais. 2010. 302 f. Tese (Doutorado em Educação) – Centro de Ciências da Educação, Universidade Federal de Santa Catarina, Florianópolis, 2010.

ALVAREZ, S.; DAGNINO, E.; ESCOBAR, A. O cultural e o político nos movimentos sociais latino-americanos. In:___. (Orgs.) *Cultura e política nos movimentos sociais latino-Americanos*. Belo Horizonte: UFMG, 2000, p.15-57.

ARENDT, Hannah. *Homens em tempos sombrios.* São Paulo: Cia. das Letras, 1995.

BALLESTRIN, Luciana. América Latina e o giro decolonial. *Revista Brasileira de Ciência Política*, n. 11. Brasília, maio-agosto de 2013, p. 89-117.

BARCELOS, Luiz Cláudio. Mobilização racial no Brasil: uma revisão crítica. *Afro-Ásia*, n. 17, 1996, p. 187-212.

BARROS, Arisia. Por que é invisível o genocídio de jovens negros em Alagoas? *Cada minuto*, on-line, 7 fev. 2013. Disponível em: <http://cadaminuto.com.br/noticia/205870/2013/02/07/por-que-e-invisivel-o-genocidio-dos-jovens-negros-em-alagoas>. Acesso em: 1 jan. 2014.

BARROS, Geová da Silva. Filtragem racial: a cor na seleção do suspeito. *Revista Brasileira de Segurança Pública.* Ano 2, Edição 3, julho-agosto de 2008.

BATISTA, L. E. *Mulheres e homens negros:* saúde, doença e morte. 2002. 246 f. Tese (Doutorado em Sociologia) – Faculdade de Ciências e Letras, Universidade Estadual Paulista, Araraquara, 2002.

BORGES, Larissa Amorim; MOYORGA, Claudia. Juventude negra: memórias de luta e conquistas políticas. In: RIBEIRO, Matilde (Org.). *As políticas de igualdade racial*: reflexões e perspectivas. São Paulo: Fundação Perseu Abramo, 2012.

BRASIL. Ministério da Educação. Conselho Nacional de Educação. *Diretrizes Curriculares Nacionais para a Educação das Relações Étnico-Raciais e para o Ensino de História e Cultura Afro-Brasileira e Africana*. Brasília, 2004.

______. Secretaria de Promoção de Políticas de Igualdade Racial. *Relatório de Atividades da Secretaria de Promoção de Políticas de Igualdade Racial.* Brasília, 2010.

______. Secretaria de Políticas de Promoção da Igualdade Racial. *O que é*. Brasília,[s/d].

BRASIL é segundo país mais desigual do G20, aponta estudo. BBC Brasil, Rio de Janeiro, 19 jan. 2012. Disponível em:<http://www.bbc.co.uk/portuguese/noticias/2012/01/120118_desigualdade_pesquisa.shtml>. Acesso:10 jul. 2014.

BRASIL ocupa 73ª posição entre 169 países no IDH 2010. G1, Brasília, 4 nov. 2010. Disponível em: <http://g1.globo.com/brasil/noticia/2010/11/brasil-ocupa-73-posicao-entre-169-paises-no-idh-2010.html>. Acesso: 10 jul., 2014.

BRAH, Avtar. *Cartografías de la diáspora*: identidades en cuestión. Traficantes de Sueños. Madri: 1996.

CARDOSO, Hamilton. Isso é conversa de branco. *Lua Nova*, São Paulo, v. 2, n. 3, dec., 1985. Disponível em: <http://www.scielo.br/scielo.php?script=sci_arttext&pid=S0102-64451985000400003&lng=en&nrm=iso>. Acesso: 15 jul., 2014.

CARNEIRO, L. P. Ameaça do Crime Organizado à Segurança Pública. *Interesse Nacional*, ano 3, n. 10, p. 30-40, 2010.

CASTRO, Lúcia Rabello de. Participação política e juventude: do mal-estar à responsabilização frente ao destino comum. *Rev. Sociol. Polít.*, Curitiba, v. 16, n. 30, p. 253- 268, 2008. Disponível em: <http://www.scielo.br/scielo.php?pid=S0104-44782008000100015&script=sci_arttext>. Acesso: 9 jul., 2014.

______. Juventude e socialização política: atualizando o debate. *Psic: Teor. e Pesq.*, Brasília, v. 25, n. 4, p. 479-487, 2009. Disponível em: <http://www.scielo.br/scielo.php?script=sci_arttext&pid=S0102-37722009000400003>. Acesso: 9 jul., 2014.

CASTRO, Mari Garcia; VASCONCELOS, Augusto. Juventudes e participação política na contemporaneidade: explorando dados e questionando interpretações. In: ABRAMOVAY, Miriam; ANDRADE, Eliane Ribeiro; ESTEVES, Luiz Carlos Gil (Orgs.). *Juventudes*: outros olhares sobre a diversidade. Brasília: MEC: Secretaria de Educação Continuada, Alfabetização e Diversidade; UNESCO, 2009.

______; ABRAMOVAY, Miriam. *Quebrando mitos*: juventude, participação e políticas. Perfil, percepções e recomendações dos participantes da I Conferência Nacional de Políticas Públicas de Juventude. Brasília: Ritla, 2009.

CASTRO, Elisa Guaraná de. O campo das políticas de juventude e o campo político da juventude: contribuições para a reflexão. In: FREITAS, M. V. e PAPA, F. C. (Orgs.) *Juventude em Pauta:* Políticas Públicas no Brasil. São Paulo: Peirópolis, 2011.

CERQUEIRA, Daniel; MOURA, Rodrigo. *Custo da Juventude Perdida no Brasil.* Observatório de Segurança. Julho de 2013.

COLON, Leandro. Brasil é terceiro pior do mundo em desigualdade. *O Estado de São Paulo*, 24 jul., 2010. Disponível em: <http://economia.estadao.com.br/noticias/geral,brasil-e-terceiro-pior-do-mundo-em-desigualdade-imp-,585384>. Acesso: 10 jul., 2014.

COM estímulo ao empreendedorismo, jovens brasileiros se tornam empregadores e geradores de renda. *Onda jovem*, on-line, 2 abr., 2012.

CONFERÊNCIA NACIONAL DE JUVENTUDE. *Caderno de resoluções*. SNJ: Brasília, 2008. Disponível em: <http://www.jsb.org.br/anexos/3.pdf>. Acesso: 14 mai. 2014.

CONSELHO NACIONAL DE JUVENTUDE (Brasil). *Política Nacional de Juventude:* diretrizes e perspectivas. São Paulo: Fundação Friedrich Ebert, 2006.

______. *Relatório de Atividades do biênio 2009-2010*. Brasília, abr., 2009.

______. *Recomendações do Conselho Nacional de Juventude ao Governo Federal.* Brasília, 2010.

______. *Reflexões sobre a política nacional de juventude*. Brasília, 2011.

COORDENAÇÃO NACIONAL DE ENTIDADES NEGRAS. *Documento base de convocação para o I Encontro Nacional de Entidades Negras*. ACERVO Flavio Jorge, 1991.

COSTA, Sérgio. A democracia e a dinâmica da esfera pública. *Lua Nova*, 1995, n. 36, p. 55-65.

AGNINO, Evelina. Sociedade civil, participação e cidadania: de que estamos falando?. In: MATO, D. (coord.) *Políticas de ciudadanía y sociedad civil en tiempos de globalización*. Caracas: FACES, Universidad Central de Venezuela, 2004.

DIAS, Camila Caldeira Nunes. *Da pulverização ao monopólio da violência:* expansão e consolidação do Primeiro Comando da Capital (PPC) no sistema carcerário paulista. Tese de Doutorado, Departamento de Sociologia da USP, 2011.

DOMINGUES, Petrônio. Movimento negro brasileiro: alguns apontamentos históricos. *Tempo*, Niteroi, v. 12,n. 23, 2007. Disponível em: <http://www.scielo.br/scielo.php?script=sci_ arttext&pid= S1413-77042007000200007&lng=en&nrm=iso>. Acesso em: 24 jun. 2014.

ENJUNE, Relatório do Encontro Nacional de Juventude Negra. Realizado em 25 a 27 de junho de 2007, Lauro de Freitas (BA), 2007.

ESTELITA, H. & cols. O homicídio em três cidades brasileiras. In: FIGUEIREDO, I. S. E outros (orgs.). *Homicídios no Brasil:* registro e fluxo de informações. Brasília: Ministério da Justiça/Secretaria Nacional de Segurança Pública (SENASP), 2013.

FAJARDO, Vanessa. Só 50% dos jovens concluem ensino médio na idade esperada, diz estudo. *G1*, São Paulo, 7 fev., 2012. Disponível em: <http://g1.globo.com/educacao/noticia/2012/02/so-50-dos-jovens-concluem-ensino-medio-na-idade-esperada-diz-estudo.html>. Acesso em: 15 jul. 2014.

FANON, F. *Pele negra, máscaras brancas*. Salvador: EdUFBA, 2008.

______. *Os condenados da Terra.* Juiz de Fora: Ed. UFJF, 2005 [1961].

FELTRAN, G. Vinte anos depois: a construção democrática brasileira vista da periferia de São Paulo. *Lua Nova*, n. 72, p. 83-114, 2007.

______. Crime e castigo na cidade: os repertórios da justiça e a questão do homicídio nas periferias de São Paulo. *Cad. CRH*, Salvador ,v. 23, n. 58, apr., 2010. Disponível em: <http://www.scielo.br/scielo.php?script=sci_arttext&pid=S0103-49792010000100005&lng=en&nrm=iso>. Acesso: 24 Jul., 2014.

FERNANDES, Florestan. *A integração do negro na sociedade de classes*. 3. ed. São Paulo: Ática, 1978. v. 1.

FERREIRA, Erika Do Carmo Lima. *Identidade raça e representação*: narrativas de jovens que ingressaram na Universidade de Brasília pelo sistema de cotas raciais. 2010. 211 f. Tese (Doutorado em Educação) – Faculdade de Educação, Universidade de Brasília, Brasília, 2010.

FRASER, Nancy. Da redistribuição ao reconhecimento? Dilemas da justiça na era pós- socialista. *Cadernos de campo*, São Paulo, n. 14/15, p. 1-382, 2006.

FREYRE, Gilberto. *Casa-Grande e Senzala*. 41ª ed. Rio de Janeiro: Record, 2000 [1932].

GALLE, Helmut. Os escritos autobiográficos de Josef Mengele. *Estud. Av.*, v. 25, n. 71, p. 269-286, abr., 2011.

GOIRAND, Camille. Movimentos sociais na América Latina: elementos para uma abordagem comparada. *Estud. hist.*, Rio de Janeiro, v. 22, n. 44, dec., 2009. Disponível em: <http://www.scielo.br/scielo.php?script=sci_arttext&pid=S0103-21862009000200002&lng=en&nrm=iso>. Acesso em: 11 mar. 2013.

GUIMARÃES, A. S. A. Entrevista com Carlos Hasenbalg. *Tempo social*, São Paulo, v. 18, n. 2, p. 259-268, nov., 2006a.

GUIMARÃES, Antonio Sérgio. *Racismo e anti-racismo no Brasil.* São Paulo: Editora 34, 1999.

______. Depois da democracia racial. *Tempo Social*, São Paulo, v. 18, n. 2, p. 269-287, 2006b.

______. Cidadania e retóricas negras de inclusão social. *Lua Nova*, São Paulo, n. 85, p. 13-40, 2012.

GROSFOGUEL, Ramon. La descolonización del conocimiento: diálogo crítico entre la visión descolonial de Frantz Fanon y la sociología descolonial de Boaventura de Sousa Santos. *Formas-Otras. Saber, nombrar, narrar, hacer.* Barcelona: CIDOB ediciones, p. 97-108, dez. 2011. Disponível em: <http://www.iepala.es/IMG/pdf/Analisis-Ramon_Grosfoguel_sobre_Boaventura_y_Fanon.pdf>. Acesso em: 11 fev., 2014.

HALL, Stuart. Quem precisa da identidade? In: SILVA, Tomaz Tadeu (Org.). *Identidade e diferença*: a perspectiva dos estudos culturais. Petrópolis: Vozes,1995.

______. *A identidade cultural na pós-modernidade.* 11. ed. Rio de janeiro: DP&A, 2011.

Hanchard, Michael G. *Orfeu e o Poder:* movimento negro no Rio de Janeiro em São Paulo (1945-1988). Rio de Janeiro, Editora UERJ, 2001.

HASENBALG, C. *Discriminação e desigualdades raciais no Brasil.* 2 ed. Belo Horizonte: UFMG; Rio de Janeiro: Iuperj: Ucam, 2005 [1979].

______; SILVA, N. V. Educação e diferenças raciais na mobilidade ocupacional. In: HASENBALG, C.; SILVA, N. V.;LIMA,M. (Org.). *Cor e estratificação social.* Rio de Janeiro: Contracapa, 1999.

HOLANDA, Maria Auxiliadora de Paula Gonçalves. *Trajetória de vida de jovens negras da UnB no contexto das ações afirmativas.* 2008. 165 f. Dissertação (Mestrado em Educação) – Faculdade de Educação, Universidade de Brasília, Brasília, 2008.

HONNETH, Axel. *Luta por reconhecimento*: a gramática moral dos conflitos sociais. São Paulo: Editora 34, 2003.

HORN, Nico. Eddie Mabo e a Namíbia: reforma agrária e direitos pré-coloniais à posse da terra. *Rev. Int. Direitos Human.*, v. 2, n. 3, p. 84-99, dez., 2005.

SILVA, Marcelo K. De volta aos movimentos sociais? Reflexões a partir da literatura brasileira recente. *Ciências Sociais Unisinos*, v. 46, n. 1, p. 2-9, 2010.

LIMA, Renato Sérgio de. A produção da opacidade: estatísticas criminais e segurança pública no Brasil. *Novos estudos - CEBRAP*, mar., 2008, n. 80, p. 65-69.

______. Atributos raciais no funcionamento do Sistema de Justiça Criminal Paulista. *São Paulo Perspectiva*, mar., 2004, v. 18, n. 1, p. 60-65.

LIMA, Márcia. Desigualdades raciais e políticas públicas: ações afirmativas no governo Lula. *Novos estudos* - CEBRAP, São Paulo, n. 87, jul., 2010. Disponível em: <http://www.scielo.br/scielo.php?script=sci_arttext&pid=S0101-33002010000200005&lng=en&nrm=iso>. Acesso em: 10 jul., 2014.

LOCHE, Adriana. *Segurança e controle social*: uma análise do policiamento comunitário. 2012. Tese (Doutorado em Sociologia) – Departamento de Sociologia, Faculdade de Filosofia, Letras e Ciências Humanas, Universidade de São Paulo, São Paulo, 2012.

MACEDO, Severine Carmen. Apresentação. In: WAISELFISZ, Julio Jacob (org.). *Mapa da Violência 2013:* jovens e homicídios no Brasil, 2013. Brasília: Governo Federal.

MANNHEIM, Karl. O problema sociológico das gerações [tradução: Cláudio Marcondes]. In: FORACCHI, Marialice M. (org.). *Karl Mannheim:* Sociologia. São Paulo: Ática, p. 67-95, 1982.

MANO, não morra, não mate. *CMI Brasil*, 24 jul. 2002. Disponível em: <http://www.midiaindependente.org/pt/blue/2002/07/3241

1.shtml>. Acesso em: 11 jul., 2014.

MARTELLO, Laura França. A emergência das "jovens feministas" enquanto sujeito político no feminismo brasileiro e suas implicações na configuração do "campo feminista e de gênero". In: XXXVI ENCONTRO ANUAL DA ANPOCS, 36, 2012, Águas de Lindóia-SP.

MARTINS, Heloisa Helena T. de Souza. Metodologia qualitativa de pesquisa. *Educ. Pesqui.*, ago., 2004, v. 30, n. 2, p. 289-300.

MARQUES, Adalberto Teles. *Cultura e produção de significados:* um estudo sobre a cultura da rap music. 2002. 77f. Dissertação (Mestrado em Psicologia) – Ciências Humanas, Letras e Artes, Universidade Federal de Pernambuco, Recife, 2002.

MORENO, Rosangela Carrilo; ALMEIDA, Ana Maria F. O engajamento político dos jovens no movimento hip-hop. *Rev. Bras. Educ.*, v. 14, n. 40, p. 130-142, 2009.

MORAIS, Danilo de Souza & RAMOS, Paulo Cesar. A emergência da juventude negra como ator da construção democrática brasileira nos anos 2000. In: *Anais do XXVIII Congresso Internacional da ALAS*, Recife, 2011.

______. "*Black youth movement and the new political andinstitucional spacesin Brazil*". In: TEJERINA, Benjamin & PERUGORRIA, Ignacia (Eds.). *Global Movements,National Grievances. Mobilizing for "Real Democracy" and Social Justice.* Bilbao: Servicio Editorial de la Universidad del Pais Vasco. Forthcoming, 2012.

______. Movimento de Juventude Negra e construção democrática no Brasil. In: *JUBRA: territórios interculturais de juventude.* Organizadores: Jaileila de Araújo Menezes, Mônica Rodrigues Costa, Tatiana Cristina dos Santos de Araújo. – Recife: Ed. Universitária da UFPE, 2013.

MUNANGA, Kabengele. Algumas considerações sobre a obra do prof. Abdias do Nascimento. 2 jul. 2004. Disponível em: <http://www.abdias.com.br/o_que_falam/kabengele.htm>. Acesso em: 3 jan. 2014.

NASCIMENTO, A. *O genocídio do negro brasileiro*. Rio de Janeiro: Paz e Terra, 1978.

NASCIMENTO, Valdecir Pedreira do. *Juventude negra*: vozes e olhares intervenções políticas para o acesso a ensino superior. 2007. 265 f. Dissertação (Mestrado em Educação) - Departamento de Ciências Humanas, Universidade do Estado da Bahia, Salvador, 2007.

NOVAES, Regina R. Políticas de juventude no Brasil: continuidades e rupturas. In: OSMAR, Fávero et al. (orgs.). *Juventude e contemporaneidade*. Brasília: Unesco: MEC: ANPEd, 2007.

______. Juventude, religião e espaço público: exemplos "bons para pensar" tempos e sinais. *Relig. soc.*, Rio de Janeiro, v. 32, n. 1, 2012. Disponível em: <http://www.scielo.br/scielo.php?script=sci_arttext&pid=S0100-85872012000100009&lng=en&nrm=iso>. Acesso em: 10 nov. 2012.

______. Entre juventudes, governos e sociedade (e nada será como antes...). In: FREITAS, M. V. e PAPA, F. C. (Orgs.). *Juventude em pauta: políticas públicas no Brasil.* São Paulo: Peirópolis, 2011.

______; CARA, Daniel; MOREIRA, Danilo. Introdução. In: NOVAES, Regina R. e tal. (orgs.). *Política Nacional de Juventude*: diretrizes e perspectivas. Brasília: Conselho Nacional de Juventude, 2006.

ORGANIZAÇÃO DAS NAÇÕES UNIDAS. Convenção para a prevenção e a repressão do crime de genocídio, 1946.

PAOLI, Maria Célia. Movimentos Sociais no Brasil: em busca de um estatuto político. In: HELLMANN, Michaela (org.). *Movimentos sociais e democracia no Brasil*: "sem a gente não tem jeito". São Paulo: Marca Zero, 1995.

PERALVA, Angelina. *Violência e democracia*: o paradoxo brasileiro. São Paulo: Paz e Terra, 2000.

______. Levantes urbanos na França. *Tempo Social*, São Paulo, v. 18, n. 1, p. 81-104, jun., 2006.

PRETRUCCELL, José Luiz. Raça, identidade, identificação: abordagem histórica conceitual. José Luis Petruccelli. In: PETRUCCELLI, José Luis (org.). *Características étnico-raciais da População*. IBGE, 2013.

PEREIRA, Juliano Gonçalves. Resistência: A trajetória política de jovens negros no século XXI. In: I COLÓQUIO INTERNACIONAL CULTURAS JOVENS AFRO-BRASIL AMÉRICA: ENCONTROS E DESENCONTROS, 1, 2012, São Paulo. *Anais eletrônicos*. São Paulo: USP. Disponível em: <http://www3.fe.usp.br/secoes/inst/novo/agenda_eventos/inscricoes/PDF_SWF/11402.pdf>. Acesso em: 9 jul. 2014.

PIRES, George Luiz. A cor da farda - as relações "raciais" na Polícia Militar de Sergipe. *Revista Fórum de Identidade*, p. 117-128. Ano 3, v. 6, jul-dez., 2009.

POWER, Samantha. *Genocídio*: a retórica americana em questão. São Paulo: Companhia das Letras, 2004.

QUIJANO, Aníbal. Colonialidade do poder, eurocentrismo e América Latina. In: LANDER, Edgardo (Org.). *A colonialidade do saber*: eurocentrismo e ciências sociais. Buenos Aires: Clacso, 2005.

RAMALHO NETO, Jaime P. Farda & "cor": um estudo racial nas patentes da Polícia Militar da Bahia. Afro-Ásia, Salvador, n. 45,2012. Disponível em: <http://www.scielo.br/scielo.php?script=sci_arttext&pid=S0002-05912012000100003&lng=en&nrm=iso>. Accesso em: 29 jul., 2014.

RAMOS, Paulo César. Juventude negra e políticas públicas: uma análise sociológica do histórico das políticas com recorte etário e racial. In: IV CONGRESSO DO PROGRAMA DE PÓS-

-GRADUAÇÃO EM SOCIOLOGIA DA UFSCAR, 4, 2012, São Carlos. *Anais*... São Carlos: UFSCar.

RANCIÈRE, Jacques. *O desentendimento. Política e filosofia*. São Paulo: Editora 34, 1996.

RIOS, Flavia M. *A institucionalização do movimento negro no Brasil contemporâneo*. 2008. Dissertação (Mestrado em Sociologia) Departamento de Sociologia, Faculdade de Filosofia, Letras e Ciências Humanas, Universidade de São Paulo, São Paulo, 2008.

ROCHA, Eduardo Cardoso. A arma da juventude negra: o rap e a política negra contemporânea. In: XVI CONGRESSO BRASILEIRO DE SOCIOLOGIA, 16, 2013, Salvador. *Anais*... Salvador: UFBA.

SEGATO, Rita Laura. *Raça é signo*. Série Antropologia 372. Brasília: UnB, 2005.

SAILLANT, Francine. Direitos, cidadania e reparações pelos erros do passado escravista: perspectivas do movimento negro no Brasil. In: PAULA, Marilene de; HERINGER, Rosana (orgs.). *Caminhos convergentes*: Estado e sociedade na superação das desigualdades raciais no Brasil. Rio de Janeiro: Heinrich Böll Stiftung, 2009.

SANSONE, Livio. *Negritude sem etnicidade:* o local e o global nas relações raciais e na produção cultural negra do Brasil. Salvador/Rio de Janeiro: Edufba/Pallas, 2008.

SANTOS, Aderaldo Pereira dos. *O movimento negro e a juventude em conflito com a lei*. 2007. 168 f. Dissertação (Mestrado em Educação) – Faculdade de Educação, Universidade do Estado do Rio de Janeiro, Rio de Janeiro, 2007.

SANTOS, Ivair Augusto Alves dos. *O movimento negro e o Estado (1983-1987)*: o caso do Conselho de Participação e Desenvolvimento da Comunidade Negra no Governo de São Paulo. São Paulo: Imprensa Oficial do Estado de São Paulo, 2006.

SANTOS, Jaqueline Lima. *Jovem, negro e hip-hopper*: história narrativa e identidade em Sorocaba. 2011. 181 f. Dissertação (Mestrado em Ciências Sociais) – Faculdade de Filosofia e Ciências, Universidade Estadual Paulista Júlio de Mesquita Filho, Marília, 2011.

SAVELSBERG, Joachim J. Violações de direitos humanos, lei e memória coletiva. *Tempo Social*, v. 19, n. 2, p. 13-37, nov., 2007.

SILVA, Nadia Maria Cardoso da. *Instituto Steve Biko*: juventude negra mobilizando-se por políticas de afirmação dos negros no ensino superior. 2006. 199 f. Dissertação (Mestrado em Educação) – Departamento de Ciências Humanas, Universidade do Estado da Bahia, Salvador, 2006.

SILVÉRIO, Valter Roberto. Ação afirmativa e o combate ao racismo institucional no Brasil. *Cadernos de Pesquisa*, n. 117, p. 219-246, nov., 2002.

______. Evolução e contexto atual das políticas públicas no Brasil: educação, desigualdade e reconhecimento. In: PAULA, Marilene de; HERINGER, Rosana (orgs.). *Caminhos convergentes: Estado e sociedade na superação das desigualdades raciais no Brasil*. Rio de Janeiro: Heinrich Böll Stiftung, 2009.

SINHORETTO, Jacqueline; SILVESTRE, Giane; SCHLITTLER, Maria Carolina. *Desigualdade racial e segurança pública em São Paulo:* letalidade policial e prisões em flagrantes. Sumário Executivo. UFSCar. São Carlos, 2014.

SAVELSBERG, Joachim J. Violações de direitos humanos, lei e memória coletiva. *Tempo Social,* São Paulo, v. 19, n. 2, nov., 2007. Disponível em: <http://www.scielo.br/scielo.php?script=sci_arttext&pid=S0103-20702007000200001&lng=en&nrm=iso>. Acesso: 24 jul., 2014.

SOARES, Gláucio Ary Dillon; BORGES, Doriam. A cor da morte. *Revista Ciência Hoje*, Rio de Janeiro, p. 26-31, out., 2004.

SPOSITO, Marília Pontes; CARRANO, Paulo César Rodrigues. Juventude e políticas públicas no Brasil. *Revista Brasileira de Educação*, n. 24, p. 16-39, set./dez., 2003.

______, BRENNER, Ana Karina e MORAES, Fábio Franco de. Estudos sobre *jovens na interface com a política*. In: SPOSITO, Marilia Pontes (coord.). *Estado da Arte sobre juventude na pós-graduação brasileira:* educação, ciências sociais e serviço social (1999-2006), volume 2. Belo Horizonte: Argvmentvm, 2009.

TAVARES, Breitner. Sociologia da juventude: da juventude desviante ao protagonismo jovem da Unesco. *Sociedade e Cultura*, Goiânia,v. 15, n. 1, p. 181-191, jan./jun., 2012.

TAYLOR, Charles. *Argumentos filosóficos.* Tradução de Adail Ubirajara Sobra. São Paulo: Loyola, 2000.

VALVERDE, Danielle Oliveira. *Para além do ensino médio*: a política de cotas da Universidade de Brasília e o lugar do(a) jovem negro(a) na educação. 2008. 263 f. Dissertação (Mestrado em Educação) - Faculdade de Educação, Universidade de Brasília, Brasília, 2008.

VASCONCELOS,Lia. Sociedade: realidade em preto e branco. *Desafios do desenvolvimento*, IPEA: Brasília, ano 2, n. 17, dez. 2005. Disponível em: <http://www.ipea.gov.br/desafios/index.php?option=com_content&view=article&id=956:reportagens-materias&Itemid=39>. Acesso em: 10 jul. 2014.

VITO, Daniela de; GILL, Aisha; SHORT, Damien. A tipificação do estupro como genocídio. *Rev. int. Direitos Humanos*, v. 6, n. 10, p. 28-51, jun., 2009.

WAISELFISZ, Julio Jacobo. *Mapa da violência 2012*: a cor dos homicídios no Brasil. Rio de Janeiro: Cebela: Flacso; Brasília: SEPPIR/PR, 2012.

WIEVIORKA, Michel. Violência hoje. *Ciência. Saúde Coletiva*, on-line, v. 11, supl., p. 1.147- 1.153, 2006.

ZALUAR, Alba. *A máquina e a eevolta: as organizações populares e o significado da pobreza*. São Paulo: Brasiliense, 1985.

ZALUAR, A. Violência e crime. In: MICELI, Sergio (org.). *O que ler nas ciências sociais brasileiras*, v. 1, p. 13-107, São Paulo, 1999.

ANEXO

ANEXO A – Manifesto Nacional do Dia da Consciência Negra, elaborado pelo MNU

MNU • MOVIMENTO NEGRO UNIFICADO

MANIFESTO NACIONAL

DIA NACIONAL DA CONSCIÊNCIA NEGRA

HOJE É DIA NACIONAL DA CONSCIÊNCIA NEGRA! E, nós, negros, orgulhosos descendentes de ZUMBI, reafirmamos nossos propósitos de continuar a luta pela libertação integral do povo negro, combatendo o racismo e todas as formas de opressão. Acreditamos em um presente melhor. Confiamos em nosso futuro, motivados pelo sentimento de vida e libertação. Ontem, estes sentimentos estimularam nossos irmãos a resistir e enfrebtar a escravidão, a sobreviver ao racismo e à marginalização, impostos aos negros, após a Abolição da Escravatura.

A identidade racial e cultural é nossa heranca, construída pelos nossos irmãos negros, numa história de lutas. Em cada gota de suor, de sangue, há uma afirmação: Viver é preciso, como povo como cultura.

Somos parte de uma sociedade em crise permanente, onde a minoria dominante tem na exploração do trabalho alheio e na marginalização de seqmentos sociais, a fonte de sua riqueza e de seu poder. Sociedade que procura silenciar os oprimidos, pela violência e repressão, em nome da "ordem - social" e pelo racismo, disfarçado de "democracia racial". Não há harmonia entre classes entre classes, nem democracia racial, numa sociedade onde a maioria negra tem o seu direito ao trabalho, ao salário condigno e a segurança social, negados pela força e é submetida a cruéis condições de vida, confinada nas favelas e alagados, humilhada pela violência policial e militar, terror cotidiano exercido contra negros e oprimidos, com a finalidade de intimidar e destruir a resistência moral frente a opressão.

Nós, Negros e Oprimidos, construímos cada pedaço deste nosso país. O que há de civilização no Brasil, de domínio do homem sobre a natureza, é fruto do trabalho humano, obras efetivadas por mãos negras e não-negras, das plantações aos abrigos, des jardins às fábricas e seus produtos. Não criamos a opressão , nem o racismo. Somos integrantes desta sociedade e queremos transformá-la. E começamos por combater o racismo e a discriminação social, a exploração e exclusão sócio-econômica, desta sociedade, on de a divisão de classes, corresponde a uma divisão e discriminação racial.

Nossa luta não começou agora. Entre muitas revoltas e insurreições, uma nos fala mais de perto. É Quilombo de Palmares. Palmares de cem anos de luta pela dignidade humana, pela liberdade e pela independência, - onde negros - em sua maioria - brancos e índios, irmanaram-se na luta contra a escravidão, o genocídio e a opressão.

Entre os líderes de PALMARES, ZUMBI foi o mais fiel na defesa - das aspirações do povo negro em sua luta pela justiça e igualdade. ZUMBI é o grande símbolo de nossa luta e nossas aspirações, como negros, como oprimidos. Em vinte de novembro de 1695, assassinos de oprimidos, a serviço - dos poderosos, assassinaram ZUMBI. Não mataram a vontade dos negros de viver como raça e como cultura. Não apagaram o fogo da libertação. Esta é a CONSCIÊNCIA NEGRA!

Hoje, relembramos em ZUMBI, a luta de libertação do povo negro do Brasil, das Américas e da África. No DIA NACIONAL DA CONSCIÊNCIA NEGRA, chamamos nossos irmãos negros e a todos os brasileiros para nos unir e conquistar no presente, condições dignas de existência e para construir uma - sociedade justa e igualitária, livre do racismo e da opressão, livre da miséria e da vergonha. Sociedade onde todos tenham direito à vida e à dignidade da pessoa humana.

COMISSÃO EXECUTIVA NACIONAL DO

MOVIMENTO NEGRO UNIFICADO

Rua Almirante Marques de Leão 515
Bela Vista · CEP - 01330
São Paulo · Capital

ANEXO B – Capa da revista *Pode crê!* "A juventude negra agora tem voz ativa" de março/abril de 1993

ANEXO C – "Violência Racial" Recortes do Boletim da Unegro

ESCOLARIDADE:

1º grau completo 25,5%

2º grau completo 25,8%

3º grau completo 9%

AGENDA

30 de abril: Reunião para organizar o lançamento da Campanha "REAJA CONTRA A VIOLÊNCIA RACIAL" e contra a legalização da pena de morte. Local: sede da CUT (Central Única dos Trabalhadores) - Rua Silveira Martins, 8 - 3º andar. Obs: deverá haver reuniões todas as segundas-feiras no mesmo local. Horário: 19h30.

1º de maio: Manifestação do 1º de maio, organizado pela CUT. Local: Praça da Sé - a partir das 10 horas.

5 de maio: Lançamento da SONETO - Organização Negra, nova entidade do movimento negro. Local: Biblioteca Infanto-Juvenil Monteiro Lobato - Rua General Jardim, 485 - Vila Buarque - das 14h às 20h.

13 de Maio: Ato público de lançamento da Campanha "Reaja contra a Violência Racial" e "Contra a Legalização da Pena de Morte". Local: Plenário da Câmara Municipal de São Paulo - a partir das 19h30.

17 de Maio: LANÇAMENTO DA UNEGRO/SP - (a confirmar)

24 a 26 de Maio: Reunião preparatória do Encontro Nacional de Mulheres Negras - Local: Salvador (BA)

30, 31 de maio e 1º de junho: Reunião da Coordenação Nacional do Encontro Nacional de Entidades Negras - Local: Salvador (BA).

OBSERVAÇÃO: Atividades para serem divulgadas nesta agenda, devem ser passadas preferencialmente por escrito para a Coordenação da UNEGRO (veja endereço no expediente), com antecedência mínima de 30 dias.

de São Paulo - a partir das 19h30.
17 de Maio: LANÇAMENTO DA UNEGRO/SP - (a confirmar)
24 a 26 de Maio: Reunião preparatória do Encontro Nacional de Mulheres Negras - Local: Salvador (BA)
30, 31 de maio e 1º de junho: Reunião da Coordenação Nacional do Encontro Nacional de Entidades Negras - Local: Salvador (BA).
OBSERVAÇÃO: Atividades para serem divulgadas nesta agenda, devem ser passadas preferencialmente por escrito para a Coordenação da UNEGRO (veja endereço no expediente), com antecedência mínima de 30 dias.

20 DE MARÇO: Debate organizado pela UNEGRO/SP, Sindicato dos Securitários de São Paulo e o gabinete do vereador Vital Nolasco. Tema: "O PLANO COLLOR E OS REFLEXOS NO POVO NEGRO DO BRASIL". Participou como conferencista, o economista Fernando Pupo, da UNICAMP. Como debatedores convidados, estiveram Sueli Carneiro ([illegible]), José Tarcísio Santos (Movimento de Bairro da Zona Sul) e representante do Movimento Nacional dos Meninos e Meninas de Rua. Estiveram presentes, além de militantes da UNEGRO/SP, diversos representantes de entidades sindicais, populares e do movimento negro.

EXPEDIENTE: BOLETIM UNEGRO é o órgão oficial de informação da União do Negros pela Igualdade de São Paulo. Redação: coordenadores da UNEGRO/SP. Jornalista Responsável: Semia de Oliveira (MTb.18.447-SP). Correspondência: Avenida Nove de Julho, 40 - 15º andar - Tel: 259-8411 (c/ Juarez Tadeu) - São Paulo - SP. É permitida a reprodução de artigos do boletim, desde que citada a fonte.

APÊNDICE

APÊNDICE A– Tabela de interlocutores de campo

Entrevista	Organização	UF	Participação em: Agenda de eventos do CONJUVE	Atividades SNJ	Agenda geral do ENJUNE	Atividades em que estive em campo	Experiência de organização juvenil	Relações com outros setores organizados
Semiestruturada	Hip-hop	SP	Não	Não	Sim	Sim	Sim	PT
Estruturada aberta	UNEGRO	BA	Sim	Sim	Sim	Sim	Sim	PCdoB, Estudantil
Registro de campo								
Registro de campo								
Semiestruturada	UNEGRO	SP	Não	Sim	Sim	Sim	Sim	PCdoB
Semiestruturada	MNU	SP	Não	Não	Sim	Sim	Sim	Ex-PT
Registro de campo	CONEN	SP	Sim	Sim	Não	Sim	Sim	PT, Estudantil
Semiestruturada	Kilombagem	SP	Não	Não	Sim	Sim	Sim	Hip-Hop, Academia
Semiestruturada	UNEAFRO	SP	Não	Sim	Não	Sim	Sim	Pastoral da Juventude, PSOL
Semiestruturada	UNEGRO	SP	Não	Não	Sim	Sim	Não	PCdoB
Semiestruturada	Hip-hop	SP	Não	Sim	Sim	Sim	Sim	CONEN/PT
Semiestruturada	CONEN	SP	Não	Sim	Não	Sim	Sim	PT
Semiestruturada	MNU	SP	Não	Não	Sim	Sim	Sim	Hip Hop
Semiestruturada	Hip-hop	SP	Não	Não	Sim	Sim	Sim	Academia
Registro de campo	Religioso de Matriz Africana	BA	Não	Sim	Sim	Sim	Sim	Religião de matriz africana
Semiestruturada	FONAJUNE	MG	Sim	Sim	Sim	Sim	Sim	Renovação Carismática
Registro de campo	CEN	SP	Sim	Não	Sim	Sim	Sim	Mulheres, Hip Hop
Registro de campo	FONAJUNE	ES	Não	Sim	Sim	Sim	Sim	Ex-PT/ ex- PSOL; Direitos Humanos
Semiestruturada	Ação Educativa	SP	Sim	Sim	Não	Sim	Sim	Educação
Semiestruturada	Hip-hop	SP	Não	Sim	Não	Sim	Sim	PT
Conversa informal/Registro de campo	Comitê Contra do Genocídio da Juventude Negra, Pobre e Periférica	SP	Não	Não	Sim	Sim	Sim	Hip Hop/ Movimento estudantil
Semiestruturada	MNU	SP	Não	Não	Sim	Sim	Sim	PT
Semiestruturada	CONEN	PA	Não	Sim	Sim	Sim	Sim	Religião de matriz africana
Semiestruturada	MNU	SP	Não	Sim	Sim	Sim	Sim	Ex-PT
Semiestruturada	Articulação Política de Juventudes Negras	SP	Sim	Sim	Sim	Sim	Sim	PT
Semiestruturada	Geledés	SP	Não	Sim	Sim	Não	Sim	Universidade
Conversa informal		AL	Não	Sim	Sim	Sim	Sim	Capoeira
Semiestruturada	MNU	RJ	Não	Sim	Sim	Sim	Sim	Juventude negra de outros países

APÊNDICE B – Programas, projetos e políticas de Promoção de Igualdade Racial

Ação	Descrição	Relação com a juventude
Programa Brasil Quilombola	O Programa Brasil Quilombola (PBQ) reúne ações do Governo Federal para as comunidades remanescentes de quilombos. A SEPPIR, para fins de aplicação do PBQ, considera o levantamento da Fundação Cultural Palmares, do Ministério da Cultura, que mapeou 3.524 dessas comunidades – dentre as quais 1.342 são certificadas pela fundação. As metas e os recursos do PBQ envolvem 23 ministérios e órgãos federais e têm como principais objetivos a garantia do acesso à terra; ações de saúde e educação; construção de moradias, eletrificação; recuperação ambiental; incentivo ao desenvolvimento local; pleno atendimento das famílias quilombolas pelos programas sociais, como o Bolsa Família; e medidas de preservação e promoção das manifestações culturais quilombolas.	Ocasional
A Cor da Cultura	A Cor da Cultura é um projeto educativo de valorização da cultura afro-brasileira por meio de programas audiovisuais, fruto de uma parceria entre o MEC, Fundação Cultural Palmares, Canal Futura, Petrobras e Centro de Informação e Documentação do Artista Negro (CIDAN). Iniciado em 2004, o projeto está apoiado na Lei nº 10.639/2003, que estabelece o ensino da História da África e dos Negros nas escolas brasileiras. O projeto tem como meta a formação de três mil multiplicadores das redes de ensino, ONGs e Pontos de Cultura, com repasse de metodologia para seis estados distintos (Amazonas, Ceará, Mato Grosso, Minas Gerais, Paraná e Pernambuco) com a reprodução dos kits educativos.	Ocasional

Planseq TDC	O Plano Setorial de Qualificação (Planseq) Trabalho Doméstico Cidadão (TDC) (desenvolvido em parceria entre a SEPPIR, o Ministério do Trabalho e Emprego - MTE - e a Federação Nacional das Trabalhadoras Domésticas) é a primeira iniciativa de governo exclusivamente voltada para a qualificação social e profissional das trabalhadoras domésticas. Além de oferecer qualificação social e profissional, o TDC abrange questões fundamentais para o exercício da cidadania, como a elevação de escolaridade, o fortalecimento da auto-organização das trabalhadoras domésticas e o desenvolvimento de projetos para intervenção em políticas públicas.	Ocasional
Saúde da População Negra	Em 13 de maio de 2009, através da Portaria no 992, o Ministério da Saúde instituiu a Política Nacional de Saúde Integral da População Negra. Entre as diretrizes da portaria estão a inclusão dos temas "racismo" e "saúde da população negra" nos processos de formação e educação permanente dos trabalhadores da saúde e no exercício do controle social da saúde; e o reconhecimento dos saberes e práticas populares de saúde, incluindo aqueles preservados pela religiões de matrizes africanas. A avançada legislação do Sistema Único de Saúde (SUS) ainda não garante o atendimento das características específicas da população negra, nem a mesma qualidade na atenção de saúde oferecida aos demais segmentos da população. Por este motivo a Política Nacional de Saúde Integral da População Negra direciona, em todos os níveis e instâncias do SUS, um esforço para superar os fatores que determinam as expressões de maior vulnerabilidade da população negra, como a anemia falciforme.	Ocasional

Plano Nacional de Implantação da Lei nº 10.639/2003	Em 2003 foi aprovada no Congresso Nacional a Lei nº 10.639, que altera a Lei de Diretrizes e Bases da Educação (LDB) e torna obrigatório o ensino de História e Cultura da África e das Populações Negras Brasileiras nas escolas de ensino fundamental e médio de todo o país. Por este motivo, a Subsecretaria de Políticas de Ações Afirmativas da SEPPIR (SubAA), em parceria com o Ministério da Educação, formulou o Plano Nacional de Implantação das Diretrizes Curriculares Nacionais para a Educação das Relações Étnico-Raciais e para o ensino de História e Cultura Afro-Brasileira e Africana. O Plano estabelece metas e estratégias para a ampla adoção da Lei nº 10.639/2003. Lançado em 13 de maio de 2009, o documento prevê e enfatiza as diferentes responsabilidades dos Poderes Executivo e Legislativo e dos Conselhos de Educação municipais, estaduais e federal no processo, além de trabalhar na perspectiva de três ações principais: formação de professores, produção de material didático e sensibilização dos gestores da educação.	Ocasional
Planseq Afro-Descendente	O Planseq Afro-Descendente tem a meta inicial de atender 24.360 pessoas, em cinco eixos do setor de serviços: cursos de operador de telemarketing, consultor de vendas, recepcionista, promotor de vendas e cuidador de pessoas com anemia falciforme, oportunidade em que os alunos poderão se qualificar para o exercício dessas profissões e aprender teoria e aplicação da CLT, teoria e aplicação dos princípios de segurança no trabalho e noções de cidadania. Os primeiros cursos seriam ofertados nos seguintes estados: Amapá, Bahia, Ceará, Distrito Federal, Goiás, Mato Grosso, Minas Gerais, Rio de Janeiro, Rio Grande do Sul, São Paulo, Alagoas, Amazonas, Pernambuco Maranhão e Paraná.	Ocasional

Programa Institucional de Bolsas de Iniciação Científica	Com o objetivo de promover o desenvolvimento do pensamento científico e a iniciação à pesquisa de estudantes de graduação do ensino superior, em 13 de maio de 2009, a SEPPIR assinou, pela primeira vez, um acordo de cooperação com o Conselho Nacional de Desenvolvimento Científico e Tecnológico (CNPq/Ministério da Ciência e Tecnologia), para a distribuição de 600 bolsas do Programa Institucional de Bolsas de Iniciação Cientifica (PIBIC), criando a linha PIBIC Ações Afirmativas. No período 2009-2010, o benefício atendeu alunos que entraram nas universidades públicas por meio do sistema de ações afirmativas de 47 instituições públicas de ensino. As bolsas, no valor de R$ 300 mensais por um ano, foram viabilizadas para estimular a renovação acadêmica e enfrentar a evasão escolar. As escolas que foram contempladas com o complemento financeiro foram escolhidas pelo CNPq e a seleção dos alunos ficou a cargo das respectivas universidades. Para o período 2010-2011, o programa foi renovado com a ampliação da oferta de 600 para 800 bolsas, no valor de R$ 360,00 mensais, entre 60 instituições públicas de ensino superior.	Ocasional
Fórum Intergovernamental de Promoção da Igualdade Racial (FIPIR)	Para fortalecer o diálogo com estados e municípios, a SEPPIR constituiu o Fórum Intergovernamental de Promoção da Igualdade Racial (FIPIR), que promove uma ação continuada entre as três esferas de governo (federal, estaduais e municipais) com a finalidade de articular, capacitar, planejar, executar e monitorar ações de Promoção da Igualdade Racial. Os estados e municípios participantes do FIPIR têm prioridade na alocação dos recursos oriundos dos programas desenvolvidos pela SEPPIR e os ministérios parceiros em suas iniciativas.	Ocasional

CNPIR	O CNPIR foi criado pela Lei nº 10.678, de 23 de maio de 2003, e regulamentado pelo decreto no 4.885, de 20 de novembro de 2003, é composto por 22 órgãos do Poder Público Federal, 19 entidades da sociedade civil escolhidas através de edital público e por três notáveis indicados pela SEPPIR.	Com recorte
Ouvidoria da SEPPIR	A Ouvidoria é um órgão da estrutura da SEPPIR cuja função básica é receber denúncias de racismo e discriminação racial e encaminhá-las aos órgãos responsáveis nas esferas federal, estaduais e municipais. O ouvidor está ainda encarregado de receber observações, críticas ou sugestões para que o trabalho da secretaria caminhe sempre em sintonia com os anseios da sociedade.	Ocasional
Selo Quilombola	O Selo Quilombola é um certificado de origem, que visa atribuir identidade cultural aos produtos de procedência quilombola, a partir do resgate histórico dos modos de produção e da relação das comunidades com determinada atividade produtiva na perspectiva de agregar valor étnico aos produtos, contribuindo para a promoção da autossustentabilidade dos empreendimentos quilombolas no Brasil. É uma iniciativa articulada e coordenada pela Secretaria de Políticas de Promoção da Igualdade Racial (SEPPIR), apoiada por diversos parceiros. O Selo Quilombola será concedido pela SEPPIR aos núcleos de produção, membros das associações, cooperativas e a pessoas jurídicas que possuam gestão de empreendimentos nos territórios quilombolas, com comunidades certificadas pela Fundação Cultural Palmares. Para autorização de uso do Selo Quilombola, o solicitante deverá comprovar que o produto tem em sua constituição a utilização dos saberes étnico-culturais, o uso da matéria-prima local e práticas de produção socioeconômicas ambientalmente sustentáveis.	Ocasional

Estatuto da Igualdade Racial	A Lei nº 12.288, de 20 de julho de 2010, institui o Estatuto da Igualdade Racial, que no seu Artigo 1º diz que "o Estatuto da Igualdade Racial [é] destinado a garantir à população negra a efetivação da igualdade de oportunidades, a defesa dos direitos étnicos individuais, coletivos e difusos e o combate à discriminação e às demais formas de intolerância étnica".	Com recorte

APÊNDICE C – Ações de Políticas de Juventude no governo Lula (2003-2010)

Ação	Descrição	Relação com igualdade racial
(ProJovem)	Lançado em 2008, o ProJovem Integrado surgiu da união de outros seis programas voltados para a juventude: o próprio ProJovem (da Secretaria Nacional de Juventude, vinculada à Secretaria-Geral da Presidência da República); Agente Jovem (Ministério do Desenvolvimento Social e Combate à Fome); Saberes da Terra e Escola de Fábrica (Ministério da Educação); Juventude Cidadã e Consórcio Social da Juventude (Ministério do Trabalho e Emprego). Juntos, esses programas atenderam 683,7 mil jovens em 2007 e 2008. Com a integração, o ProJovem passou a atuar com as modalidades ProJovem Urbano (Secretaria Nacional de Juventude); ProJovem Campo (Ministério da Educação); ProJovem Adolescente (Ministério do Desenvolvimento Social e Combate à Fome) e ProJovem Trabalhador (Ministério do Trabalho e Emprego). A iniciativa é resultado da parceria direta entre Governo Federal, estados e municípios. O objetivo foi ampliar o atendimento a um número maior de jovens, assegurando-lhes a reintegração à escola e a qualificação profissional, além de inseri-los em ações de cidadania, esporte, cultura e lazer. Em 2008 e 2009, as quatro modalidades atenderam, juntas, a mais de um milhão de jovens. Em 2010, a expectativa era atender mais um milhão de jovens em todo o Brasil.	Ocasional
ProJovem Urbano	Destina-se a jovens de 18 a 29 anos que sabem ler e escrever, mas não concluíram o ensino fundamental. Oferece elevação de escolaridade, com a conclusão do ensino fundamental, qualificação profissional, participação em ações de cidadania e uma bolsa mensal de R$ 100,00. Com duração de 18 meses, é executado pela Secretaria Nacional de Juventude, da Secretaria-Geral da Presidência da República. A modalidade é executada mediante convênios firmados entre a Secretaria Nacional de Juventude, estados e municípios. Nas cidades com mais de 200 mil habitantes, a parceria é feita diretamente com a Prefeitura Municipal. Já nas cidades menores, essa parceria é firmada com o governo do estado, que viabiliza a chegada do programa nas cidades menores. Resultados: em 2008 e 2009, somente a modalidade ProJovem Urbano atendeu cerca de 350 mil jovens e, em 2010, atenderia outros 156 mil, superando a marca de 500 mil jovens beneficiados.	Ocasional

ProJovem Campo	Executado pelo Ministério da Educação, a modalidade oferece elevação de escolaridade, com a conclusão do ensino fundamental e capacitação profissional de jovens de 18 a 29 anos que atuam na agricultura familiar. O curso tem duração de 24 meses e é ministrado conforme a alternância dos ciclos agrícolas, respeitando o período em que os alunos trabalham no campo. O programa é desenvolvido em parceria com as secretarias estaduais de educação e uma rede de instituições públicas federais, mediante convênios firmados com o MEC. Resultados: em 2009, o programa atendeu mais de 22 mil jovens. Em 2010, cerca de 63 mil seriam beneficiados.	Ocasional
ProJovem Trabalhador	Sob responsabilidade do Ministério do Trabalho e Emprego (MTE), tem por objetivo preparar o jovem de 18 a 29 anos para o mercado de trabalho. Podem participar jovens desempregados e que integram famílias com renda per capita de até meio salário mínimo. Os cursos de qualificação são de 600 horas/aula, e os alunos recebem o auxílio financeiro de R$ 100,00 durante seis meses. A modalidade é executada mediante convênio firmado pelo MTE com os estados e municípios. Resultados: em 2009, foram atendidos cerca de 163 mil jovens. Em 2010, outros 217 mil seriam beneficiados pelo programa.	Ocasional
ProJovem Adolescente	Executado pelo Ministério do Desenvolvimento Social e Combate à Fome (MDS), destina-se a jovens de 15 a 17 anos em situação de risco social, independentemente da renda familiar, ou que integram famílias beneficiárias do Bolsa Família. Com duração de 24 meses, oferece proteção social básica e assistência às famílias, visando elevar a escolaridade e reduzir índices de violência, uso de drogas, doenças sexualmente transmissíveis e gravidez precoce. Os municípios interessados no programa devem observar os seguintes critérios: estar habilitado nos níveis de gestão básica ou plena do Suas; possuir Centros de Referência da Assistência Social (CRAS) em funcionamento e registro no Censo do CRAS; apresentar a demanda mínima de 40 jovens que pertençam a famílias beneficiárias do Bolsa Família. Resultados: em 2008 e 2009, 521 mil jovens foram atendidos. Em 2010, cerca de 523 mil seriam beneficiados.	Ocasional

Cultura Viva	O programa viabiliza os recursos para instalação dos Pontos de Cultura, apoiando a aquisição de material multimídia e a realização das iniciativas culturais voltadas à população de baixa renda, em especial jovens de 17 a 29 anos. O objetivo é fortalecer as manifestações culturais e a produção audiovisual nas comunidades e escolas, priorizando as áreas de maior vulnerabilidade social. O acesso ao programa ocorre mediante convênio do Ministério da Cultura e governos estaduais e municipais, por meio de edital público. Já a participação da sociedade civil, parceira das atividades dos Pontos de Cultura, é articulada pelos governos estaduais e municipais. A formação do "agente cultura viva" é uma das principais estratégias do programa. O objetivo é formar os jovens para que atuem como multiplicadores nos Pontos de Cultura, estimulando ações que promovam a geração de emprego e renda na própria comunidade. Cada Ponto de Cultura conta com o apoio de quatro agentes que recebem o auxílio financeiro de R$ 380,00 durante 12 meses. Resultados: atualmente, existem mais de 650 Pontos de Cultura espalhados pelo país, e o Ministério da Cultura criou mecanismos de articulação entre eles, instituindo as Redes de Pontos de Cultura e os Pontões de Cultura.	Ocasional
Bolsa Atleta	Executado pelo Ministério do Esporte, o programa oferece apoio financeiro a atletas de alto rendimento que não possuem patrocínio, dando-lhes condições para que se dediquem ao treinamento e participem de competições que lhes permitam desenvolver plenamente a carreira esportiva. Com duração de um ano, prorrogável por igual período, o programa possui quatro categorias: estudantes, nacional, internacional, olímpica e paraolímpica. Resultados: desde 2005, já foram apoiados 10.254 atletas, com recursos de R$ 133 milhões. Nas competições de Pequim (China), em 2008, dos 227 atletas da delegação brasileira, 33 eram bolsistas do programa, sendo sete medalhistas. Dos 188 atletas paraolímpicos, 79 eram bolsistas, com 12 medalhistas.	Ocasional

Programa Segundo Tempo	Também executado pelo Ministério do Esporte, o programa oferece, no contraturno escolar, prática esportiva, reforço escolar, supervisão pedagógica e alimentação para estudantes da rede pública expostos a risco social. A iniciativa é desenvolvida por meio de convênio com entidades públicas (federais, estaduais, distrital ou municipais) e privadas sem fins lucrativos que tenham, comprovadamente, mais de três anos de atuação na área de abrangência do projeto apresentado. As propostas passam necessariamente por um processo de seleção e classificação. Resultados: desde 2003 foram atendidos 3,6 milhões de crianças e adolescentes, com investimento de R$ 653 milhões	Ocasional
Praças da Juventude	As praças são complexos poliesportivos (ginásio coberto, pistas de atletismo e skate, teatro de arena, centro de terceira idade e administração) implantadas em comunidades urbanas onde faltam equipamentos públicos de esporte e lazer. Desenvolvido em parceria pelos Ministérios do Esporte e da Justiça, o programa destina-se a comunidades situadas em espaços urbanos com reduzido ou nenhum acesso a equipamentos públicos de esporte e lazer, aliando saúde, bem-estar e qualidade de vida a atividades socioeducativas. O projeto destina-se a prefeituras e governos estaduais, que poderão solicitar a construção de uma Praça da Juventude em sua cidade. A propriedade do terreno deve ser da prefeitura ou do governo estadual, que deve apresentar a certidão de posse. O recurso para execução pode ser obtido por dotação do Ministério do Esporte, do Programa Nacional de Segurança Pública com Cidadania (Pronasci) ou por emendas parlamentares. Resultados: desde 2008, 150 praças já estão em construção em todas as regiões do país, com investimentos de R$ 180 milhões.	Ocasional

Projeto Rondon	Coordenado pelo Ministério da Defesa, é um projeto de integração social com a participação voluntária de estudantes universitários na busca de soluções para o desenvolvimento sustentável de comunidades carentes, ampliando a qualidade de vida dos seus habitantes. O programa possibilita a aproximação dos estudantes às mais diversas realidades do país, consolidando a sua formação cidadã. O projeto é realizado em parceria com diversos ministérios e o apoio da Forças Armadas, além da colaboração dos governos estaduais, municipais, da União Nacional dos Estudantes (UNE) e de diversas organizações da sociedade civil. O Ministério da Defesa divulga um convite, no qual indica os municípios, as ações previstas e o cronograma de atividades, bem como as condições e os deveres que as instituições e os participantes do programa deverão cumprir. O primeiro passo para a adesão consiste na apresentação de um projeto por uma instituição de ensino superior do município, que será avaliado pela coordenação geral do programa. Uma vez aprovada a proposta, é firmado o acordo de cooperação com o governo municipal. O projeto tem prazo de 12 meses, a partir da data de publicação no Diário Oficial da União, podendo ser prorrogado por meio de termos aditivos. As atividades realizadas pelos participantes do programa concentram-se nas áreas de comunicação; cultura; direitos humanos e justiça; educação; meio ambiente; saúde; tecnologia e trabalho. Resultados: de 2005 a 2010 participaram 9.812 rondonistas em 652 municípios.	Ocasional

Projeto Soldado Cidadão	Tem por objetivo oferecer aos jovens brasileiros incorporados às Forças Armadas oportunidades de formação complementar que lhes permitam ingressar no mercado de trabalho após deixarem o serviço militar. Os cursos oferecidos garantem a qualificação profissional e social, consolidando a formação cívico-cidadã desses jovens. O projeto é desenvolvido em todo o território nacional mediante convênios e contratos firmados pelos Comandos da Marinha, Exército e Aeronáutica com diversas entidades parceiras, entre as quais se destacam o Sistema S (Senai, Senac, Sebrae, Senar, Sest e Senat); o Centro de Instrução Almirante Alexandrino; o Centro de Adestramento Almirante Marques de Leão; o Centro de Integração Empresa-Escola; a Escola Técnica de Brasília; Fundação Rede Amazônica; Centro Nacional de Educação Cenecista; Vinibrasil e o Centro de Educação Profissional de Ceilândia (DF). Resultados: a média anual de jovens beneficiados pelo programa é de 20 mil. Até 2009, foram atendidos no total 134.178 jovens em todo o território nacional.	Ocasional
Programa Nacional de Segurança Pública com Cidadania (Pronasci)	Desenvolvido pelo Ministério da Justiça (MJ), o Pronasci realiza diversas ações na área da segurança com cidadania. Dentre as ações realizadas pelo programa, a atenção à faixa etária de 15 a 24 anos é priorizada. Esse segmento da população é o mais vulnerável à violência. Dessa forma, o programa funciona mantendo diversos projetos para jovens em situação de risco ou que se encontram ou já estiveram em conflito com a lei. O Pronasci executa projetos próprios do Ministério da Justiça e em parceria com outros ministérios. Resultados: dentre as ações destinadas aos jovens, pode-se destacar que até dezembro de 2009 11 mil jovens tornaram-se multiplicadores da cultura de paz. Na ação com o ProJovem Prisional, foram atendidos, em 2009, como projeto-piloto, 560 jovens em presídios nas cidades do Rio de Janeiro, de Belém e de Rio Branco. Em 2010, as parcerias com os governos estaduais e universidades pretendiam beneficiar pelo menos 6,8 mil detentos, com a inclusão de outras capitais	Ocasional

Protejo	Projeto executado pelo Ministério da Justiça, o Projeto de Proteção de Jovens em Território Vulnerável (Protejo) atua na formação da cidadania e no resgate dos jovens em situação de vulnerabilidade, por meio de atividades culturais, esportivas, educacionais e profissionalizantes, num Percurso Social Formativo de 800 horas. Cada participante recebe uma bolsa de R$ 100,00 por mês, durante o período de formação. Jovem Detento: oferece oportunidade de ressocialização para o jovem do sistema prisional. Consiste em instalar em cada penitenciária especial do Pronasci para jovens adultos, com idade de 18 a 24 anos, espaços para cursos educacionais e profissionalizantes. Cada detento ficará em uma cela com outros cinco apenados e, se necessário, terá à disposição uma moderna sala de saúde, com médicos, psicólogos e também assistentes sociais. Geração Consciente: o projeto capacita jovens para o exercício dos seus direitos como consumidor e para que não se envolvam com a criminalidade ou sejam vítimas da violência. Na comunidade, eles se tornam multiplicadores de informações sobre proteção e direitos do consumidor. Projetos em parcerias com outros ministérios: outras ações preventivas previstas são fruto de parcerias com outros ministérios e secretarias. O Pronasci aplica recursos para potencializar iniciativas de outros ministérios nas regiões integrantes do programa, dando o enfoque de segurança pública, beneficiando, principalmente, jovens em situação de risco social.	Ocasional
Projeto Esporte e Lazer na Cidade (PELC)	Visa à criação de núcleos recreativos com oficinas de dança, teatro, música, capoeira, entre outras.	Ocasional
Pintando a Liberdade e Pintando a Cidadania	Por meio deste projeto, detentos aprendem a fabricar materiais esportivos, como bolas de futebol e redes de basquete, além de técnicas de serigrafia e impressão de materiais diversos. Os produtos têm como destino as escolas públicas. A participação do preso contribuirá para remissão de um dia de pena para cada três dias trabalhados.	Ocasional

Projeto Farol	Desenvolvido pela Secretaria Especial de Políticas de Igualdade Racial (SEPPIR). Promove a cidadania entre os jovens negros em situação de risco social, em conflito com a lei ou egressos de penitenciárias. O principal desafio é trazê-los de volta à sociedade ao inseri-los na rede de ensino e no mercado de trabalho e fazer com que desenvolvam atividades socioeducativas e culturais, atuando como multiplicadores desse processo.	Focado
Pontos de Cultura	Desenvolvido pelo Ministério da Cultura. Selecionam-se projetos que desenvolvem na comunidade atividades como música, teatro e dança. Eles também funcionam nas escolas ou em centros comunitários.	Ocasional
Pontos de Leitura	Desenvolvido pelo Ministério da Cultura. Selecionam iniciativas que incentivam a leitura nas comunidades. O investimento é feito no fortalecimento dos serviços e na infraestrutura (móveis, computadores, estantes e livros).	Ocasional
Projeto Museus	Desenvolvido pelo Ministério da Cultura. Instala museus comunitários nas regiões do Pronasci. Esses espaços promovem a cultura e a história desses locais. Cada museu contará com os serviços de cinco jovens e um idoso da própria comunidade, que passarão por um curso de formação. Eles serão chamados de "agentes da memória".	Ocasional
ProJovem Prisional	Desenvolvido pela Secretaria Nacional de Juventude. Trata-se da implementação do ProJovem Urbano nas unidades prisionais e tem por objetivo assegurar aos jovens detentos o direito à educação, capacitação profissional e inclusão digital, contribuindo para sua reintegração após o cumprimento da pena. O jovem detento também recebe o auxílio financeiro de R$ 100,00 por mês, pago mediante procuração a alguém indicado pelo beneficiário.	Ocasional
Pronaf Jovem	Trata-se de uma linha de crédito destinada a jovens agricultores de 16 a 29 anos. Para obter os recursos, o interessado deve ter concluído ou estar cursando o último ano do ensino médio em Centros Familiares Rurais de Formação por Alternância ou em Escola Técnica Agrícola. Também podem participar aqueles que tenham feito curso ou estágio de formação profissional com carga horária superior a 100 horas. O financiamento conta com reembolso de até 10 anos, com até três anos de carência, e juros de 1% ao ano. O município ou estado interessado em implementar uma política de financiamento de atividades rurais para jovens deve estabelecer parcerias com as instituições que desenvolvem a formação, criando-se uma rede local de estímulo ao desenvolvimento de projetos juvenis na área rural. Resultados: até 2010 participaram do programa 24.717 jovens.	Ocasional

Juventude e Meio Ambiente	Criado em 2005, o programa tem por objetivo formar lideranças juvenis para atuar em atividades voltadas para o meio ambiente. Trata-se de uma iniciativa dos Ministérios da Educação e do Meio Ambiente, com a parceria da Secretaria Nacional de Juventude. Como estratégia, foram criados, em todos os estados brasileiros, os Conselhos Jovens de Meio Ambiente, compostos por lideranças de diversos movimentos e organizações. Já os governos estaduais e municipais assumem a tarefa de estimular a participação da juventude local. O programa é desenvolvido em escolas da rede pública, não necessariamente no período das aulas, e o público juvenil é agrupado por faixa etária, recebendo formação adequada para cada idade. Resultados: até 2010, foram realizados quatro encontros nacionais de Jovens pelo Meio Ambiente e diversas atividades de articulação com o intuito de fortalecer a Rede de Jovens pelo Meio Ambiente. Estiveram envolvidos 120 lideranças jovens de todo o país, que estão responsáveis pela ampliação da Rede de Jovens pelo Meio Ambiente.	Ocasional
Escola Aberta	O programa surgiu a partir de um acordo de cooperação técnica entre o Ministério da Educação e a Unesco, com o objetivo de melhorar a qualidade da educação, promover a inclusão social e a construção de uma cultura de paz a partir da relação entre escola e comunidade. O trabalho é realizado em escolas públicas, nos fins de semana, quando alunos e comunidade desenvolvem atividades diversas, incluindo ações educativas que contribuem para valorizar o jovem, afastando-o da violência e integrando-o à escola e à comunidade. O programa é desenvolvido por meio de parcerias com todas as esferas governamentais. Para participar, as secretarias estaduais e municipais de educação devem procurar a Secretaria de Educação, Alfabetização e Diversidade (Secad), do Ministério da Educação, propondo um projeto para a rede pública local. Resultados: até 2010 o programa foi implementado em 525 escolas estaduais, em 1.357 escolas municipais, e foram investidos mais de R$ 38 milhões.	Ocasional

ProUni	O ProUni concede bolsas de estudo integrais e parciais, em instituições de ensino superior privado, para estudantes de baixa renda e professores da rede pública que não têm formação superior. Essas iniciativas ampliaram significativamente o número de vagas na educação superior, contribuindo para o cumprimento de uma das metas do PDE, que consiste em assegurar, até 2011, o acesso de pelo menos 30% dos jovens brasileiros, com idade de 18 a 24 anos, ao ensino superior. Para concorrer à bolsa, o aluno deve participar do Exame Nacional do Ensino Médio (Enem), ter renda familiar de até três salários mínimos e atender às seguintes condições: ter cursado o ensino médio completo em escola pública ou em escola privada com bolsa integral; ter cursado o ensino médio parcialmente em escola pública e parcialmente em escola privada com bolsa integral; ser professor da rede pública de ensino básico, com efetivo exercício, e estar concorrendo à vaga em curso de licenciatura; ser portador de deficiência. As adesões das instituições de ensino superior são feitas por meio de convênio firmado com o Ministério da Educação. Resultados: desde que foi criado, em 2005, até o primeiro semestre de 2010, o ProUni já concedeu 704,6 mil bolsas. A meta era chegar ao final do ano com 720 mil bolsas concedidas. Reforço às Escolas Técnicas e ampliação das vagas em universidades federais: o Plano de Desenvolvimento da Educação (PDE) prevê, até o final de 2010, a instalação de 214 escolas técnicas. Dessas, 136 já estão em funcionamento, com previsão de 58,4 mil matrículas no primeiro semestre de 2010. A meta era garantir que todas as escolas estejam funcionando até o final do ano. Até 2003, o Brasil possuía apenas 140 unidades de educação profissional e tecnológica, com a oferta de 160 mil vagas em cursos técnicos e tecnológicos. Veja, abaixo, as principais realizações nas áreas de educação profissional e ensino superior. Resultados: no primeiro semestre de 2010 houve 136 novas escolas técnicas funcionando. Até o final do ano seriam 214, com a oferta de 500 mil vagas em todo o país.	Com recorte

Brasil Alfabetizado	Sob responsabilidade do Ministério da Educação, o Programa Brasil Alfabetizado destina-se à alfabetização de jovens, adultos e idosos. O programa é uma porta de acesso à cidadania, despertando o interesse pela elevação da escolaridade. A iniciativa é desenvolvida em todo o território nacional, com atendimento prioritário a 1.928 municípios que apresentam taxa de analfabetismo igual ou superior a 25%, sendo que 90% deles estão na região Nordeste. Os municípios recebem apoio técnico para implementação das ações do programa, com o objetivo de garantir a continuidade dos estudos. Estados, municípios e Distrito Federal podem aderir ao programa por meio das resoluções específicas publicadas no Diário Oficial da União. Resultados: de 2003 a 2008 foram inscritos 10 milhões de alfabetizandos em todo o país. Em 2009, 1,8 milhão de alunos estavam em sala de aula. A meta, para 2010, era alcançar outros 2,5 milhões.	Ocasional
PROEJA	O Programa de Integração da Educação Profissional ao Ensino Médio na Modalidade da Educação de Jovens e Adultos foi criado em 2005 com o objetivo de ampliar a oferta de vagas nos cursos de educação profissional a trabalhadores que não tiveram acesso ao ensino médio na idade regular. Destina-se a jovens e adultos, com idade mínima de 21 anos. Cabe ao Ministério da Educação promover as ações de cooperação entre os diversos órgãos da Administração Pública Federal para implementação do programa, cujos acompanhamento e controle social são feitos por um comitê nacional que tem seu regimento definido conjuntamente pelos Ministérios da Educação e do Trabalho e Emprego. Podem participar da iniciativa todas as instituições públicas dos sistemas de ensino federal, estaduais e municipais, além de entidades privadas nacionais de serviço social, aprendizagem e formação profissional vinculadas ao sistema sindical. Resultados: em 2009, as matrículas atingiram o patamar de mais de 13,3 mil estudantes. E o Curso de Especialização capacitou 3.004 professores (2009).	Ocasional

Programa Nacional do Livro Didático para o Ensino Médio (PNLEM)	O programa assegura a distribuição de livros para os alunos de escolas públicas das três séries do ensino médio de todo o país. As instituições beneficiadas são cadastradas no censo escolar, que é realizado anualmente pelo Instituto Nacional de Estudos e Pesquisas Educacionais Anísio Teixeira (Inep/MEC). Em 2004, o programa ampliou sua área de atuação e começou a atender também os estudantes portadores de necessidades especiais nas escolas públicas de educação especial, além de escolas comunitárias e filantrópicas, com livros didáticos de língua portuguesa, matemática, ciências, história e geografia, além de dicionários. Resultados: em 2009, 7.630.803 alunos foram beneficiados. O programa atingiu 17.576 escolas em todo o país e teve o investimento de mais de 137 milhões de reais.	Ocasional
Programa Nacional do Livro Didático para a Alfabetização de Jovens e Adultos	O programa prevê a distribuição, a título de doação, de obras didáticas às entidades parceiras, visando à alfabetização e à escolarização de pessoas com idade a partir de 15 anos. Essas entidades incluem os estados, o Distrito Federal e os municípios que estabelecem parceria com o Ministério da Educação para execução do Programa Brasil Alfabetizado. A iniciativa tem por objetivo cumprir a determinação do Plano Nacional de Educação, que determina a erradicação do analfabetismo entre jovens e adultos, além de promover ações de inclusão social, ampliando as oportunidades daqueles que não tiveram acesso ou condições de concluir a educação básica. Para ter direito ao programa, as entidades devem obedecer ao cadastramento dos alfabetizandos e respectivas turmas, informando os dados pelo endereço eletrônico <http://portal.mec.gov.br/secad/>. Resultados: em 2008, foram adquiridos 1.721.451 livros e investidos R$ 11.896.687,49. Em 2009 foram adquiridos 2.854.316 livros e investidos R$ 20.273.530,40. Para 2010, estava prevista a aquisição de 15.387.000 livros, com investimento na ordem de R$ 140 milhões.	Ocasional

Ampliação do Bolsa Família	Criado em 2008, o Benefício Variável Jovem é uma nova modalidade do Programa Bolsa Família e destina-se aos adolescentes de 16 e 17 anos, com o objetivo de estimular a sua permanência na escola. O benefício é pago às famílias beneficiárias do programa, no mesmo cartão das demais modalidades, no valor de R$ 30,00 por adolescente e limitado até dois beneficiários por família. Resultados: em 2008, ano de criação do Benefício Variável Jovem, 1,97 milhão de adolescentes entre 16 e 17 anos tinham a frequência escolar comprovada. Em 2009, esse número era de 2,15 milhões de jovens, o que comprova a eficácia da estratégia na continuação dos estudos.	Ocasional
Capacitação Juventude Negra	Promovido pelo Ministério da Cultura e pela Fundação Palmares, o projeto é voltado para pessoas jurídicas, organizações sem fins lucrativos e instituições ligadas à educação. Serão disponibilizados cerca de R$ 6 milhões aos 10 projetos selecionados para a implantação de Núcleos de Formação Cultural da Juventude Negra (NUFOC). Duas instituições serão selecionadas em cada uma das cinco regiões brasileiras.	Ocasional
Juventude Viva	Sob a coordenação da Secretaria-Geral da Presidência da República, por meio da Secretaria Nacional de Juventude, e da Secretaria de Políticas de Promoção da Igualdade Racial, o Plano Juventude Viva é fruto de uma intensa articulação interministerial para enfrentar a violência contra a juventude brasileira, especialmente os jovens negros, principais vítimas de homicídio no Brasil. O plano reúne ações de prevenção que visam reduzir a vulnerabilidade dos jovens a situações de violência física e simbólica, a partir da criação de oportunidades de inclusão social e autonomia; da oferta de equipamentos, serviços públicos e espaços de convivência em territórios que concentram altos índices de homicídio; e do aprimoramento da atuação do Estado por meio do enfrentamento ao racismo institucional e da sensibilização de agentes públicos para o problema. O Plano Juventude Viva constitui uma oportunidade histórica para enfrentar a violência, problematizando a sua banalização e a necessidade de promoção dos direitos da juventude. Além das ações voltadas para o fortalecimento da trajetória dos jovens e transformação dos territórios, o Plano busca promover os valores da igualdade e da não discriminação, o enfrentamento ao racismo e ao preconceito geracional, que contribuem com os altos índices de mortalidade da juventude negra brasileira. Trata- se de um esforço inédito do conjunto das instituições do Estado para reconhecer e enfrentar a violência, somando esforços com a sociedade civil para a sua superação.	Secretaria-Geral da PR, Secretaria Nacional de Juventude e SEPPIR

APÊNDICE D - Políticas públicas com relação com a juventude negra

Ação/órgão executor ou coordenação	Descrição	Ligação com a juventude negra
ProJovem Integrado/Ministério da Educação	Lançado em 2008, o ProJovem Integrado surgiu da união de outros seis programas voltados para a juventude: o próprio ProJovem (então, ligada à Secretaria Nacional de Juventude, vinculada à Secretaria-Geral da Presidência da República); Agente Jovem (Ministério do Desenvolvimento Social e Combate à Fome); Saberes da Terra e Escola de Fábrica (Ministério da Educação); Juventude Cidadã e Consórcio Social da Juventude (Ministério do Trabalho e Emprego). Juntos, esses programas atenderam 683,7 mil jovens entre 2007 e 2008. Com a integração, o ProJovem passou a atuar com as modalidades ProJovem Urbano (Secretaria Nacional de Juventude); ProJovem Campo (Ministério da Educação); ProJovem Adolescente (Ministério do Desenvolvimento Social e Combate à Fome) e ProJovem Trabalhador (Ministério do Trabalho e Emprego). A iniciativa é resultado da parceria direta entre Governo Federal, estados e municípios. O objetivo foi ampliar o atendimento a um número maior de jovens, assegurando-lhes a reintegração à escola e a qualificação profissional, além de inseri-los em ações de cidadania, esporte, cultura e lazer. Em 2008 e 2009, as quatro modalidades atenderam, juntas, a mais de um milhão de jovens. Em 2010, a expectativa é atender mais um milhão de jovens em todo o Brasil. Em 2011, o programa migrou para o MEC.	Universal

Plano Nacional de Implantação da Lei nº 10.639/2003/ MEC-SEPPIR	Em 2003, foi aprovada no Congresso Nacional a Lei no 10.639, que altera a Lei de Diretrizes e Bases da Educação (LDB) e torna obrigatório o ensino de História e Cultura da África e das Populações Negras Brasileiras nas escolas de ensino fundamental e médio de todo o país. Por este motivo, a Subsecretaria de Políticas de Ações Afirmativas da SEPPIR (SubAA), em parceria com o Ministério da Educação, formulou o Plano Nacional de Implantação das Diretrizes Curriculares Nacionais para a Educação das Relações Étnico-Raciais e para o ensino de História e Cultura Afro-Brasileira e Africana. O plano estabelece metas e estratégias para a ampla adoção da Lei no 10.639/2003. Lançado em 13 de maio de 2009, o documento prevê e enfatiza as diferentes responsabilidades dos Poderes Executivo e Legislativo e dos Conselhos de Educação municipais, estaduais e federal no processo, e trabalha na perspectiva de três ações principais: formação dos professores, produção de material didático e sensibilização dos gestores da educação.	Atrativas
Programa Institucional de Bolsas de Iniciação Científica/Ministério da Ciência e Tecnologia	Com o objetivo de promover o desenvolvimento do pensamento científico e a iniciação à pesquisa de estudantes de graduação do ensino superior, em 13 de maio de 2009, a SEPPIR assinou, pela primeira vez, um acordo de cooperação com o Conselho Nacional de Desenvolvimento Científico e Tecnológico (CNPq/Ministério da Ciência e Tecnologia), para a distribuição de 600 bolsas do Programa Institucional de Bolsas de Iniciação Cientifica (PIBIC), criando a linha PIBIC Ações Afirmativas. No período 2009-2010, o benefício atendeu alunos que entraram nas universidades públicas por meio do sistema de ações afirmativas de 47 instituições públicas de ensino. As bolsas, no valor de R$ 300 mensais por um ano, foram viabilizadas para estimular a renovação acadêmica e enfrentar a evasão escolar. As escolas que foram contempladas com o complemento financeiro foram escolhidas pelo CNPq, e a seleção dos alunos ficou a cargo das respectivas universidades. Para o período 2010-2011, o programa foi renovado com a ampliação da oferta de 600 para 800 bolsas, no valor de R$ 360,00 mensais, entre 60 instituições públicas de ensino superior.	Atrativas

Programa Ciência Sem Fronteiras/ Ministério da Educação (MEC), Ministério da Ciência, Tecnologia e Inovação (MCTI	Ciência sem Fronteiras é um programa que busca promover a consolidação, a expansão e a internacionalização da ciência e tecnologia, da inovação e da competitividade brasileira por meio do intercâmbio e da mobilidade internacional. A iniciativa é parceria dos Ministérios da Ciência, Tecnologia e Inovação (MCTI) e do Ministério da Educação (MEC), por meio de suas respectivas instituições de fomento - CNPq e Capes -, e Secretarias de Ensino Superior e de Ensino Tecnológico do MEC. O projeto prevê a utilização de até 75 mil bolsas em quatro anos e irão superar a marca de R$ 3,2 bilhões até 2015, para promover intercâmbio, de forma que alunos de graduação e pós-graduação façam estágio no exterior; busca atrair pesquisadores do exterior que queiram se fixar no Brasil ou estabelecer parcerias com os pesquisadores brasileiros nas áreas prioritárias definidas no programa, bem como criar oportunidade para que pesquisadores de empresas recebam treinamento especializado no exterior. As chamadas são financiadas com recursos da Capes, do CNPq e de empresas parceiras.	Atrativas
ProUni/MEC	O ProUni concede bolsas de estudo integrais e parciais, em instituições de ensino superior privado, para estudantes de baixa renda e professores da rede pública que não têm formação superior. Essas iniciativas ampliaram significativamente o número de vagas na educação superior, contribuindo para o cumprimento de uma das metas do PDE, que consiste em assegurar, até 2011, o acesso de pelo menos 30% dos jovens brasileiros, com idade de 18 a 24 anos, ao ensino superior. Para concorrer à bolsa, o aluno deve participar do Exame Nacional do Ensino Médio (Enem), ter renda familiar de até três salários mínimos e atender às seguintes condições: ter cursado o ensino médio completo em escola pública ou em escola privada com bolsa integral; ter cursado o ensino médio parcialmente em escola pública e parcialmente em escola privada com bolsa integral; ser professor da rede pública de ensino básico, com efetivo exercício, e estar concorrendo à vaga em curso de licenciatura; ser portador de deficiência. As adesões das instituições de ensino superior são feitas por meio de convênio firmado com o Ministério da Educação.	Atrativas

Projeto Farol/ Secretaria Especial de Políticas de Igualdade Racial (SEPPIR)	Promove a cidadania entre os jovens negros em situação de risco social, em conflito com a lei ou egressos de penitenciárias. O principal desafio é trazê-los de volta à sociedade ao inseri-los na rede de ensino e no mercado de trabalho e fazer com que desenvolvam atividades socioeducativas, culturais, atuando como multiplicadores desse processo.	Específico
Núcleos de Formação de Agentes de Cultura Negra (NEFAC)/Fundação Cultural Palmares – Ministério da Cultura	Com o objetivo de cumprir as diretrizes formuladas pelo Fórum Nacional dos Direitos da Cidadania do Governo Federal, a Fundação Cultural Palmares realizará, por meio do Edital – Chamada Pública nº 001/2012, a seleção de projetos para implantação de 10 Núcleos de Formação de Agente Cultural da Juventude Negra (NUFAC). Serão selecionadas 10 propostas de órgãos ou entidades da Administração Pública direta e indireta federais, estaduais, municipais e do Distrito Federal, instituições culturais, públicas e entidades privadas sem fins lucrativos, que tenham, entre outros requisitos, foco de atuação em cultura e educação.	Específico
Prêmio Hip-Hop "Preto Góes"	O edital foi o primeiro realizado pelo Ministério da Cultura voltado para o segmento cultural hip-hop, premiou ações e experiências culturais que têm como objetivo o fortalecimento da cultura hip-hop em todo o Brasil. O concurso distribuiu R$ 1,7 milhão em prêmios, contemplando 135 iniciativas de pessoas físicas, instituições e grupos informais nas seguintes categorias: Reconhecimento, Escola de Rua, Correria, Conhecimento (5º elemento) e Conexões.	Atrativa

Juventude Viva – Plano de Prevenção à Violência contra a Juventude Negra/ Secretaria Nacional de Juventude – Secretaria-Geral da Presidência da República	O plano busca promover os valores da igualdade e da não discriminação, o enfrentamento ao racismo e ao preconceito geracional, que contribuem com os altos índices de mortalidade da juventude negra brasileira. Ele reúne ações de prevenção que visam reduzir a vulnerabilidade dos jovens a situações de violência física e simbólica, a partir da criação de oportunidades de inclusão social e autonomia; da oferta de equipamentos, serviços públicos e espaços de convivência em territórios que concentram altos índices de homicídio; e do aprimoramento da atuação do Estado por meio do enfrentamento ao racismo institucional e da sensibilização de agentes públicos para o problema. A ideia do Governo Federal é fomentar ações voltadas à juventude nas áreas do trabalho, educação, saúde, acesso à justiça, cultura e esporte. Desse modo, o Plano Juventude Viva oferecerá um pacote de políticas sociais para o enfrentamento à violência, que se somará ao Plano Brasil Mais Seguro, implantado em 20113 em Alagoas.	Específico

AGRADECIMENTO

Obrigado as pessoas que muito me ensinaram nesta pesquisa: Milton Barbosa, Flávio Jorge, Edson França, Nazaré Cruz, Luis Inácio Rocha *in memorian*, Denis Angola , Honerê Al Amin, Thais Zimbwe, Juliano Pereira, Edna Roland, Deivison Faustino, Samoury Mugabe, Reginaldo Bispo, Danilo Lima, Miguel Angelo, Bergman de Paula, João Paulo Diogo, Jaqueline Lima, Enrico Rocha, Douglas Belchior, Ângela Guimaraes, Claudio Thomas, César Pereira, Anderson Silva, Carlão Odas, Rogério Chaves... Além de interlocutores, muitos são para mim verdadeiros professores e mestres! Espero que o trabalho esteja à altura de me fazer prosseguir com a interlocução com vocês. Obrigado ao Evaldo Ribeiro Oliveira, por ter me indicado o óbvio, mas que eu não podia ver. Danilo Morais e Carolina Schlittler; além dos artigos em conjunto, às conversas constantes e seguidas sobre todo este trabalho. Muito mais há de vir. Sou grato à Mme. Nicole Gallant, da Observatoire Jeunes et Société, por ter aberto a possibilidade de diálogo com seus pesquisadores e colegas do grupo Urbanization, Culture et Société, do Institute national de la recherche scientifique, em Québec. Agradeço aos colegas do PPGS, que entram nesta nova experiência, meus novos amigos de São Carlos. Obrigado aos colegas do Grupo de Estudos sobre relações étnico-raciais, Larissa Nascimento, Cauê Flor, Luiz Fernando Costa Andrade, Érika Kawakami, Deivinson Nkosi.

José Ricardo Marques dos Santos, Carlos Eduardo Costa, Danilo Lima, Uvanderson Vitor da Silva, Valéria Alves, Danilo França, Flavia Rios: obrigado pela leitura atenta e detalhada do texto desorganizado que lhes entreguei. Agradeço ao professor Gabriel de Santis Feltran pelos diálogos iniciais, leitura do projeto e participação na banca de qualificação. À professora Marcia Lima, agradeço pela disposição em me acolher no seu grupo de estudos, "Raça, Políticas e Desigualdade", pelas reflexões profícuas do artigo publicado na XVII reunião da Sociedade Brasileira de Sociologia e agradeço também por ter aceitado participar da banca da defesa.

Agradeço à Alameda Editorial, na pessoa de Haroldo Ceravolo, que prontamente acolheu o projeto de edição deste livro. Também à Fundação Friedrich Ebert do Brasil pelo suporte que viabilizou esta publicação, mas sempre esteve presente na agenda política da juventude negra, através da interlocução de pessoas como Fernanda Papa, Jean Tible, Fabio Floriano e Willian Haberman; e à CAPES, pela bolsa de mestrado que financiou a pesquisa;

À professora Jacqueline Sinhoretto, pelo diálogo constante; desde o segundo semestre do mestrado, na disciplina "Sociologia da Violência e da Insegurança"; a oportunidade de participação em seu projeto "Segurança Pública e Relações Raciais", que deu uma nova configuração e potência a este trabalho. Sou especialmente grato à professora Marcia Lima, que foi da banca de meu mestrado e que, depois, me orientou no doutorado e a quem ainda recorro na direção de uma das minhas atuais casas, no Núcleo Afro, do Centro Brasileiro de Analise e Planejamento.

Agradeço ao professor Valter Silvério pelo prefacio ao livro, pela confiança que depositou em meu trabalho; agradeço também pelo professor que foi desde que visitei a Universidade Federal de São Carlos pela primeira vez, antes de ser seu aluno.

Por fim, agradeço à minha família, pela cumplicidade. À minha mãe e irmãs, Patrícia e Cristina; à Gabriela, Eduardo e Giovana, meus amorosos sobrinhos, cheios carinho por mim. À Ana, minha esposa, pela parceria e partilha; e meus filhos, Cecília e Tomas, por me impulsionarem com sua vivacidade.

Alameda nas redes sociais:

Site: www.alamedaeditorial.com.br
Facebook.com/alamedaeditorial/
Twitter.com/editoraalameda
Instagram.com/editora_alameda/

Esta obra foi impressa em São Paulo na primavera de 2021. No texto foi utilizada a fonte Minion Pro em corpo 10,5 e entrelinha de 15,5 pontos.